W0183593

# La France des faits-divers

## Histoires insolites de la presse régionale

Laurent Briot

# La France des faits-divers

## Histoires insolites de la presse régionale

Flammarion

Livre publié sous la direction de Christophe Deloire

Dans le souci de préserver la vie privée, la dignité ou la présomption d'innocence des protagonistes de ces histoires, les noms et prénoms de certains d'entre eux ont été modifiés.

© Flammarion, 2010.
ISBN : 978-2-0812-2798-9

À Julie, mon « histoire extraordinaire »

Merci à Xavier « Dave »,
pour ses bienfaits… divers

Et à Sophie M. pour sa participation

*« Les histoires que vous racontez ne vous empêchent-elles pas de dormir ?*
*— Si, mais comme ce sont des histoires à dormir debout, je récupère… »*

Raymond Devos

# Prologue

La presse locale est une mine d'or. Il suffit de se baisser pour y trouver des pépites d'anecdotes. Vous voulez de l'insolite ? Nous avons ce qu'il vous faut. De la tendresse ? Pas de problème. Des éclats de rires ? Bien sûr. À tout hasard, nous avons également du sordide, du tragique et des larmes…

Parcourir les journaux de nos régions est le meilleur moyen de faire le plein d'histoires pour les fins de dîner en famille. Quelques titres piochés ici et là, ces derniers mois, à la Une des gazettes de France et de Navarre : « Nue, elle s'attaque aux gardiens de la paix », « Il pousse dans le vide le pompier venu le secourir », « Ils volent le chien de la mamie et exigent une rançon », « Ivre, il s'endort en slip dans un salon de coiffure », « Le futur mari était… une femme », « Prison ferme pour l'adolescent qui avait brûlé le chien Mambo », « Elle plonge sous l'eau pour sauver une femme coincée dans sa voiture », « Le pervers filmait les accidentés », « Douze ans après, le petit voleur rend l'argent à son propriétaire »…

Un dernier pour la route ? « Une chèvre victime de violences sexuelles. » Et on en passe.

Avez-vous idée du nombre de personnes qui, chaque jour, lisent leur « canard du coin » ? Quelques centaines de milliers ? Deux millions ? Cinq millions ? Dix millions ? Encore un effort. Ils sont plus de dix-sept millions ! Si l'on élargit le compte à ceux qui le feuillettent au moins une fois par semaine, le chiffre grimpe à plus de vingt-sept millions d'accros[1]. C'est trois fois

1. Étude EPIQ portant sur la période 2008-2009. Audience de la presse quotidienne régionale : 17 643 000 lecteurs quotidiens de 15 ans et plus

plus que les grand-messes du « 20 heures » à la plus belle époque de PPDA ou de Claire Chazal. C'est mieux que *Bienvenue chez les Ch'tis* en six mois...

Ce que les journalistes appellent la presse quotidienne régionale (PQR) et départementale (PQD) est sans aucun doute le média le plus méconnu et mésestimé. S'il ne fallait citer qu'un seul de nos journaux « locaux », ce serait évidemment *Ouest France*, le plus important de tous et, fait trop souvent oublié, le premier quotidien payant de l'Hexagone devant *Le Parisien-Aujourd'hui en France*, *Le Figaro*, *Le Monde* et consorts, avec plus de deux millions de lecteurs. Viendraient peut-être ensuite *La Voix du Nord*, *L'Est Républicain*, *La Provence*, etc. Mais connaissez-vous *Le Courrier Picard*, *La Dordogne Libre*, *Vosges Matin*, *Le Journal de la Haute-Marne* ? Et *Le Petit Bleu de l'Agenais* ? Près de dix milles fidèles s'il vous plaît.

De Lille à Marseille, de Brest à Strasbourg, soixante et une gazettes racontent chaque jour la vie de nos régions. Et pas uniquement les foires au boudin et autres tournois de belote des clubs du troisième âge ! Loin s'en faut. La charcuterie et les jeux de carte ne passionnent pas dix-sept millions de personnes. Non, le succès des journaux de nos régions est ailleurs : ils sont « proches de leurs lecteurs » (expression préférée des théoriciens de la presse) en leur donnant des informations pratiques, en scrutant la vie de leur cité et, surtout, en racontant les histoires extraordinaires de gens ordinaires. Les pires comme les meilleures. Ces histoires ont même un nom scientifique : faits-divers.

Reconnaissons que, pris au sens premier du terme, l'expression ne veut pas dire grand-chose. Des « faits »... « divers ». Un peu tout et n'importe quoi finalement. Et pourtant, ne trouvez-vous pas épatant que l'on imagine immédiatement ce qui peut se cacher derrière et que, chose plus troublante encore, on ait tout aussi promptement envie d'aller y jeter un œil ?

Les dictionnaires décrivent les faits-divers comme des événements sans rapports les uns avec les autres qui seraient simplement unis par l'impossibilité de les classer dans les rubriques habituelles des médias d'actualité (politique, économie, vie pratique, international, etc.). Certains experts de la question, comme le très officiel Centre de liaison de l'enseignement et des médias d'information (Clemi) ont cependant précisé la définition . le fait-divers serait un « fait marquant » qui trahit, diantre !, « un accroc à l'ordre social » – durant des décennies, la presse soviétique n'a-t-elle pas passé sous silence ces « plaies de la société » qui auraient révélé une faille de son système ? En quelque sorte, les faits-divers révéleraient les travers de l'Homme, ses perversions, ses folies et ses égarements. Ses petites déviances d'érotomane ou ses larcins insolites nous instruiraient même davantage sur la nature humaine et notre société que bien des longs discours…

Les faits-divers font partie de notre patrimoine historique. Car, tenez-vous bien, de tout temps, des hommes ont volé, tué, violé… De tout temps, des voitures ou des fiacres se sont renversés, des maisons ont pris feu, des enfants se sont noyés. De tout temps, des chiens se sont fait plus ou moins écraser. Et de tout temps, des gazettes se sont intéressées aux petits et grands malheurs de leurs concitoyens.

Pour trouver les premières traces de faits-divers « imprimés », il faut remonter… au Moyen Âge. Comme le note Martin Monestier dans son amusante encyclopédie consacrée au sujet [1], « la mise au point par Gutenberg, au milieu du XVe siècle, du procédé de composition par caractères mobiles va donner naissance à des bulletins lancés par des imprimeurs de Paris, Lyon et Rouen. Ces feuilles volantes d'information, aux parutions aléatoires, qui pour cela même prennent le nom d'"occasionnels", vont connaître un succès non démenti pendant trois siècles. » Et que peut-on lire, la plupart du temps, dans ces occasionnels ? Vous avez deviné.

Jean-Pierre Seguin, auteur de *L'Information en France avant le périodique* [2] a, lui, étudié dans les moindres détails près de cinq cents occasionnels. Il en a conclu que la première nouvelle traitant spécifiquement d'un fait-divers date de 1529, qu'elle a connu un grand succès et que, à partir de cette date, le genre est

1. *Faits-divers, encyclopédie contemporaine cocasse et insolite*, Le Cherche Midi, 2004, p. 381.

2. *L'information en France avant le périodique*, Maisonnneuve et Laroze, 1964, 132 p.

devenu un incontournable des « médias » de l'époque. Croyez-le si vous le voulez, mais les titres les plus accrocheurs faisaient déjà recette : « La pendue miraculeusement sauvée » ou « Naissance d'un monstre à deux têtes et six bras » se sont par exemple écoulés à quelque deux mille exemplaires. Des best-sellers en leur temps !

Les premiers journaux à grand tirage ont instantanément popularisé les faits-divers (à moins que ce ne soit l'inverse). Ce fut le cas de *La Presse*, lancée en 1836, puis, surtout, du *Petit Journal*, en 1863. Celui-ci fut l'un des tout premiers véritables quotidiens populaires français, vendu partout à un prix abordable (« *Un sou le P'tit Journal, un sou !* »). On y trouvait de tout : des articles sur la société de l'époque (sans jamais y aborder la chose politique et encore moins égratigner le pouvoir, bien sûr), des chroniques culturelles ou encore des informations générales sur les petits et les grands événements de la vie du pays. Mais surtout, des faits-divers. *Le Petit Journal* n'eut jamais à le regretter. De 80 000 exemplaires à sa création, il fut rapidement vendu à 100 000 exemplaires, puis 150 000, puis 200 000 alors que les titres qui choisissaient de se passer de ces histoires criminelles ou insolites, comme *Le Siècle*, peinaient à dépasser les 50 000 copies. Les ventes du *Petit Journal* grimpaient en flèche à chaque fois qu'un grand fait-divers s'immisçait dans l'actualité. Comme en cette année 1869, quand l'« affaire Troppmann » fit bondir le tirage du journal à 300 000, puis 500 000 exemplaires[1].

Les drames aussi exceptionnels que l'affaire Troppmann ont toujours marqué et marqueront toujours l'opinion publique. Personne n'a oublié la mort du petit Grégory, l'itinéraire sanguinaire de Francis Heaulme ou encore, plus près de nous, les « bébés congelés » de Véronique Courjault voire la monstrueuse fascination de Michel Fourniret pour la virginité. Quand l'inconcevable

1. Jean-Baptiste Troppmann, ouvrier d'origine alsacienne, entraîna en Alsace l'industriel roubaisien Jean Kinck, et l'assassina. Puis il tua la femme et les six enfants de Kinck et enterra leurs cadavres dans un terrain vague aux portes de Paris. Par un concours de circonstances rocambolesque, Troppmann fut confondu au Havre alors qu'il tentait de s'embarquer pour les Amériques. Il fut condamné à mort et guillotiné à Paris le 19 janvier 1870. Ses deux frères et sa sœur changèrent d'identité.

touche à son comble, impossible d'y échapper. Mais il y a tout le reste, toutes les « tragédies de l'ordinaire » qui passent quasi inaperçues, souvent cachées dans les entrefilets – des articles courts sans photos – de notre chère presse quotidienne régionale. Ce sont les hurlements de désespoir de cet éleveur de l'Aisne qui, asphyxié de dettes, va égorger ses chèvres dans les locaux de son agence bancaire. C'est le coup de folie de cet homme qui, trompé par sa femme, va sombrer dans la barbarie en émasculant son rival. Ou encore la honte que portent les habitants de tout un quartier en apprenant que leur « gentille voisine » a été retrouvée morte chez elle, seule et abandonnée depuis plusieurs mois dans l'indifférence générale...

Le XXI^e^ siècle est moins barbare que ses prédécesseurs, entendons-nous souvent. Finie l'époque des règlements de compte derrière l'église, des coups de feu tirés à travers champs pour un épi de maïs volé, des yeux brûlés au fer rouge pour un regard trop appuyé sur une jeune femme mariée. Tout au plus, si cela existe encore, cela nous vient de ces pays à l'exotisme noir où la misère rend les gens fous : c'est dans les townships sud-africains que l'on tue de sang-froid pour une querelle de voisinage ; c'est en Corée du Nord que l'on abandonne sur le trottoir son enfant mort ; c'est au Soudan que l'on coupe la main d'un voisin chapardeur. Mmm... penser cela, ce serait oublier un peu vite nos entrefilets. Chaque semaine, chaque jour, la presse quotidienne régionale nous en livre en si grand nombre qu'on pourrait en faire des livres entiers !

Parcourir les gazettes de France est une expérience déroutante. C'est aller à la rencontre de tous les excès, de toutes les folies et de tous les travers des Français. Mais c'est aussi faire un voyage dans l'insolite et le burlesque en découvrant par exemple cette vieille dame qui, un brin étourdie, a passé une nuit entière coincée sur un rocher au milieu de l'océan. Ou encore en suivant ces adolescents qui, ayant entendu des cris d'horreur aux abords d'une carrière désaffectée, vont amener les gendarmes à faire une incroyable découverte...

Parcourir les gazettes de France, c'est aussi croiser des âmes nobles, des actes héroïques, des élans de générosité et des destins exceptionnels. Comment ne pas s'incliner devant cette vieille fille, morte sans famille, qui a légué tous ses biens aux deux cents personnes (le chauffeur de bus, le boulanger, etc.) qui apportèrent un peu de chaleur aux dernières années de sa vie ? Comment ne pas saluer la mémoire de ce moniteur de parachutisme, devenu héros dans son village parce qu'il a su en plein vol, se sacrifier pour sauver sa jeune élève ?

Cet ouvrage est une revue de presse subjective des journaux de nos régions. En compilant plus de deux cents histoires extraordinaires, bouleversantes, étonnantes ou tout simplement amusantes publiées ces derniers mois dans la presse régionale, puis en enquêtant, de villes en campagnes, pour les compléter et les replacer dans leur contexte local, nous découvrons une photographie insolite de la France d'aujourd'hui. De quoi trouver une source inépuisable d'anecdotes à raconter aux comptoirs des bistrots et sur les places des villages…

## Première partie

# ILS SONT FOUS CES GAULOIS

Si la presse quotidienne régionale faisait commerce de la bêtise humaine, elle pourrait ouvrir des hypermarchés dans toute la France ! En tête de gondole, nous trouverions les incontournables voyeurs et exhibitionnistes de tout poil. Comme les cochonneries pleines de calories qui s'empilent sur les présentoirs, ils ont toujours existé mais, chaque année, de nouveaux modèles plus écœurants apparaissent. Au fond du magasin seraient rassemblés l'alcool et ses ravages en tous genres. Dans un grand rayon ! Il y en aurait pour tous les goûts, du plus pitoyable (des automobilistes totalement inconscients) au plus désopilant (de pauvres bougres ivres jusqu'à l'os qui se mettent dans des situations loufoques). Dans les grandes surfaces de l'inconscience et des folies douces, le coin des loisirs déborderait de toutes sortes de personnages farfelus et inquiétants : un accusé qui supplie son juge de l'envoyer en prison, un couple de vieillards dont l'amour pour les animaux de compagnie dépasse l'entendement, un pervers amateur de juments, un voleur au nom prédestiné, etc.

Si la presse quotidienne régionale ouvrait des hypermarchés de la bêtise humaine, elle n'aurait à coup sûr jamais de problème d'approvisionnement…

# Perles de prétoires

L'un des divertissements favoris des gazettes de nos régions est « le compte rendu d'audience ». Comme au théâtre, le journaliste s'installe au fond d'une salle de tribunal et savoure le spectacle. Puis il raconte. Des drames ? Pas seulement, loin de là. On joue de tout dans les prétoires : des farces, des pièces de boulevard, des vaudevilles et même des comédies burlesques !

## Le cœur du débat

Une scénette au hasard, au deuxième jour du procès d'un certain monsieur D. devant une cour d'assises de l'Est[1]. Les premières heures des débats, consacrées au rappel des faits et à la personnalité du prévenu, n'ont pas prêté à l'amusement. D. est accusé de deux viols, commis trois ans et demi plus tôt, à l'automne 2005. Deux agressions sur des femmes âgées de 66 et 84 ans.

Pourtant, dans le fond de la salle, ils sont plusieurs à se tortiller sur leur banc pour dissimuler leurs sourires derrière leurs mains ou en baissant la tête. L'audience a en effet pris une tournure surréaliste depuis qu'un expert a été appelé à la barre.

Le docteur Frichet, médecin légal, est assailli de questions par le président et les avocats des victimes.

— Cela suffit ! rouspète l'avocate de l'accusé. Vous cherchez la petite bête…

— Mais c'est le cœur du débat ! lui rétorque le président.

1. *Libération Champagne* (29/05/09).

Le cœur du débat, c'est le pénis de Monsieur D. Plus exactement la longueur du pénis de Monsieur D. Et cela fait près de deux heures que cela dure !

Dans son rapport, l'expert l'a jugé « extrêmement court ». À la barre, il confirme :

— Cinq centimètres et demi de l'os du pubis jusqu'à l'extrémité de la verge. Il correspond à ce que l'on qualifie de micropénis…

Premiers murmures dans la salle. Le médecin chuchote :

— C'est trois fois rien…

— Pouvez-vous estimer la longueur du sexe de Monsieur lorsqu'il est en érection ? insiste l'accusation.

— Je suis incapable de dire quelle est sa longueur en érection. J'ai mesuré un sexe flasque. Seul un sexologue aurait pu le mesurer. Il n'existe pas de règle de calcul…

L'avocat général jette un regard noir vers le fond de la salle, d'où s'élèvent des rires étouffés.

— … j'estime simplement qu'il ne peut pas y avoir de miracle, monsieur le président.

Vient alors l'instant que tout le monde redoute, la question qui va plonger l'audience aux confins du sordide et de l'absurde. Le pénis de Monsieur D., aussi rabougri soit-il, peut-il prétendre à un fonctionnement physiologique normal ? En termes moins choisis : est-il capable d'une pénétration vaginale totale ?

— Impossible, tranche le docteur.

À la demande du président, l'accusé se lève et confirme :

— Je suis impuissant. Même le Viagra est sans effet…

Dans la salle, on ne rit plus. L'heure est grave et la dernière question pesante : si la pénétration est impossible, peut-il y avoir eu viol ?

— Les victimes ont évoqué des tentatives de pénétration, mais elles ont principalement dénoncé des fellations exigées sous la menace et les coups, rappelle le magistrat.

Conclusion de l'expert :

— Dans ce cas précis, la longueur du pénis n'entre pas en ligne de compte [1]…

---

1. D. a été condamné à vingt ans de réclusion criminelle par la cour d'assises. Il n'a pas fait appel. La peine, lourde, est due au fait que le condamné était un récidiviste.

## Mauvais payeur

Dans le prétoire du tribunal correctionnel de Gap, la rigolade est plus franche. Les faits, rappelés en préambule par le président, sont pourtant d'une triste banalité[1].

Le prévenu comparaît pour une série d'impayés. Âgé de 33 ans, il avait pris la mauvaise habitude de ne jamais régler ses nuits d'hôtel et ses repas pris en ville.

Sa technique était bien rodée. Le filou, rusé et convaincant, prenait les patrons à l'écart pour leur avouer qu'il avait perdu son portefeuille, et qu'il ne pouvait donc s'acquitter de sa facture dans l'immédiat. Évidemment, il le ferait dès que possible, promettait-il en expliquant qu'il travaillait sur des chantiers. D'ailleurs, pour prouver sa bonne foi, il pouvait leur présenter des attestations d'employeurs. Des faux, naturellement. Faux comme tout le reste de son discours.

Le mauvais payeur a finalement été interpellé à la suite d'une énième plainte. Son ardoise s'élève à un millier d'euros.

Avant l'ouverture des débats, le président, comme le veut la procédure, demande au prévenu de se lever et de décliner son identité.

Il s'exécute, sans rire :

— Olivier Payebien.

Pour une fois, il ne ment pas.

Le tribunal l'a condamné à trois mois de prison ferme pour ses filouteries et pour un vol avec effraction dans une autre affaire.

## Johnny or not Johnny ?

Dans la même salle d'audience, cinq mois plus tôt. Le spectacle du jour est une mauvaise tragi-comédie.

Dans le box des accusés : Johnny Hallyday. L'idole des jeunes est accusée d'agression sexuelle par une adolescente de 13 ans. Les faits se seraient déroulés en marge d'une fête de mariage, à Briançon, trois ans plus tôt.

1. *Le Dauphiné Libéré* (04/07/09).

Le procès, qui se tient à huis clos, donne au tribunal des allures de théâtre de guignol. D'un côté, les déclarations de la gamine ne sont pas claires, pour ne pas dire fantaisistes, et son avocat est à peu près aussi convaincant qu'un rocker chantant du Henri Dès. De l'autre, notre Johnny national, chemise noire, cheveux gominés et bouc propret, crie son innocence d'une voix sourde et nasale.

Si l'affaire n'a pas fait la Une des magazines people, c'est parce que le procès, malgré la gravité des faits supposés, n'est qu'une mauvaise farce. L'adolescente semble vivre dans un monde imaginaire, un univers de dessin animé japonais. Et Johnny n'est pas le vrai Johnny. C'est l'un de ses sosies[1].

Richard T., plus connu sous son nom de scène Richy, écume les salles des fêtes et les bals populaires depuis des années en chantant les tubes de la star. Même yeux bleus, même look, même gestuelle, même voix, il lui arrive aussi d'animer des mariages.

L'adolescente et ses parents ont-ils pris leurs rêves pour des réalités ? Cela ne fait pas l'ombre d'un doute selon la justice, qui a totalement blanchi le chanteur-imitateur.

Il vient de vivre les trois années les plus difficiles de sa carrière « en prenant des somnifères », se demandant chaque jour « comment se terminerait ce cauchemar », « hanté par l'affaire Outreau ». Ragaillardi par la relaxe du tribunal, il a ces mots dignes de son modèle : « On ne sort pas indemne d'une affaire comme celle-ci, mais la vie continue et je sais que le public est toujours au rendez-vous… Et je l'aime. »[2]

## Le string du septuagénaire

Autre affaire de mœurs, plus légère mais tout aussi surréaliste, devant le tribunal de Brive-la-Gaillarde.

Un homme de 75 ans, tête basse et d'humeur bougonne, gigote à la barre. D'une oreille distraite, il écoute la présidente

1. *Le Dauphiné Libéré* (13/02/09).
2. *Le Post* (16/04/09).

faire lecture du procès-verbal qui lui vaut de comparaître devant la justice[1].

— Monsieur et Madame K. ont déposé plainte à votre encontre...

— Mouais..., grommelle-t-il d'une voix quasi inaudible.

— Ce sont vos voisins, n'est-ce pas ?

— Mmrrrr. .

— Ils vous reprochent de vous promener nu dans votre jardin à longueur de journée...

Le vieil homme lève brusquement la tête :

— C'est faux ! L'été je me prélasse au soleil, oui, mais je porte toujours un string !

La présidente retient difficilement un sourire tandis que la greffière tourne la tête en pouffant.

— Ce type m'attaque parce que ma compagne et moi n'avons pas été contents de travaux de plomberie qu'il a réalisés chez nous ! On lui a dit et il se venge comme il peut !

Le septuagénaire prétend que toute cette affaire n'est qu'un conflit de voisinage mesquin. La magistrate lui fait savoir que les gendarmes l'ont surveillé et confirment, dans un rapport très détaillé, qu'ils l'ont surpris à plusieurs reprises en tenue d'Adam. Il nie encore...

— Ce n'est pas possible ! De là où je suis on ne peut pas me voir. Il y a une haie qui me protège de la rue...

— Vous ne semblez pas comprendre..., insiste la présidente en attrapant un dossier posé devant elle. À l'intérieur : une série de photos sans ambiguïté.

— C'est bien vous sur ces clichés..., interroge-t-elle en lui faisant signe d'approcher.

Il s'avance puis recule aussitôt d'un pas :

— Je n'ai pas mes lunettes, je ne vois rien sur ces images...

Le procureur, las, intervient :

— Sachez, monsieur, que si vous voulez porter un string, c'est votre choix. Mais faites en sorte que celui-ci soit en accord avec votre corpulence. Le voisinage n'a pas à supporter un tel spectacle.

---

1. *La Montagne* (28/10/09).

Il requiert une condamnation à 500 euros d'amende pour exhibition, ce qui provoque de nouveaux grognements du prévenu qui conclut :

— Et bien, puisque c'est comme ça, je ne retournerai plus jamais dans mon jardin !

Et le maigre public se disperse le sourire aux lèvres…

## Mauvais points pour l'inspecteur du permis

Autre ambiance, plus paperassière, devant le tribunal administratif d'Orléans[1]. Le fonctionnaire qui se présente à la barre est pinailleur. Il conteste point par point l'annulation de son permis de conduire.

Aidé d'un avocat parisien spécialiste de la question, le fautif cherche des failles dans chacune des huit infractions au Code de la route, dont trois pour excès de vitesse, que la justice lui reproche. Et ça marche. À force de couper les textes de loi en quatre, de chinoiser sur les interprétations soi-disant fallacieuses des forces de l'ordre et de batailler sur chaque détail de ses entorses à la bonne conduite, le tribunal lui restitue quatre points. Le chauffard sauve son permis, sa tête et son job. Car il est… inspecteur du permis de conduire. Il a même été, comme le lui fait remarquer le juge pour le rappeler à ses devoirs, adjoint au directeur départemental de la cellule « éducation routière ».

## L'agriculteur, ses chèvres et son banquier

Dans l'Aisne, il est question de dettes, de banques et de biquettes. Le tribunal juge un agriculteur de 43 ans qui, un matin triste de mars, a perdu la tête[2].

Le quadragénaire, le visage émacié, parle en tremblant de sa situation inextricable, de son petit troupeau de chèvres qui lui rapporte un misérable revenu de 130 euros par mois, de ce découvert chronique de plus de 800 euros qui l'étouffe. Il marmonne sa rancœur

1. *La Nouvelle République du Centre-Ouest* (06/02/09).
2. *La Voix du Nord* (24/06/08).

contre cette banque qui ne lui accorde aucun répit, bien au contraire, puisqu'elle l'étrangle un peu plus chaque mois à coups d'agios.

— Je n'ai plus de couverture sociale, je mange ce que je trouve et je suis encore taxé à 30 % sur mon découvert, plaide-t-il pour expliquer son coup de folie.

Puis il raconte.

Ce matin-là, il se rend dans son agence du Crédit Mutuel, à Laon, en espérant un petit geste, un échelonnement de ses dettes ou un allégement des pénalités, n'importe quoi qui pourrait l'aider à respirer un peu. Mais, une nouvelle fois, son banquier l'éconduit. C'est la fois de trop. L'agriculteur revient quelques heures plus tard en compagnie de sept de ses chèvres. Et en égorge trois.

La scène est aussi surréaliste que barbare : dans le sas de sécurité, où il a été bloqué par le financier, c'est une boucherie. Autour des bêtes qui agonisent dans leur sang, les survivantes paniquent. Les clients, horrifiés, se prennent la tête à deux mains tandis que le désespéré hurle sa haine en direction du banquier.

— J'ai voulu lui montrer ce que c'est de tuer des animaux faute de pouvoir les nourrir, plaide-t-il avant d'interroger le tribunal, la voix grise de désespoir :

— Comment faire quand un chevreau coûte 67 euros de lait avant d'être vendu 4,50 euros le kilo ?

L'homme est si touchant que les cinq associations de défense des animaux qui se sont constituées partie civile se divisent. Un avocat, qui n'a visiblement pas suivi le fond des débats, réclame au pauvre homme 5 000 euros de dommages et intérêts pour la cause animale. Le président de la SPA locale, lui, se retire. L'agriculteur lui a confié les chevrettes rescapées.

Le tribunal, pas vache, l'a condamné à verser un euro symbolique aux associations.

## Passer par la case prison

Un magistrat sait qu'il doit être prêt à tout entendre dans un prétoire. N'empêche. La présidente du tribunal correctionnel de Privas, en Ardèche, s'est laissée surprendre[1].

1. *Le Dauphiné Libéré* (08/04/09).

— C'est la première fois que j'entends une telle demande de la part d'un accusé ! s'étonne-t-elle en se grattant la tête.

— Oui madame la présidente, je vous demande de me mettre en prison.

— Mais, vous savez, la prison n'est pas un hôtel !

Il acquiesce d'un mouvement de paupières puis, posément :

— S'il vous plaît, juste le temps que la situation s'apaise…

Son avocat, entre sourire et embarras, murmure dans le brouhaha de l'assistance :

— En onze ans de métier, je n'ai jamais eu à plaider une telle affaire…

Manu B., lui, n'est pas du tout disposé à plaisanter. S'il veut être envoyé quelque temps derrière les barreaux, c'est par crainte qu'un drame se produise. Le conflit qui l'oppose à une famille de la ville, pour d'anciennes et obscures raisons, a pris une tournure dangereuse. Insultes, échanges de coups, bagarres de chiffonniers et maintenant menaces de mort… La tension monte d'un cran chaque fois qu'il croise un membre de la tribu adverse dans les rues de la ville.

A-t-il peur pour sa vie ? Ce n'est pas exactement cela. Il aurait plutôt peur pour celle des autres. Et à 23 ans, il n'a aucune envie de commettre l'irréparable et de se retrouver pendant vingt ans en prison. Alors il a décidé de rendre les armes.

Suite à la dernière altercation, il s'est présenté au commissariat de Privas, accompagné de sa petite amie. « Je viens vous confier ça », a-t-il déclaré en déposant un pistolet automatique sur le bureau des policiers. Port d'arme illégal, ont-ils tranché. Ça se réglera devant le juge !

*Merci messieurs.*

À l'heure du verdict, comme tout prévenu, Manu B. est tendu. Seulement, et c'est tout de même moins habituel, il croise les doigts pour ne pas échapper à la prison.

La présidente se tourne vers lui :

— Le tribunal vous condamne à une peine de quatre mois de prison ferme, sans mandat de dépôt et avec confiscation de l'arme.

— Sans mandat de dépôt ? interroge-t-il en se penchant vers son avocat.

— Ça veut dire que vous n'êtes pas immédiatement incarcéré. Nous avons quinze jours pour faire appel…

— Mais je ne veux pas faire appel, moi !

— C'est malheureusement la procédure, mais dans quinze jours, rassurez-vous, nous pourrons demander l'application de la peine, tente de le réconforter son avocat en quittant la salle d'audience.

C'est mal connaître le garçon.

Quatre jours plus tard, rebondissement. Ou plutôt, drôle de coïncidence. Manu B. sort ivre d'un bar et agresse un passant sous les yeux de policiers en patrouille, à qui il s'en prend verbalement avant de donner un coup de pied dans leur véhicule. Il est aussitôt arrêté.

Au tribunal, rebelote. Mais cette fois, le coup est gagnant. Manu B. est condamné à douze mois de prison dont six avec sursis. Ajouté aux quatre mois de sa première condamnation, qui deviennent aussitôt effectifs, il dormira tranquille pendant dix mois en maison d'arrêt. Le voilà soulagé.

## Maudit baptême

Pour finir, direction Saint-Quentin, dans l'Aisne. Sur le banc des accusés : un jeune papa honteux qui vient de gâcher le baptême de sa petite fille.

— Je n'ai pas su me contrôler, regrette-t-il. Si je pouvais revenir en arrière, je ne referais pas cela… [1]

— Mordre est une réaction primaire de quelqu'un qui ne maîtrise pas son impulsivité ! s'emporte le président.

Le garçon baisse la tête.

Comment s'est-il retrouvé dans cette galère ? Sans doute l'accumulation des contrariétés…

Au commencement, la marraine choisie par les parents a refusé cet honneur. Vexant, admettez. Puis sa « remplaçante » également. Blessant, non ? Et lorsque la troisième a enfin accepté, elle a posé une condition :

— Si vous pouviez me faire une petite avance pour la chaîne en or, ça m'arrangerait…

— …

1. *L'Union de Reims* (11/03/09).

— Parce que 120 euros, avec nos petits revenus…

— …

— Bien sûr je vous rembourserai, cela va de soi…

Cela va de soi, la marraine numéro 3 ne s'est pas empressée de solder sa dette. Diable de baptême ! Après plusieurs rappels – menaçants – au téléphone, le papa s'est rendu chez elle, histoire de régler ses comptes.

C'est lui qui, devant le tribunal, décrit la suite :

— Quand je suis arrivé chez eux, son concubin a dit qu'il allait descendre avec une batte de base-ball !

Sacrée ambiance, fort peu catholique.

— Et ensuite ? demande le président.

— Quand j'ai vu qu'il arrivait les mains vides, j'ai jeté le couteau que j'avais apporté…

— Et vous lui avez violemment mordu le nez !

— Oui monsieur le président.

— Il a dû être arrêté six jours ..

— Je sais monsieur le président.

Verdict : trois mois de prison avec sursis et 1 500 euros de dommages et intérêts à la victime.

Pas sûr que la petite fille profite souvent de sa marraine. Pas sûr non plus qu'elle garde amoureusement sa chaîne en or dans sa boîte à souvenirs…

## L'INSOLITE EST TELLEMENT ORDINAIRE...

Qui n'a jamais souri en regardant à la télévision le sempiternel bêtisier de fin d'année, entre Noël et le jour de l'an ? Le type qui vient s'écraser contre une porte vitrée ou la mariée qui se prend les pieds dans sa robe, ça fonctionne à tous les coups. Le bêtisier n'a rien inventé. La presse quotidienne régionale est truffée de types qui percutent des portes en verre et de mariées qui trébuchent en pleine cérémonie. Ne manquent que les vidéos, mais imaginez...

Vu dans *La Montagne*, Puy-de-Dôme[1] : « La toiture prend feu après un barbecue. » Pas de blessé. Maison dévastée.

Dans *Le Courrier Picard*[2], Somme : « Il blesse son neveu à la carabine pour l'empêcher de voir les œufs de Pâques. » L'enfant a été transporté à l'hôpital. Ses jours ne sont pas en danger.

Vu dans *Nice Matin*[3], Alpes-Maritimes : « Une autruche avale le téléphone d'une visiteuse. » Une bête malade. Plus de peur que de mal pour la touriste.

Ou encore dans *Le Pays*[4], Haut-Rhin : « Les pompiers victimes d'inondations. » Gros dégâts matériels. Les secours n'ont rien pu faire...

---

1. *La Montagne* (11/08/09).
2. *Le Courrier Picard* (14/04/09).
3. *Nice Matin* (15/09/08).
4. *Le Pays* (13/08/08).

## L'hôtel de la voyageuse

Justement, restons dans l'Est de la France. Très précisément à Dannemarie, petite commune de deux mille cinq cents âmes à une trentaine de kilomètres de Mulhouse.

*L'Alsace*, la bible de la région, tient une perle pour son bêtisier 2009 : une touriste britannique de 33 ans, ne maîtrisant pas toutes les subtilités de la langue française, vient de passer la nuit la plus longue de sa vie[1].

Après une journée de visites, en cette fin août baignée de soleil, la miss cherche un endroit où dormir. Elle qui a l'habitude de voyager seule sait dénicher les bonnes affaires. Alors, passant dans le centre de Dannemarie, notre jeune Anglaise n'hésite pas une seconde en découvrant un imposant bâtiment cubique, à la façade ocre, et dont les fenêtres sont joliment ornées de jardinières en fleurs. Un établissement charmant, juge-t-elle en levant les yeux sur ce qui fut, au XIXe siècle, la halle à blé du canton.

Au comptoir de la réception, elle voudrait savoir s'il reste une chambre pour la nuit, mais personne ne semble se soucier d'elle. Peu importe, elle a tout son temps, et en attendant qu'on vienne la recevoir, la jeune femme se dirige vers les toilettes qu'elle a remarquées au bout d'un couloir.

De retour dans le hall d'accueil, elle s'étonne de constater qu'au cours de ses quelques minutes d'absence, toutes les lumières ont été éteintes et, circonspecte, se résout à quitter ces lieux décidément bien curieux. Mais surprise : la porte par laquelle elle vient d'entrer est fermée ! Verrouillée à double tour !

Elle appelle dans les escaliers, cherche une porte ouverte... L'établissement est désert. Elle redescend, frappe aux fenêtres, éteint et rallume la lumière frénétiquement pour attirer l'attention. En vain. Dehors, personne ne remarque sa présence. La prisonnière se saisit alors d'une feuille de papier, d'un stylo, et écrit : « 22 août 2009 – Je suis fermer ici – Est-ce possible la porte en ouvrir ? »

À l'extérieur, sur le fronton du bâtiment, on peut lire : « Hôtel de ville. »

---

1. *L'Alsace* (24/08/09).

Paul Mumbach, le maire, a découvert le lendemain matin la pauvre voyageuse endormie sur un siège. Il raconte : « Il y avait une réunion de responsables d'associations à la mairie la veille au soir. En sortant, ils ont entendu du bruit dans les toilettes, mais n'y ont pas vraiment prêté attention. Puis ils sont sortis en fermant tout derrière eux. »

Et la demoiselle ? « Elle m'a demandé où elle pouvait trouver un hôtel, poursuit-il. Je lui en ai indiqué un pas très loin et elle est partie, toute penaude. »

## Mort… au cimetière

Ce que l'on ne voit jamais dans les bêtisiers de Noël, ce sont les situations burlesques qui tournent mal, comme cette mort insolite révélée par *La Dépêche du Midi*[1].

Une habitante de Valeuil, petit bourg agricole de Dordogne, se rendait sur la tombe de son époux quand elle a découvert un corps gisant au beau milieu du cimetière. À ses côtés : une petite échelle, un marteau et un burin.

Le médecin venu constater le décès a immédiatement conclu à une crise cardiaque, vraisemblablement provoquée par un excès d'effort consenti sous l'accablant soleil d'une journée caniculaire.

Après enquête, les gendarmes ont compris que l'homme foudroyé était bien à l'ouvrage : il dépouillait des sépultures. Des objets funéraires ont été retrouvés dans son véhicule.

## Le coup de parasol

Les lecteurs de *Nice Matin* découvrent, eux, une scène carrément gaguesque[2]. À l'heure de la sieste, une rixe a mis la plage de Cannes sens dessus dessous. Les fauteurs de troubles ne sont pas de petits voyous désœuvrés, mais deux mamans et leurs sept rejetons qui ont voulu se faire une place là où il n'y en avait pas.

---

1. *La Dépêche du Midi* (24/07/09).
2. *Nice Matin* (06/08/09).

Quand la petite troupe venue de Paris arrive pour s'installer, la plage est noire de monde. Incontestablement, la place manque entre les serviettes étendues qui se touchent presque, mais les nouveaux n'en ont que faire et s'incrustent sans ménagement.

— La plage est publique, on fait ce qu'on veut ! grogne l'une des mères de famille aux voisins qui protestent.

Une première étincelle qui prend vite feu quand les gamins, ne trouvant rien de mieux à faire, se mettent à lancer du sable par-dessus la foule environnante. Nouvelles protestations. Plutôt que de sermonner leurs ouailles, les deux femmes invectivent les vacanciers importunés et, bientôt, c'est tout le voisinage qui se dresse contre elles. C'est alors qu'arrive l'époux de la première. Un bagarreur, celui-là.

Les insultes pleuvent et les premiers coups tombent. Sur la plage bondée, le spectacle du mouvement de foule est surréaliste : les enfants et leur père, armés de pelles et de parasols, s'attaquent à tous ceux qui ont quelque chose à redire. Jusqu'au bouquet final : le père de famille plante un parasol dans le pied de son voisin récalcitrant.

L'intervention des forces de l'ordre et des secouristes sera finalement nécessaire pour que cesse le pugilat.

## Série noire au festival du film policier

C'est un grand jour à Beaune. La capitale des vins de Bourgogne baisse le rideau sur son premier festival international du film policier. Une belle réussite. Et un grand soulagement pour… les vrais policiers. Car cette semaine du polar a aussi été celle des faits-divers.

Si ce n'était pas si sérieux, on pourrait croire à une bonne blague : ce que *Le Bien Public*[1] a qualifié de « série noire » a commencé dès l'ouverture du festival, le… 1er avril.

« Ce n'était malheureusement pas du cinéma, même si les caméras – de surveillance celles-là – ont eu un rôle à jouer », s'amuse le journaliste en relatant la première affaire. Une étudiante,

1. *Le Bien public* (10/04/09).

employée comme hôtesse d'accueil sur le festival, a été victime d'une agression en quittant son poste. À quelques pas de la fête, un homme est arrivé en vélo à sa hauteur, a tenté de soulever sa jupe puis l'a brutalement attrapée, plaquant une main sur sa bouche pour l'empêcher de crier. Un drame a sans doute été évité quand, alertés par un des hurlements mal étouffés de la jeune femme, des passants ont accouru, faisant fuir l'agresseur. À la lecture des bandes de la vidéosurveillance (chacun son cinéma…), les enquêteurs de la police beaunoise l'ont vite identifié et retrouvé.

Au programme du lendemain : une bagarre. En tête d'affiche, bien malgré lui : Vincent Lindon. L'acteur était venu présenter *Welcome*, de Philippe Lioret, un des succès de l'année 2009, quand un homme passablement éméché lui a sauté au cou. Il prétendait vouloir assister à la projection. Maîtrisé par le service d'ordre du festival, il a terminé sa soirée dans une autre salle obscure, au commissariat. Le garçon souffrait de troubles psychiatriques.

Pour les policiers, ce n'était qu'un avant-goût de ce qui les attendait ce soir-là. Ils ont eu droit à une deuxième séance, un peu plus tard dans la nuit. Cette fois, l'affaire ressemble à un film catastrophe. Sans les effets spéciaux. Et à petit budget…

Un jeune garçon à scooter s'est délibérément jeté dans la foule. Il a visé un petit groupe de personnes qui refaisaient le monde du septième art en se délectant d'une bière devant un bar. Parmi eux : Jean-Paul Rouve, l'ex des Robins des Bois vu notamment dans *Podium*, avec Benoît Poelvoorde, ou encore dans *La Môme* aux côtés de Marion Cotillard. Par miracle, les policiers n'ont eu à déplorer que des blessés légers…

Et pour finir, en clôture du festival, une comédie policière : « Le cambriolage du cocktail. » En poste devant la salle de projection, un agent de sécurité a entendu des bruits suspects venant du bâtiment voisin, là même où allait se tenir le grand banquet « clap de fin » des festivités. Il a alerté les policiers qui, après avoir constaté une effraction, sont parvenus à rattraper trois individus âgés de 17 à 23 ans. Dans leurs sacs : un chauffage de chantier, un extincteur, une boîte à outils, un pack de jus de fruits et un carton de verres.

Les voleurs ont été envoyés au poste, le butin rendu aux organisateurs et, comme souvent au cinéma, tout le monde a fêté, tel un *happy end*, la fin du premier festival de Beaune. Surtout les policiers…

## Folies douces et folies pures

Faire le tour de France des gazettes, c'est aller à la rencontre des folies douces des Français. Oh !, rien de bien méchant la plupart du temps, mais de quoi se dire tout de même que l'Homme est bel et bien l'animal le plus surprenant de tous.

### Promenade en char

Un attroupement s'est formé autour d'un véhicule blindé de l'armée. Il y a là deux ou trois riverains, quelques commerçants et une poignée de passants intrigués qui restent à bonne distance, prudents La tension est palpable. Les interrogations se mêlent aux rumeurs :

— Que peut bien faire un tel engin militaire en plein centre-ville de Reims ?

— Une tentative d'attentat…

— La cathédrale était visée…

Une vendeuse de biscuits, tablier autour de la taille, approche :

— C'est quoi ce truc ?

— Un véhicule de transport de troupes… On voit ça à la télé, dans les zones en guerre

— C'est une invasion ! s'amuse un jeune homme qui ne croit pas à ces sottises.

Les automobilistes ralentissent en passant à hauteur de l'engin quand des légionnaires, reconnaissables à leurs képis blancs et leurs bérets verts, arrivent en convoi, l'encerclent et écartent les curieux. Eux ne sont visiblement pas d'humeur à plaisanter.

Pendant de longues minutes, deux militaires inspectent l'engin, tournent autour, se glissent dessous tandis que les autres, arme au poing, restent en retrait pour les couvrir comme s'ils craignaient de découvrir un bataillon ennemi ou une bombe à l'intérieur. Soudain, dans un mouvement parfaitement coordonné, les deux légionnaires sautent dans l'habitacle, démarrent le blindé et repartent, suivis par leur escorte, sous les regards éberlués des passants.

Le lendemain, le mystère du char dont tout le monde parle dans le quartier est à la Une du journal[1] : « Le déserteur abandonne son engin blindé... »

Ce n'était donc pas un attentat. Ni une invasion étrangère. Simplement l'égarement d'un militaire lassé de sa condition.

L'engagé avait décidé de changer de vie. Son plan était très simple : un billet de train pour la liberté. Seule difficulté : parcourir la quarantaine de kilomètres qui séparait son régiment, installé à Sissonne, de la gare de Reims. L'homme étant conducteur d'engins blindés, il avait très vite trouvé la solution à son problème !

## Le champion et la femme nue

Comme les badauds rémois, lui aussi s'est cru frappé d'hallucinations. À Saint-Chaffrey, gros village de chalets accroché au domaine skiable de Serre-Chevalier, ce n'est pas un char d'assaut que cet habitant avait sous les yeux, mais une jolie jeune femme... entièrement nue ! En pleine rue à 8 heures du matin. Et pas n'importe où, juste en contrebas du domicile de Luc Alphand, l'ex-champion de ski reconverti dans les sports mécaniques.

« Une groupie un peu trop expressive », a pensé le témoin en prévenant les gendarmes, histoire d'éviter une scène embarrassante à son célèbre voisin et à sa famille[2].

La naturiste, une touriste de 26 ans originaire de Valence, dans la Drôme, a été interpellée sans résistance, presque étonnée

1. *L'Union de Reims* (29/02/08).
2. *Le Dauphiné Libéré* (22/08/08).

qu'on vienne lui chercher querelle. Comme le confiait un pompier venu l'ausculter, « elle ne semblait pas tout à fait dans son état normal ». Les hommes d'uniforme ont l'art de l'euphémisme… Car la jeune femme avait déjà fait parler d'elle. Pas plus tard que la veille.

Partie faire un footing, elle avait été signalée comme disparue par des amis chez qui elle passait quelques jours et qui s'étaient inquiétés de ne pas la voir revenir. Des recherches avaient été engagées, appuyées par le peloton de gendarmerie de haute montagne et leur chien sauveteur. Et puis la demoiselle était réapparue, fraîche comme une fleur du jour, peu après 3 heures du matin. Aux gendarmes soulagés, elle avait raconté s'être endormie sur le bord d'un chemin.

Est-elle aussitôt ressortie après sa virée nocturne ? Comment s'est-elle retrouvée nue comme un ver, au petit matin, au milieu du village ?

La jeune femme a été incapable d'apporter la moindre réponse. Rhabillée et accompagnée vers l'hôpital le plus proche, elle a simplement pu assurer les secouristes d'une chose : elle ignorait totalement l'existence de Luc Alphand.

## Les sommets de l'inconscience

Le même jour, à quelques kilomètres de là, un autre genre de folie douce. La sécurité civile de l'Isère est appelée pour une opération *a priori* tristement banale. Il faut aller chercher un alpiniste bloqué à 3 300 mètres d'altitude sur le versant Bonnepierre du col des Écrins. L'homme serait terrorisé, seul, en équilibre sur une corniche enneigée à l'aplomb du vide. L'hélicoptère est envoyé sur place. À bord, des sauveteurs aguerris aux interventions les plus extrêmes. Des professionnels que l'inconscience humaine ne surprend plus. Encore que…

Le naufragé des neiges est un garçon de 21 ans, étudiant en école de commerce à Grenoble. Un grand amateur, au sens propre, de la montagne. Le journaliste du *Dauphiné Libéré*[1], qui connaît bien cette région difficile, raconte son périple : « L'étudiant

1. *Le Dauphiné Libéré* (22/08/08).

a bivouaqué la veille au soir à proximité du refuge Caron, qu'il a atteint par le sentier partant du Pré-de-Madame-Carle, sur la commune d'Ailefroide. À l'aube, il a suivi le flux des alpinistes candidats à la voie normale du Dôme et de la barre des Écrins. Seul, portant un sac à dos de 20 kilos, il a remonté la trace sur le glacier avant de gagner le col des Écrins, situé à 3 367 mètres d'altitude. » Puis le journaliste s'arrête sur le moment où tout a basculé : « Totalement étranger aux techniques de l'alpinisme et ignorant visiblement les dangers de la haute montagne, il a décidé de basculer, côté Isère, sur le raide versant Bonnepierre où tant d'accidents se sont déjà produits. (…) Une dizaine de mètres plus bas, il s'est retrouvé bloqué sur une minuscule vire enneigée dominant l'abîme. Impossible de remonter. Impossible de descendre. Il a alors saisi son téléphone portable et… miracle, à cet endroit précis, le réseau était opérationnel. »

Un miracle, c'est aussi ce que pensent les secouristes en approchant du désespéré pour l'hélitreuiller. Ils savent que les meilleurs alpinistes ne s'aventurent dans ce passage périlleux qu'en cordée, cramponnés et parfaitement équipés, alors que lui est seul sur son rocher, entouré par la mort avec un simple sac sur le dos.

La manœuvre, extrêmement dangereuse, est parfaitement réussie. L'étudiant, bien que frigorifié et affaibli, est récupéré et mis en sécurité, bien au chaud dans une couverture de survie.

C'est là que les secouristes découvrent l'impensable : l'homme qu'ils viennent de sauver, à plus de 3 000 mètres d'altitude, est chaussé de simples… baskets.

## Tourbillon d'inconscience

L'inconscience humaine laisse parfois sans voix. Voyez encore l'histoire de ce pauvre Bulgare qui, apprend-on dans *Le Journal du Centre* [1], s'est noyé dans la Loire.

Le journal plante le décor du drame en quelques mots : sous un soleil de plomb aoûtien, la température frôlait les 40 °C à La Charité-sur-Loire. Puis l'article rapporte les faits : un bûcheron

1. *Le Journal du Centre* (20/08/09).

bulgare a coulé à pic dans un trou d'eau à une trentaine de mètres de la berge. L'accident a eu lieu à hauteur du quai Clemenceau, là où les remous et les courants sont particulièrement violents. L'explication apportée par le journaliste en dit long sur la bêtise humaine : l'inconscient, qui voulait se rafraîchir après une dure journée de labeur, a bravé l'interdiction de se baigner. Pire, racontent ses collègues sous le choc… il ne savait pas nager.

## L'AMOUR DES BÊTES

La passion des animaux, voilà une des grandes lubies des Français. On ne s'entoure pas de 30 millions d'amis sans raison ! Mais quand les « canards du coin » s'en mêlent, c'est que la folie douce a tourné à la folie… bête.

### Les enfants des retraités

Dans le journal *Sud Ouest*[1], un couple de septuagénaires détient le titre de « meilleurs amis des animaux ».

À Castelmoron, petit village du Lot, tout le monde connaissait la passion de ces retraités pour leurs innombrables chiens. Combien ? Impossible à dire. Seule certitude : on les voyait se promener avec des quadrupèdes de toutes les tailles, de toutes les couleurs et de toutes les races. Et jamais les mêmes.

L'embêtant, c'est que tout le monde savait aussi que le couple vivait dans un petit deux-pièces. Alors la Direction départementale des services vétérinaires est venue jeter un œil. Avec une idée bien précise en tête : un particulier n'a pas le droit de posséder plus de neuf chiens. Le compte n'y était pas vraiment…

Un, deux, trois, cinq… dix… vingt… cinquante… Soixante-quatre chiens !

Pour les compter, les agents ont dû poser des cages devant la porte d'entrée en attendant que Rex, Junior, Lassie et leurs amis s'y engouffrent les uns après les autres. Impossible de pénétrer dans l'appartement sans marcher dessus ni créer une panique

1. *Sud Ouest* (06/12/08).

générale. Chose à peine croyable, les vétérinaires ont constaté que tous les animaux étaient en bonne santé, parfaitement soignés, bien nourris… et visiblement heureux de vivre ensemble. Ils n'avaient à déplorer que l'inconfort et l'hygiène forcément imparfaite de l'étroit logement.

Mais la loi est la loi : le petit couple ami des animaux ne pouvait en garder que neuf. Pas un de plus. Direction les refuges SPA de la région pour les cinquante-cinq autres. Un drame, une déchirure insupportable.

Quand on demanda aux propriétaires de choisir ceux qu'ils voulaient conserver, ils répondirent que cela leur était totalement impossible car leurs compagnons étaient « *tous leurs enfants* ».

## 211 animaux dans 22 m²

C'est à un Dijonnais que revient le record absolu du nombre d'animaux domestiques : 211 dans… 22 mètres carrés !

Dénoncé par un voisin, ce jeune homme de 21 ans avait constitué une incroyable ménagerie dans son studio, situé dans le quartier du Palais des Sports. Les policiers y ont dénombré un furet, huit serpents, deux tortues, vingt-sept hamsters, deux grenouilles, un chinchilla, deux lapins nains, treize oiseaux divers, treize gerbilles, quarante-cinq rats et quatre-vingt-dix-sept souris. Tous étaient soigneusement chouchoutés dans des dizaines de cages.

Le propriétaire, qui ne faisait pas commerce de ses petites bêtes, en a aussitôt été dépossédé.

Comme le soulignait avec empathie un journaliste du *Bien Public*, « il a sans doute aujourd'hui plus d'espace pour vivre, mais sa tristesse doit être immense… On n'ose imaginer le temps passé (et l'argent dépensé) chaque jour par le jeune homme, sans emploi, pour s'occuper de ses protégés. »[1]

## La maison des poulets

À Merdrignac, dans les Côtes-d'Armor, les voisins avaient bien remarqué une odeur nauséabonde en passant devant le

1. *Le Bien Public* (07/07/09).

petit pavillon de ce quinquagénaire assez mystérieux, mais jamais ils n'auraient imaginé ce qui se tramait à l'intérieur[1]. Les gendarmes, eux, n'avaient jamais vu ça : deux cents poulets dans une chambre, cinq cents dans une autre, autant dans le cellier…

Pour entrer dans une pièce, il fallait pousser fort sur la porte afin d'éloigner les volailles et de dégager l'épaisse couche de fiente qui couvrait le sol. Il y avait là des gallinacés tout jeunes, d'à peine quelques jours, et des plus âgés, de quelques mois. Au total, plus de mille deux cents petites têtes à crête ! Soixante-dix au mètre carré ! Sur les boîtes de conserve, les lits, les tables de nuit. Partout. Une basse-cour pavillonnaire trois fois plus dense que les élevages industriels pour lesquels la loi n'autorise pas plus de vingt-cinq volailles au mètre carré !

Le voisin mystérieux de Merdrignac expliqua sans se démonter qu'il avait prévu de livrer ses poulets à des particuliers et à des comités d'entreprise. Il avait même labélisé ses petits protégés « poulets fermiers » puisque, déclara-t-il, « il leur arrivait de prendre l'air à l'arrière de la maison »…

L'abattage était très organisé. À l'ancienne. Une échelle posée entre deux chaises, les poulets suspendus aux barreaux, tête en bas, et couic ! Les viscères faisaient le bonheur des chats sauvages et des corbeaux. Quant aux poulets qui avaient la mauvaise idée de mourir avant l'âge requis pour passer sur l'échafaud, ils étaient éliminés dans un grand feu de joie ou offerts aux chiens.

Cela va sans dire, « l'éleveur » vivait au milieu de sa stupéfiante basse-cour. Apparemment pas dérangé… par les odeurs.

## Le pervers et… l'ânesse

L'amour des bêtes peut aller loin. Très loin. Au-delà du concevable, même. Voyez ce titre en tête d'un court article paru dans la très respectable *Nouvelle République du Centre-Ouest*[2] : « Interpellé après des rapports sexuels avec une ânesse. »

---

1. *Ouest-France* (29/11/08).
2. *La Nouvelle République du Centre-Ouest* (22/04/09).

Le type a 64 ans, apprend-on. Recherché depuis un mois, il a été arrêté la veille dans un hôtel miteux de Nevers. L'homme nie, mais un témoin est formel. C'est le propriétaire du quadrupède qui a vu le sexagénaire s'agiter sur l'arrière-train de la pauvre bête, à deux reprises et à trois jours d'intervalle. Il avait à chaque fois réussi à prendre la fuite.

## La jument du maire

Abuser sexuellement d'un animal est passible de la prison. Depuis une loi de mars 2004, c'est écrit noir sur blanc dans l'article 521-1 de notre Code pénal : « Le fait, publiquement ou non, d'exercer des sévices graves, ou de nature sexuelle, ou de commettre un acte de cruauté envers un animal domestique, ou apprivoisé, ou tenu en captivité, est puni de deux ans d'emprisonnement et de 30 000 euros d'amende. »

Ce n'est pas le passage du Code que les magistrats connaissent le mieux. La présidente du tribunal correctionnel d'Aix-en-Provence, elle, a bien été obligée de le réviser. Et en prononçant son verdict, elle n'a pu contenir un soupir où se mêlaient la consternation et la lassitude. [1]

L'affaire commence un soir glacial de février. Un homme se glisse dans une écurie, à Grans, une bourgade provençale accrochée aux rives de la Touloubre. Le visiteur a une envie pressante à satisfaire. Une envie perverse. Il avance à pas de loup, cherche sa proie… Ce sera cette belle jument. Quelques préliminaires et hop !, le voilà qui entreprend l'animal. Et pas qu'un peu. Pendant vingt minutes. Vingt longues minutes de sévices bestiaux Et filmés ! Car le violeur n'a pas choisi le bon cheval. Il vient de s'en prendre à la jument du maire de la commune, un homme prudent qui a équipé son écurie de caméras de surveillance.

Pendant des mois, monsieur le maire veille au grain pour prendre le pervers la main dans le sac. Jusqu'au jour où il aperçoit à l'image un homme traînant ses guêtres dans l'écurie… Son sang ne fait qu'un tour. Il saisit son fusil et se précipite vers les

1. *La Provence* (02/01/08).

boxes. Le type est là, à canon portant. Il a beau expliquer qu'il est tombé en panne de voiture et qu'il cherche de l'essence, le maire n'en croit pas un mot. Il appelle les gendarmes qui viennent interpeller le suspect.

C'est bien lui, l'homme filmé huit mois plus tôt.

Il sera condamné à... huit mois de prison ferme.

## Les ravages de l'alcool

Ha ! Les Français, leur voiture et l'alcool. Une histoire d'amour à trois qui semble avoir été inventée pour alimenter les chroniques des journaux de nos régions.

### Contrôle matinal

Les automobilistes sont de plus en plus raisonnables ? C'est à voir. Prenez par exemple ce Nordiste convoqué au tribunal pour un écart de conduite[1]. Il a été pris par la patrouille au petit matin, à Marconne, dans le Pas-de-Calais.

Son véhicule vient d'effectuer plusieurs tonneaux quand les secours arrivent. Après de longs efforts, les sapeurs-pompiers parviennent à l'extraire de l'habitacle. L'homme, âgé de 59 ans, est gravement blessé et transporté aux urgences. C'est là que l'équipe médicale croit voir double en constatant le taux d'alcoolémie du patient : 3,13 grammes par litre de sang. L'équivalent, par exemple, d'une quinzaine de bières. Pas mal pour un contrôle matinal.

Devant le tribunal, le miraculé n'y va pas par quatre chemins : « La veille, nous avions organisé un repas de famille. Le lendemain, j'ai bu un petit café cognac avant de prendre la route… », explique-t-il comme si tout était normal. Il faut dire que le bonhomme en a vu d'autres : quand il a été arrêté, il se trouvait déjà sous le coup d'une suspension de permis de conduire. Pour conduite en état d'ébriété bien sûr. Il en sera quitte, cette fois,

1. *La Voix du Nord* (19/03/09).

pour deux mois de prison et une annulation pure et simple de son permis.

## Mauvaise rencontre

Si les forces de l'ordre ne plaisantent pas avec les chauffards alcoolisés, il arrive pourtant que leurs rencontres tournent au comique. Une compagnie toulousaine de CRS en a fait l'expérience, un doux soir d'été[1].

Aux alentours de 23 heures 30, alors que les compagnons républicains stationnent avenue Frédéric-Estebe, non loin du centre-ville, ils aperçoivent un véhicule aux feux éteints qui s'engage dans l'artère. Le conducteur, décidément tête en l'air, choisit la mauvaise voie de circulation et zigzague à contre-courant des autres automobilistes. « Celui-là, il est pour nous… », observent stoïquement les CRS en posant leurs gobelets de café. Ils ne croient pas si bien dire. L'automobiliste avance à faible allure dans leur direction, se rapproche, se rapproche… se rapproche !!! Et vient s'écraser comme une feuille morte sur le capot de leur joli fourgon.

Un contrôle d'alcoolémie plus tard, tout ce petit monde reprendra la route, tous feux allumés, en direction du poste de police le plus proche.

## Le verre de l'amitié

Dans la longue série des « je me jette dans la gueule du loup », cet automobiliste dijonnais s'est lui aussi distingué[2]. L'histoire nous apprend d'abord que l'homme est incontestablement bon camarade, car il s'est spécialement déplacé à la gendarmerie pour récupérer la carte grise de l'un de ses amis contrôlé quelques jours plus tôt conduisant en état d'ébriété.

Il est bon camarade, mais pas très malin.

1. *La Dépêche du Midi* (07/08/08).
2. *Le Bien Public* (06/02/09).

Le brave homme dégage en effet une forte odeur d'alcool, ce qui n'échappe pas aux gendarmes qui l'accueillent. Flairant le coup tordu, les militaires le soumettent à un test d'alcoolémie, qui révèle un taux de 0,61 mg/litre d'air expiré. Ce n'est pas spectaculaire, mais c'est tout de même l'équivalent de plus d'un gramme par litre de sang. Deux fois ce qui est autorisé au volant, par exemple.

Ils s'inquiètent donc de savoir comment l'homme est arrivé jusqu'à eux et, ô surprise, celui-ci désigne benoîtement sa voiture garée dans la cour de la gendarmerie. La sanction est implacable : immobilisation du véhicule et confiscation du permis.

## Saoulant de bêtise

Devant le président du tribunal de Besançon, cet autre automobiliste présente une double spécialité[1] · outre un taux d'alcoolémie trois fois supérieur au maximum autorisé, c'est un champion des condamnations pour conduite sans permis. Treize au total. Et déjà plusieurs passages par la case prison.

Désabusé, le président lui demande s'il ne pourrait pas faire un effort et passer l'examen. Eh bien non, répond le prévenu :

— Vous savez, avec la crise… Quand j'ai payé mon loyer, il ne reste pas grand-chose de mon RMI…

— Suffisamment tout de même pour acheter une dizaine de voitures en treize ans ! lui fait remarquer le magistrat.

— C'est vrai, mais la voiture, je ne peux pas m'en passer, rétorque-t-il sans rire en commençant l'inventaire de ses vieilles carcasses. Il y a eu la R30, la R20, la Citroën… toujours de très bonnes affaires monsieur le président.

Comme la dernière, achetée 300 euros (« seulement », tient-il à ajouter) à bord de laquelle il a commis l'infraction de trop.

Ce jour-là, tout commence pourtant par une soirée ordinaire en compagnie de son frère. Quelques bières, puis dîner au fast-food. Sauf que sur le chemin du retour, les frangins croisent une patrouille de police. Panique à bord. L'amateur de bonnes affaires accélère, grille trois feux rouges. un stop, puis, voyant qu'il ne

1. *L'Alsace* (15/02/09).

parvient pas à semer ses poursuivants, finit par arrêter son véhicule devant le domicile de sa mère, l'air de rien, imaginant sans doute que les policiers se raviseraient.

Au président qui lui demande pourquoi il a cherché à fuir, l'homme a cette réponse ahurissante :

— J'ai bien vu leur gyrophare, mais comme je n'ai pas de permis et qu'en plus on avait un peu de cannabis dans la voiture…

Pour l'ensemble de son œuvre, il est condamné à vingt-quatre mois de prison dont dix avec sursis.

## Saoul comme un Polonais ?

Saoul comme un Polonais, a-t-on coutume de dire par erreur. L'expression, devenue péjorative, trouve en réalité son origine dans un acte de bravoure des soldats de l'Est. En 1808, alors que les forces françaises accumulent les défaites et les pertes humaines sur la route de Madrid, Napoléon joue sa dernière carte en envoyant au front cent cinquante soldats polonais et leurs chevaux. Les cavaliers, sachant leur heure venue, se partagent quelques gourdes d'alcool fort pour se donner du courage. Ils se jettent au combat et, en quelques minutes, terrassent l'ennemi espagnol. L'empereur, admiratif, aurait alors déclaré : « Il faut être saoul comme un Polonais pour accomplir cela ! »

Andrejz, un chauffeur routier de 43 ans, aurait pu rappeler au tribunal cet épisode héroïque de l'histoire de son peuple. Mais ce jour-là, il n'était pas d'humeur à faire de l'esprit sur un malentendu historique[1].

Pâle devant le tribunal correctionnel de Draguignan, Andrejz comparaît pour conduite en état d'ivresse et mise en danger de la vie d'autrui. Un coup de massue pour cet homme décrit comme un bon père de famille et un professionnel à la conduite exemplaire, au casier judiciaire vierge et jamais pris en défaut en vingt-cinq années de métier.

Ce que la justice lui reproche est pourtant grave. En plein chassé-croisé estival, il a été découvert complètement saoul dans son semi-remorque de 38 tonnes, lui-même stationné sur la

1. *Var Matin* (05/08/08).

bande d'arrêt d'urgence de l'autoroute A 8... à contresens de la circulation.

— On a évité le pire, fait remarquer la procureur de la République.

Andrejz veut bien le croire, sauf qu'il ne se souvient de rien.

— Forcément..., ironise la magistrate en rappelant l'état d'ivresse dans lequel il a été retrouvé.

Ça, le routier ne le nie pas. Il explique même en détail qu'il s'est arrêté peu avant 19 heures sur l'aire de service de Vidauban, à mi-chemin entre Cannes et Toulon, pour respecter l'interdiction faite aux poids lourds de rouler en ce week-end chargé. Sur le parking, il a fait la rencontre d'un collègue polonais qui, comble de malchance, avait en sa possession quelques bières à partager.

— J'ai bu avec lui parce que je n'arrivais pas à dormir, à cause des médicaments que je prends pour une douleur à l'oreille. Mais je ne sais pas ce qui s'est passé. Je n'ai jamais conduit en état d'ivresse...

La suite, c'est le pompiste de la station-service qui l'a racontée aux gendarmes. L'employé a vu le camion manœuvrer sur son parking, puis s'engouffrer dans le mauvais sens sur la bretelle d'accès à la station avant de s'arrêter un peu plus loin sur le bas-côté de l'autoroute.

Alertés, les gendarmes ont découvert l'homme profondément endormi à l'arrière de sa cabine. Pour Andrejz, il n'y a qu'une explication possible : quelqu'un a déplacé le camion pendant son sommeil...

— Peut-être une mauvaise blague d'un routier bulgare avec lequel j'ai eu un conflit...

Un peu tiré par les cheveux, mais assez convainquant pour obtenir la clémence du tribunal : huit mois de prison avec sursis au lieu des dix mois de prison ferme requis.

## Le ridicule ne tue pas (heureusement...)

Qui ne porte pas le boulet d'une soirée un peu trop arrosée ? Vous savez, cette vieille anecdote que les amis ressortent en fin de dîner et qui vous replonge à chaque fois dans une sorte d'embarras amusé.

« Elle était pompette ! », « Il était rond comme une queue de pelle ! »...

Ça va, ça va...

« Elle dansait sur la table ! », « Il a vomi sur l'orchestre ! »

Ça va, on l'a déjà entendu mille fois.

Rassurez-vous, il y a toujours pire.

### Coincé dans les fourrés

Quelque part en Picardie, du côté d'un petit village nommé Brasles, un homme ne doit pas du tout goûter ces blagues de fin de soirée. Sa cuite a eu les honneurs de la presse locale[1].

Un soir d'été indien, le quinquagénaire s'est, disons, égaré en revenant du « cochelet ». Le cochelet ? Pardon, c'est le nom que les gens du coin donnent à... la fête de clôture des vendanges.

L'article précise que le bougre, marchant d'un pas hésitant, a « bifurqué à hauteur de la rue des Chopinettes » (ça ne s'invente pas), puis qu'il a « emprunté un chemin avant d'arriver sur une sente dans les bois ». C'est là que, dans la nuit noire, il a « basculé un peu plus bas dans un mur d'épaisses ronces ».

1. *L'Union de Reims* (27/09/10).

L'homme est resté prisonnier, dans l'impossibilité absolue de se dégager du matelas de barbelés végétaux, le moindre geste étant une torture. Il a appelé à l'aide, a hurlé de toutes ses forces mais, à 2 heures du matin dans ce coin isolé, personne ne l'a entendu. Enfin, bravant les douleurs provoquées par les épines qui lui lacéraient le corps, il est parvenu à extraire son téléphone portable de sa poche et à contacter les secours.

Pas moins de sept pompiers et six gendarmes ont été nécessaires pour le dégager de son piège. L'homme en a été quitte pour une sévère gueule de bois, de grosses égratignures et une bonne dizaine d'années de railleries devant lui.

## Erreur d'adresse

À Tours, un autre amateur de bon vin a eu droit à son quart d'heure de « gloire » dans le journal local. Sa mésaventure est moins piquante, mais tout aussi cocasse.

« La police a été appelée par l'occupant d'un appartement qui signalait la présence d'un cambrioleur chez lui » [1], commence gravement l'article. L'homme, terrifié, est resté prostré derrière un buisson en attendant les forces de l'ordre. L'intrus, lui, n'a pas un instant tenté de fuir. Il en était incapable.

« Il s'agissait en fait de son nouveau voisin qui, en état d'ébriété, s'était trompé de logement », précise aussitôt le journal. Ne trouvant plus ses clés, l'étourdi était passé par-dessus un muret avant de pénétrer par une fenêtre ouverte dans le salon qu'il croyait être le sien. « Il se pensait d'ailleurs tellement chez lui qu'il s'était installé dans le canapé ! »

## Le salon d'à côté

Celui-là n'est pas mal non plus. Trinquons à sa santé ! C'est un jeune de 30 ans qui, après une soirée bien (trop, beaucoup trop) arrosée, a forcé la porte d'un salon de coiffure, à Lamballe,

1. *La Nouvelle République du Centre-Ouest* (16/09/09).

dans les Côtes-d'Armor[1]. Après avoir mis la boutique sens dessus dessous, il s'est déshabillé et s'est endormi dans un fauteuil confortable. À l'aube, des gendarmes l'ont trouvé en slip, paisiblement évanoui dans les bras de Morphée.

Après un passage en cellule de dégrisement, le trentenaire a protesté contre cette interpellation qu'il jugeait illégale puisque, selon lui, il se trouvait à son domicile :

— Je n'ai fait de mal à personne, je fais ce que je veux chez moi !

— Mais vous n'étiez pas chez vous monsieur..., lui ont répondu les gendarmes.

— Pardon ?

Vérification faite, son adresse se situait à une centaine de mètres du commerce. Comment a-t-il pu se tromper ? Impossible à dire, il ne se souvient de rien.

## Ma très chère bouteille

Celui-là aussi a la mémoire qui flanche. Et il l'a payé cher. Très cher. Plus de 10 000 euros de consommations dans un bar à hôtesses de Béziers. Le tout en une soirée. Quinze bouteilles de champagne pour 10 700 euros précisément. Autant dire que le monsieur, un quadragénaire de bonne famille, rentier de son état, n'a pas fait honneur à la bienséance de sa lignée. Et pourtant il se présente en victime devant le juge. Et il s'explique : « Je ne me souviens de rien, même pas d'avoir composé le code de ma carte bancaire. J'ai découvert ce qu'on m'avait soutiré avec mon relevé de compte. Il y avait aussi des gribouillis sur les talons de mes chéquiers... »[2]

Face à lui, la patronne du bar en question fait la moue. Elle est accusée d'abus de faiblesse.

Notre notable souffrirait en effet d'une étonnante maladie : un dysfonctionnement de la vésicule biliaire qui le rendrait totalement saoul en quelques verres au point de lui faire perdre la conscience du moindre de ses actes. Il le sait fort bien, raconte-t-il, car ce

1. *Le Télégramme* (25/05/09).
2. *Midi Libre* (09/12/08).

n'est pas la première fois que cette mésaventure lui arrive, et s'il n'avait jamais porté plainte jusque-là, c'est parce qu'il avait « honte de fréquenter ce genre de lieux ». Il faut dire que l'honnête homme est marié.

Cette fois, il a décidé de ne plus se laisser faire. Et pour prouver sa bonne foi, il va raconter au tribunal une anecdote.

En découvrant ce que lui avait coûté sa soirée coquine un peu trop arrosée, il retourne plusieurs fois « à jeun », souligne-t-il, dans ledit bar pour tenter de négocier un remboursement partiel de son exorbitante note. Erreur de stratégie. Il palabre, prend un verre, discute, un deuxième… et la suite est connue : quelques milliers d'euros supplémentaires dépensés sans compter.

Dans le box des accusés, la patronne nie tout en bloc. Ce client, elle le connaît : « C'est un habitué, il ne bouge pas de son canapé, commande les bouteilles par trois ; il ne danse pas, il ne fait que parler et se faire mousser ; il joue les grands seigneurs, se présente comme le descendant de Louis XVI ; s'il a une pathologie, c'est plutôt de mythomanie qu'il s'agit ! »

Le tribunal décide de couper la poire en deux : le détraqué de la vésicule biliaire sera remboursé de la somme de 5 350 euros.

## La rédemption

L'homme qui est attendu par le tribunal correctionnel de Blois inspire beaucoup moins de sympathie que le vieil aristocrate. Il va pourtant déclencher l'hilarité du public.

Lionel S. doit être jugé pour trois affaires[1]. À son actif : « violences », « menaces » et « vol ». Ses premiers faits d'armes remontent au printemps 2004 lorsqu'il avait tabassé un « ami » qu'il hébergeait à l'époque. L'enquête a démontré que les deux hommes s'étaient disputés à propos d'une facture téléphonique que ni l'un ni l'autre ne voulait régler. L'accrochage avait dégénéré, attisé par les vapeurs de l'alcool. L'affaire suivante date de février 2008. Pour celle-ci, Lionel S. doit répondre de « menaces de mort ». Il est accusé d'avoir brandi un couteau de cuisine sous le nez de sa concubine, furieux d'apprendre qu'elle voulait

1. *La Nouvelle République du Centre-Ouest* (20/08/08).

le quitter... parce qu'elle ne supportait plus de vivre avec un ivrogne. Enfin, Lionel S. doit comparaître pour un vol commis un mois plus tard, en mars 2008. Pris en flagrant délit à la sortie d'une épicerie avec trois fioles d'alcool fort mal dissimulées dans ses chaussettes, le récidiviste, titubant, avait été cueilli par la police.

L'avocat du prévenu parcourt une dernière fois son dossier en pénétrant dans la salle d'audience. Dans le public, chacun sait bien qu'il n'y aura pas de surprise. Sa défense sera classique : « Mon client reconnaît les faits »... « Il les regrette profondément »... « Demande pardon »... « Ses excès d'alcool lui ont fait perdre la raison »... « Mais il a changé »... « Va se tenir à carreau »... « Il faut lui donner une seconde chance... »

Il arrive que les tribunaux, dans leur grande sagesse, fassent preuve de clémence et accordent une dernière chance à ceux qui se disent sur la voie de la rédemption. Dans le cas de Lionel S., c'eût été de la naïveté : il s'est présenté totalement ivre à la barre, qu'il devait serrer bien fort pour ne pas tanguer...

## Le décoloré

Retour chez le coiffeur, dans un salon d'Uckange en Moselle. Alors que la journée se termine, le patron va découvrir que l'abus d'alcool peut avoir des conséquences inattendues.

Ici, personne endormi en slip. Le client qui se présente est au contraire bien éveillé. Excité, même. À 28 ans, il ne supporte plus ses cheveux noirs comme le charbon, alors il a pensé à les décolorer. En blond doré si possible.

— Bien sûr monsieur, c'est tout à fait possible, je peux vous prendre demain matin à...

— C'est pour tout de suite.

— Haaa... hmm, marmonne le commerçant, embêté, en pinçant sa lèvre inférieure. Malheureusement monsieur, une belle peroxydation nécessite au moins trois heures de travail et, vu l'heure...

— Tout de suite !

L'homme pointe un pistolet entre les yeux du coiffeur qui pousse un hurlement de surprise.

— Bien sûr monsieur ! Tout de suite…

La couleur n'a pas eu le temps de prendre. Un passant a été intrigué par ce client chouchouté après l'heure de fermeture qui braquait une arme contre le coiffeur. Il a prévenu les gendarmes qui sont arrivés tout juste au moment où le produit décolorant commençait à faire effet.

« La suite n'est pas plus glorieuse, apprend-on dans le quotidien local qui a mené sa petite enquête[1]. Le rinçage des cheveux a dû être effectué par les gendarmes dans leurs locaux De quoi épargner au prévenu de dangereuses brûlures au niveau du cuir chevelu. Ses cheveux ont cependant pris une couleur désastreuse : jaune canari. »

L'homme pressé a été jugé en comparution immédiate. Il ne se souvenait de rien, si ce n'est que, ce jour-là, il avait « trop bu » parce qu'il n'avait « pas de boulot » et qu'il était « déprimé ». « De là à sortir une arme, tout ça pour une couleur ! », lui a rétorqué le procureur. « Je sais, et je m'en excuse encore auprès de la victime… »

Il a écopé d'un an de prison.

1. *Le Républicain Lorrain* (22/04/09).

## EXHIBITIONNISTES DE TOUT POIL

« Un pervers appréhendé par la maréchaussée. » Il y a bien longtemps que ce genre de titre ne fait plus la Une de nos gazettes. De là à penser que l'exhibitionnisme est une vieille tradition qui se perd serait une erreur. Le coup de l'imperméable, ça marche toujours. Il semble même bénéficier d'un regain d'imagination de ses adeptes…

### Le véliplanchiste

À Saint-Nazaire, celui-ci pensait par exemple avoir trouvé la parade pour ne pas se faire pincer[1]. Son plan était bien préparé. Âgé de 58 ans, il attendait que le vent se lève, puis il descendait sur la plage de Porcé, sa planche à voile sous le bras et son caleçon de bain remonté jusqu'au nombril. Là, sur cette jolie crique légèrement à l'écart de la ville, il repérait ses proies – de préférence des jeunes filles en pleine séance de bronzage – sortait son attirail, se tripotait un moment puis filait sur l'eau.

Après quatre représentations, il a finalement été rattrapé par des policiers en Zodiac.

### La routine du pervers

Un peu plus à l'Ouest, à Hennebont, jolie ville médiévale proche de Lorient, un autre pervers avait un rituel bien rodé.

1. *Presse Océan* (02/09/09).

Chaque matin ou presque, cet homme de 51 ans sortait de chez lui entre 6 heures 30 et 6 heures 50 précises pour s'exhiber dans une tenue aussi ridicule qu'inquiétante : une cagoule sur la tête, des baskets aux pieds et… c'est tout. Si par malheur il croisait une femme, il en profitait pour se masturber.

Aussi étonnant que cela puisse paraître, les riverains semblaient s'être habitués à son manège puisque, des années durant, personne n'avait porté plainte. Seuls quelques « signalements » étaient parvenus jusqu'au bureau des policiers municipaux qui, tenez-vous bien, avaient pu réaliser une vidéo du rituel en se présentant à l'heure fatidique devant le domicile du pervers.

Finalement arrêté, l'homme n'a pas cherché à nier. Il a même avoué s'être rendu à plusieurs reprises, affublé de son déguisement, dans le parc botanique de la ville et dans un sous-bois où, caché derrière des buissons, il surgissait sous les yeux des joggeuses en se tripatouillant les parties. Vraiment ? lui ont demandé les enquêteurs, étonnés que ces faits-là n'aient provoqué, eux non plus, aucune plainte des victimes. Vraiment.

Après un article publié dans le journal local relatant les pérégrinations du malade sexuel[1], plusieurs jeunes femmes se sont effectivement manifestées.

## Le malade de la pharmacie

Naturellement, nos exhibitionnistes ne sont pas tous aussi inventifs que le véliplanchiste ou l'homme à la cagoule. Ils sont même, pour la plupart, pathétiquement rustres, violents et imbéciles. Tout simplement « malades », dirait-on.

Celui-ci pourrait être leur porte-drapeau, tant sa panoplie est complète. Son bilan : plusieurs femmes traumatisées, deux blessés et des dégâts matériels collatéraux[2]. Tout cela en une seule occasion, s'il vous plaît.

Un soir de printemps, rue Chabot-Charny à Dijon. Peu avant 19 heures, un homme à l'haleine chargée entre dans la pharmacie de quartier en proférant des grivoiseries. Il s'en prend

1. *Le Télégramme de Brest* (26/05/09).
2. *Le Bien Public* (15/05/08).

évidemment au personnel féminin. Les mots sont crus et les gestes explicites. Seulement, comme les jeunes femmes ne se laissent pas faire, le ton monte et des gifles sont échangées. Malgré la bousculade, l'intrus trouve le moyen d'ouvrir sa braguette, descend son pantalon et entreprend de se tripoter au beau milieu de la boutique. Cette fois c'en est trop. Les employés tentent de le maîtriser, mais il se débat, s'attaque au mobilier du magasin et réussit à prendre la fuite. À l'extérieur, trois hommes qui ont assisté à la scène se jettent sur lui et parviennent enfin, mais non sans mal, à l'immobiliser en attendant les forces de l'ordre.

Il faut croire que l'uniforme ne fait pas partie des fantasmes du détraqué. Car à l'arrivée des policiers, sa furie redouble.

L'interpellation, très musclée, sera son dernier fait d'armes. Un policier est blessé à la main tandis qu'un autre souffre d'une morsure sévère au mollet.

## La feuille de cannabis

Certains pervers se croient plus malins que les autres. Le tribunal de Vesoul, devant lequel comparaissait un ouvrier de 43 ans, nous en livre une belle preuve[1].

Le prévenu du jour est un multirécidiviste, déjà condamné à dix reprises. Une performance peu honorable pour quelqu'un qui vit maritalement, certes, mais surtout le signe que l'homme n'excelle pas dans l'art de la discrétion. Ce n'est pourtant pas faute d'avoir essayé.

Quelques jours plus tôt, son sang n'avait fait qu'un tour lorsqu'il avait aperçu une jeune mère de famille qui promenait ses petites jumelles de quatre ans et demi le long d'un bois à Villers-sur-Port, en Haute-Saône. Un coup d'œil : personne à l'horizon. L'homme stoppe sa voiture puis se met en action. En moins de temps qu'il n'en faut pour le dire, le voilà entièrement nu devant la jeune femme et ses enfants : il s'ébroue, plie les gaules illico et s'enfuit. Une exhibition express. Prudent, il avait pensé à cacher son visage sous un tee-shirt, de sorte qu'il devenait

1. *La Dépêche du Midi* (06/05/08).

quasiment impossible de l'identifier. Mais « quasiment » seulement. Car le bonhomme avait eu la mauvaise idée – une erreur de jeunesse certainement – de se faire tatouer une feuille de cannabis sur la cuisse. Une coquetterie que la promeneuse a eue le temps d'apercevoir. Et donc de dénoncer.

## Mauvaise foi

Les exhibitionnistes ont souvent le même trait de caractère : la mauvaise foi. À moins de preuves indiscutables et accablantes, ils ont une fâcheuse tendance à nier leur vice.

Demandez ce qu'elles en pensent à ces copines du lycée Jean-Monnet, à La Fère, dans l'Aisne[1]. Alors qu'elles quittaient leur établissement après une journée de cours bien remplie, elles n'ont pu éviter de croiser le regard d'un homme à l'allure patibulaire, accroupi, et dont le sexe dépassait ostensiblement du jogging.

Arrêté, le trentenaire a expliqué en garde à vue qu'il avait eu, ce jour-là, un « problème de slip ». Mal à l'aise dans son sous-vêtement, il avait « fait passer l'élastique sous ses testicules » et, par un malheureux concours de circonstances, son attirail s'était faufilé à travers un trou mal placé dans son pantalon de survêtement. Vraiment pas veinard, le gars…

Et pas très convaincant. D'autant qu'il avait déjà été signalé, quelques jours plus tôt, dans un parc tout proche. En situation impudique, faut-il le préciser ?

Les policiers n'ont évidemment pas manqué de le lui faire remarquer mais, là encore, c'était la faute à pas de chance, jurait-il en expliquant qu'il était tout simplement en train de soulager un besoin naturel quand il a été surpris par des promeneurs. Dans la précipitation, continuait-il, il avait glissé ses mains dans ses poches, « pour faire comme si de rien n'était », en oubliant malheureusement de remonter sa braguette. Résultat, par le jeu mécanique de la tension exercée sur le pantalon, ladite braguette s'était ouverte en grand, laissant encore une fois échapper le pénis décidément très fugueur.

1. *L'Union de Reims* (11/09/08).

Pas très convaincant non plus. C'est en tout cas ce qu'ont pensé les enquêteurs et le procureur de Laon qui, malgré l'absence de preuves, ont décidé qu'il serait renvoyé devant la justice.

## La faute à pas de chance…

Celui-là a encore plus de toupet. Devant le tribunal correctionnel de Saint-Quentin, il ne nie pas avoir été surpris, en pleine rue, le pantalon sur les genoux et le sexe à la main, mais il a une explication – de l'exhibitionniste pathologique dans le texte[1] :

— J'ai un gros problème : j'ai besoin d'uriner souvent. Alors ce n'est pas ma faute si ce jour-là je bandais plus que d'habitude…

Un « gros problème », c'est le moins que l'on puisse dire. L'individu a déjà été l'objet de douze condamnations. Toutes pour exhibitionnisme. Et il a encore le dernier mot :

— Il m'arrive souvent d'uriner derrière les voitures et je me suis déjà fait prendre plusieurs fois pour ça.

Il aura six mois, en prison, pour apprendre à se retenir.

## Appel à l'aide

Le trophée du plus mauvais menteur revient incontestablement à cet homme de 35 ans, pris la main dans le slip en pleine gare de Lille[2]. L'honneur est sauf, il n'est pas français, mais allemand.

*La Voix du Nord* décrit la scène : « Dans la gare Lille-Flandres vendredi, vers 15 heures 30, il semble avoir été pris d'un coup de folie. Il a subitement sorti son sexe dans la foule et a commencé à se masturber. La surveillance générale de la SNCF est vite intervenue. »

1. *L'Union de Reims* (11/03/09).
2. *La Voix du Nord* (13/10/09).

Confié à la brigade des mœurs, l'homme, originaire de Düsseldorf, a expliqué qu'il était perdu depuis un moment dans la gare et que, parce qu'il n'arrivait pas à obtenir de l'aide de la part des autres voyageurs, il s'était exhibé pour… attirer l'attention.

## Voyeurisme moderne

Quoi de plus éternel que l'exhibitionnisme ? Le voyeurisme, mon capitaine. Depuis que la presse existe, les « curieux » font parler d'eux. Simplement ils ont su s'adapter à leur temps : finis les coups d'œil à travers les persiennes des internats de filles, bienvenue dans l'ère de la technologie moderne !

### La friandise du boulanger

Le grand classique, aujourd'hui, c'est la caméra indiscrète. Elle se glisse partout, et même dans les endroits où l'on s'y attendrait le moins. Comme dans l'arrière-salle de cette boulangerie de Dijon[1]. L'explication du patron : c'était pour coincer d'éventuels voleurs car le commerce avait déjà été cambriolé à plusieurs reprises. Le problème : c'est là que venait chaque jour se changer la nouvelle apprentie.

L'adolescente, âgée de 17 ans, arrivait le matin dans sa tenue de travail puis, à la mi-journée, passait par le petit local enfiler ses vêtements de jeune fille avant de poursuivre sa journée à l'école. Du pain béni pour le boulanger qui, chaque jour, s'offrait une petite tranche d'effeuillage.

La plaisanterie a duré un mois jusqu'à ce que la jeune fille découvre le piège et porte plainte. Le boulanger a été condamné à quatre mois de prison avec sursis. L'apprentie, elle, ne peut plus se changer dans une cabine. Elle imagine toujours une caméra cachée quelque part.

1. *Le Bien public* (27/09/08).

## Le bricoleur

Ce traumatisme, les employées du magasin Bricorama de Fagnières, dans la Marne, le connaissent. Elles sont neuf, toutes victimes du même vicelard. Quatre d'entre elles n'hésitent pas à se montrer, la tête haute et le regard vengeur, en photo dans *L'Union de Reims*[1]. Les autres, disent-elles, sont trop honteuses. C'est un comble.

L'homme qui devrait avoir honte à leur place était leur chef de secteur, un type avec qui elles ont travaillé pendant des années sans jamais se douter de ce qu'il manigançait dans leur dos. Sa friponnerie s'est terminée le jour où le nouveau directeur du magasin est entré sans crier gare dans la salle de pause, le surprenant en train de regarder un écran vidéo dissimulé sous des dossiers.

Le responsable crut d'abord avoir affaire à un cadre indélicat qui visionnait un film pendant ses heures de travail. Il le lui fit remarquer, le réprimanda et s'en alla immédiatement alerter sa direction régionale. Il n'était pas au bout de ses mauvaises surprises.

De retour en salle de repos pour faire part de la sanction prise, le directeur trouve une chaise vide. Il remarque toutefois que la petite télévision est toujours là. Il s'approche. Et découvre que des câbles, connectés à l'appareil, courent le long d'une plinthe puis disparaissent dans un mur. Il fait le tour de la cloison, suit les fils électriques et se retrouve dans les toilettes pour dames… nez à nez avec le chef de secteur. Les bras en l'air et les mains plongées dans le faux plafond, l'homme avait entrepris de démonter sa caméra miniature avant qu'elle ne soit découverte. Et c'est ainsi que le chef de secteur du Bricorama de Fagnières est devenu le premier salarié mis à pied… debout sur une cuvette de W.-C.

Depuis combien de temps le bidouillage vidéo était-il installé ? Il n'a pas voulu s'expliquer. Une rapide enquête a simplement permis d'établir que le même modèle de caméra avait été volé dans le magasin… deux ans auparavant.

1. *L'Union de Reims* (24/11/08).

## Cabine de visionnage

Le voyeur moderne a donc la fibre technologique. Le célèbre « Q » de James Bond (prononcez « quiou » bien sûr) a même des adeptes. L'homme des gadgets de 007 aurait par exemple apprécié l'invention de cet artiste du voyeurisme, finalement arrêté mais longtemps intouchable[1]. Un pro de la bricole qui a sévi pendant des mois dans les boutiques de prêt-à-porter de Toulouse et sa région.

Notre espion avait mis au point un système vidéo portable, ultraléger et, surtout, ultra-discret : une mini-caméra dénichée sur internet couplée à un baladeur multimédia enregistreur, ces petits engins high-tech dont raffolent les ados. Cet ouvrier de 42 ans plaçait l'appareil vidéo dans le creux de sa main, le baladeur dans une poche, et reliait le tout en faisant passer le câble de connexion dans la manche de sa veste. Ainsi équipé, il se présentait dans les boutiques préférées des femmes, repérait les clientes à son goût et ne les lâchait plus jusqu'à ce qu'elles se dirigent vers les cabines d'essayage. Là, il engageait la conversation avec une vendeuse ou un client en attente et, négligemment, comme s'il prenait appui, passait la main par-dessus la porte ou le rideau de la cabine. Vue plongeante garantie.

Comme souvent, à force de jouer avec le feu, le curieux a fini par se brûler les doigts. Dans un magasin d'Albi, une jeune fille de 16 ans qui enfilait une petite robe a levé la tête, a crié au pervers, a revêtu ses habits de justicière et a suivi l'homme qui se trouvait au bout de la main voyeuse jusque sur le parking du magasin pour relever la plaque de sa voiture.

L'espion des cabines d'essayages n'a pas tardé à être localisé et interpellé. Sur le disque dur de son ordinateur, les policiers ont découvert des dizaines de vidéos volées dans les boutiques pour dames.

1. *La Dépêche du Midi* (05/02/09).

## ET AUTRES PERVERSIONS DE L'HOMME...

Le vice est une maladie aux multiples facettes, ce qui a au moins l'avantage de renouveler le genre des chroniques de mœurs de nos journaux régionaux.

### Fantasmes téléphoniques

Prenez celle-ci, relatée par *Ouest France*[1]. On y découvre les turpitudes d'un homme qui comparaît devant le tribunal correctionnel de Lorient.

À 40 ans, marié, ce père de famille est jugé pour n'avoir pas su maîtriser ses fantasmes... téléphoniques. Pendant cinq mois, l'homme s'est fait passer pour un enquêteur de la SOFRES chargé d'une étude sur les goûts vestimentaires des femmes.

Ça tombe bien, c'est un sujet sur lequel les Françaises sont bavardes. Et puis cela a un autre avantage : après quelques questions anodines qui mettent en confiance, le faux enquêteur peut lentement glisser vers des considérations plus intimes. « Venons-en maintenant à vos sous-vêtements... » Le coquin. Puis : « Si vous le voulez bien, je peux vous proposer un autre sondage, sur vos pratiques sexuelles. » Ben voyons.

Le fourbe, qui n'en mène pas large à la barre, a passé très exactement mille cinq cents appels de cet acabit.

— Au début, je choisissais au hasard des prénoms féminins dans l'annuaire, explique-t-il au juge. Et puis il m'a fallu des

1. *Ouest-France* (04/04/08).

visages connus que je pouvais me représenter. J'ai appelé des collègues de travail…

C'est l'une d'elles, aide-soignante, qui a fini par porter plainte avant qu'une vingtaine d'autres victimes ne soient identifiées.

On apprend alors que le faux sondeur est en arrêt maladie, qu'il suit une psychothérapie Car il n'en est pas à son coup d'essai. Entre 1995 et 2002, il a été condamné à plusieurs reprises pour attentats à la pudeur, exhibitions sexuelles et appels téléphoniques malveillants. Déjà.

— Je vais être honnête, je ne suis pas guéri…, confesse-t-il au cas où le tribunal ne s'en serait pas rendu compte.

Il est condamné à dix-huit mois de prison avec sursis et trois ans de mise à l'épreuve.

## Le petit mot sur le fil à linge

Harly, gros bourg baigné par la Somme et ses marais, tout proche de Saint-Quentin, nous offre un grand classique de la perversion : le collectionneur. Pas le collectionneur de schtroumpfs ou de fèves, mais le passionné de sous-vêtements. Plus exactement ici : de petites culottes.

L'homme procédait toujours de la même façon. Il profitait de l'absence de ses victimes pour se glisser dans leur jardin et chaparder le bout de tissu qui séchait sur un fil à linge au soleil. À la place, il laissait un mot : « Rappelle-moi, je t'aime », suivi de son numéro de téléphone.

En découvrant un énième morceau de papier portant le même « message d'amour », une jeune femme s'est décidée à porter plainte. « Ce n'est plus possible, ça fait des mois que ça dure ! », a-t-elle lancé aux policiers qui ont aussitôt déclenché un dispositif de surveillance devant son domicile.

Ça n'a pas tardé, le voleur a été pris sur le fait, appâté par un sous-vêtement alibi.

En perquisitionnant chez lui, les enquêteurs ont retrouvé… soixante-dix petites culottes. Toutes soigneusement pliées et rangées dans une armoire. L'homme a avoué que sa collection avait commencé deux ans plus tôt. Il a aussi expliqué qu'il ne connaissait pas ses victimes, mais qu'il avait une préférence pour certaines. Ce qui fut confirmé, puisque la plaignante a reconnu trente de ses sous-vêtements parmi les pièces à conviction.

Comme le soulignait un agent de police dans la presse locale[1], il restait donc « quarante petites culottes sans propriétaire ». Et celui-ci profitait donc de la tribune pour lancer un appel à victimes. Quelque chose du genre : « Toute femme s'étant fait dérober une petite culotte au cours de ces deux dernières années est priée de contacter le 03.23... »

## Le voleur du sex-shop

La perversion se cache dans les recoins de France les plus inattendus. À Cahors, il y a un sex-shop. Pourquoi pas d'ailleurs ? Rue de la Barre, le commerce se porte même très bien. Mais ce n'est pas cela qui fait de la charmante préfecture du Lot un haut lieu du vice. Là où l'histoire devient cocasse, c'est quand ledit commerce, qui porte la douce appellation de « Mister Love », se retrouve à faire les gros titres de la presse locale[2].

Le gérant, un homme d'apparence ordinaire, cheveux poivre et sel, chemise à carreaux Vichy et pantalon de toile, a le regard songeur au milieu des sous-vêtements minimalistes et des gadgets dédiés au plaisir. Il lui est arrivé une mésaventure. Un cambriolage de haut vol. Pas pour la recette, non. Pour la marchandise : cent quatre-vingt-dix-neuf DVD volatilisés, un rayon de revues spécialisées dévalisé, de la lingerie coquine dérobée et des produits aphrodisiaques envolés. L'œuvre d'un gang bien organisé, à coup sûr Eh bien pas du tout. Simplement le larcin d'un jeune voisin de 28 ans qui, un soir de printemps, n'a pu contenir une envie pressante de se divertir. Une virée nocturne qui l'a finalement conduit devant le tribunal correctionnel de la ville.

Quand vient l'heure de rendre des comptes, le garçon n'a pas assez de mots pour s'excuser :

1. *L'Ardennais* et *Le Courrier Picard* (14/08/09).
2. *La Dépêche du Midi* (20/06/08).

— Je ne sais pas ce qui m'a pris. Je passais tranquillement la soirée chez ma grand-mère qui réside près du sex-shop. Je regrette vraiment tout ça…

Touchant, non ? D'autant que le voleur n'est pas un vilain bougre. Quelques jours après son cambriolage, il est venu rapporter une partie du butin à Mister Love.

— Je ne savais pas du tout quoi faire de ces articles qui m'embarrassaient, précise-t-il. Ils ne pouvaient pas me convenir. J'ai simplement souhaité conserver des objets destinés aux hétérosexuels…

La grande classe.

## Les malheurs de Joséphine

Dans cette bourgade de la Drôme, il n'y a pas de sex-shop. La spécialité locale, c'est la chapellerie de feutre. Ou plutôt c'était la chapellerie de feutre. Quand les hommes portaient encore des chapeaux pour sortir en ville, on confectionnait ici les plus beaux couvre-chefs en poils de lapin domestique. Il n'y a pas de sex-shop mais il y a un club de tir sportif. Et cela suffit à défrayer la chronique olé olé.

L'affaire est révélée par *Le Dauphiné Libéré* avec ce titre énigmatique : « Tirs croisés sur le porno. »[1] Suivent deux photos. La première montre un homme debout devant une cible, casquette rouge vissée sur la tête. La seconde nous présente une femme assise à une table. Elle semble remplir une grille de scores en souriant au photographe. Elle s'appelle Francine et, pour dire les choses avec amabilité, elle ne réunit pas tous les canons de la beauté. Ses grosses lunettes à monture métallique et ses interminables cheveux noirs tirés dans une longue natte démodée, avec raie au centre du crâne, ne l'arrangent pas. Mais son sourire, malgré une dentition trop généreuse, est rayonnant.

Comme son mari (l'homme à la casquette rouge), elle officie en tant qu'arbitre de tir. Accessoirement, elle est aussi actrice de films pornographiques. Sous le pseudonyme de « Joséphine de

1. *Le Dauphiné Libéré* (08/12/08).

l'île Maurice », elle revendique même le titre d'« actrice X la plus poilue du métier » – il faut croire que c'est un plus.

Joséphine de l'île Maurice sourit mais elle est en colère : elle et son mari viennent d'être suspendus par la fédération française de tir sous prétexte que leurs activités « extra-sportives » sont difficilement compatibles avec leurs attributions officielles d'arbitres, en particulier lorsqu'ils doivent juger dans les écoles de tir. Un véritable coup bas, dénonce-t-elle dans les colonnes du journal. Un coup bas que le couple attribue directement au président du club de tir de la ville. C'est lui qui, dans un courrier adressé à la fédération deux mois plus tôt, a dénoncé l'incompatibilité supposée entre les diverses activités de Francine-Joséphine et de son mari. Et a donc entraîné leur suspension.

Dans le Landerneau du tir sur cibles, l'affaire a fait l'effet d'une bombe. Car Joséphine et son mari sont des arbitres appréciés de tous. On les croise sur de nombreuses grandes compétitions, y compris au niveau national, et jamais ils n'ont fait parler d'eux. En tout cas, jamais ils n'ont mélangé les genres. *Le Dauphiné Libéré* rapporte ainsi les déclarations de plusieurs responsables qui prennent ouvertement leur défense. Le directeur départemental de la Jeunesse et des Sports de l'Ardèche estime par exemple « qu'il n'y a pas d'interférence entre les activités professionnelles ou personnelles du couple et le fait d'arbitrer ». Son homologue de la Drôme insiste en soulignant que « les activités (autres que sportives) des époux ne sont ni illicites, ni illégales. Il n'y a ainsi aucune raison de suspendre leurs activités d'arbitrage ». Sur Internet, des blogs de soutien et des forums de discussions (habituellement consacrés aux seules activités de tir) débordent de messages confirmant les mœurs irréprochables du couple lorsqu'il s'agit d'enfiler le costume de juge. Surtout, soulignent nombre d'entre eux, le duo fait partie du monde des tireurs depuis des années sans que leur « autre vie » ne gêne personne. Alors pourquoi cette soudaine mise à l'écart ?

Le mari a son explication : « C'est un règlement de compte. » Rien que ça. Il fait référence à des propos tenus par le fameux président du club : « Si vous faites du "hard", mais en plus, si vous faites des "histoires" au sein d'un club sportif alors que vous êtes arbitres, c'est inacceptable ! C'est ce qui s'est passé. » Des histoires ? Quelles histoires ?

Sur le plus fervent blog de soutien au couple suspendu, le pot aux roses est dévoilé. Anonymement, mais avec force documents à l'appui. Les courriers échangés entre les différentes instances de la fédération, les lettres de soutien ou de dénonciation des uns et des autres, tout y est. Et au départ, il s'agirait d'une simple histoire de cœur. Oui, de cœur. Si le président a alerté sa fédération sur la double vie des arbitres, ce serait à la demande de l'un de ses amis, par ailleurs membre du club. Celui-ci se serait plaint de ce que les époux pornographes aient entraîné une femme dans leurs jeux érotiques. Une femme qu'il tentait justement de séduire (le monsieur est marié mais, au point où nous en sommes, passons...). En demandant à son ami président, comme un service, de jeter le discrédit sur le couple, l'ami-membre espérait ainsi se débarrasser de ses rivaux.

La stratégie a finalement capoté. Devant la levée de boucliers des instances locales et régionales, la fédération française de tir sportif a décidé de réhabiliter dans leurs fonctions Joséphine de l'île Maurice et son mari. La morale est sauve.

## Aux confins de l'abject...

Comble du mauvais goût, le sommet de la cochonnerie nous est livré par la très sérieuse et souvent austère *Nouvelle République du Centre-Ouest*[1]. Dans un article intitulé « Penchant maladif sur pommeau », le sixième quotidien régional le plus diffusé en France revient sur le procès, devant le tribunal de Bourges, d'un « quinquagénaire dépressif, fragile et sujet à des compulsions ». Le journaliste aurait pu ajouter : lubrique, détraqué, salace, vicieux, abject.

À la barre, une femme raconte comment elle a fait sa rencontre sur le parking d'un vaste centre commercial de la ville. Elle allait déposer ses achats dans le coffre de son véhicule quand elle l'a surpris, à moitié nu, assis au volant.

1. *La Nouvelle République du Centre-Ouest* (07/03/09).

— Je lui ai demandé ce qu'il faisait là mais il n'a pas répondu. Il a précipitamment remonté son pantalon et s'est enfui...

C'est alors qu'elle a découvert l'horreur :

— Le pommeau de vitesses avait servi de sex-toy anal, et la voiture, de toilettes...

Pui, après un haut-le-cœur :

— Heureusement, je n'ai pas vu ce qu'il faisait...

« Cette quête du plaisir maladif a réuni sept femmes après l'interpellation de l'homme, raconte le journal. Sept fois, sur le même parking, l'odeur a précédé la découverte et le dégoût. »

Appelé à la barre, le pervers est sommé de s'expliquer :

— Je regarde qui descend de la voiture et, parfois, la portière est ouverte...

Il est nerveux, se dit mort de honte, jure qu'il regrette, s'excuse auprès des victimes. Pour le reste, il reconnaît les faits mais n'a évidemment pas d'explication à leur donner, si ce n'est qu'il est « malade ».

Son avocate, Maître Lamoure (et ce n'est pas une mauvaise plaisanterie) tente autant que possible de minimiser :

— Il a choisi des voitures à l'écart pour ne pas être vu, ses victimes ont eu peur mais ne l'ont pas surpris dans des attitudes impudiques...

L'argument est entendu par le tribunal pour qui, effectivement, « il n'y a pas eu d'exhibition imposée à autrui ». Et donc pas de peine de prison encourue.

Le quadragénaire est condamné à sept « petites » amendes de 150 euros, plus une enveloppe globale de 3 300 euros à répartir entre les victimes au titre de... l'indemnisation des dégâts causés sur leurs véhicules.

## Deuxième partie

# LES MÉSAVENTURES DES UNS ET DES AUTRES

On appelait cela la rubrique des « chiens écrasés ». Des histoires glissées en quelques lignes dans un coin du journal et lues à la va-vite, mais que l'on se pressait d'aller raconter sur les places des villages et aux comptoirs des bistrots. C'étaient des mésaventures « de rien du tout », souvent. Et des drames, parfois.

L'expression est passée de mode mais le genre n'a pas pris une ride. Il est étourdissant de constater le nombre « d'accidents idiots », de « malheureux hasards » et « d'incroyables concours de circonstances » qui alimentent les chroniques de la presse quotidienne régionale. C'est la mort de cet homme écrasé par ses vaches, le calvaire de ce prêtre suspendu par un pied au quatrième étage d'un immeuble après avoir basculé par sa fenêtre, ou encore le cauchemar de cette vieille dame coincée onze jours au fond d'un ravin… Des petits déboires et des mésaventures tragiques qui inspirent toujours la même réflexion : comment cela est-il possible ?

Malchance ? Fatalité ? Destin ? Chacun appellera cela comme il voudra mais, qu'on se le dise, le chien écrasé n'est pas mort.

## Le jour de la cérémonie…

Il y a quelques occasions dans la vie, comme au matin d'un mariage ou d'un enterrement, où l'on adresse une petite prière au ciel pour que tout se passe bien. Hélas, lorsque la journée se termine et que notre requête a été entendue, on oublie toujours d'avoir une pensée pour ceux qui n'ont pas eu cette chance.

### Faim de banquet

Voyez Patrice et Valérie, par exemple, un joli couple de romantiques. Ils ont choisi la Saint-Amour pour se donner l'un à l'autre.

Tous deux anciens employés municipaux à Toulouse, ils ont créé leur entreprise. Lui, 45 ans, a choisi l'expertise de bâtiments. Elle, cinq ans de moins, est créatrice de vêtements. Les familles et les amis sont là, dans la magnifique enceinte du Capitole. Une cinquantaine d'invités qui applaudit joyeusement à l'énoncé des consentements mutuels. On s'embrasse, on se congratule, puis départ du cortège pour une escapade champêtre dans la vallée de l'Aveyron. Au programme : déjeuner gastronomique et visite de villages pittoresques avant le grand repas du soir. Une belle organisation, avec autocar pour transporter tout ce petit monde. Sauf qu'un imprévu va légèrement contrarier la fête. Quand, à l'heure de l'apéritif, des amis des jeunes mariés se présentent chez le traiteur pour récupérer le buffet du déjeuner, celui-ci a disparu. Un petit malin est passé juste avant eux, emportant petits-fours, en-cas et tout ce qui devait composer le banquet. « Un vol par ruse mené d'une main de maître et avec un culot incroyable », souligne le journaliste de *La Dépêche du Midi* qui relate la mésaventure[1]. Et il nous raconte que, pour les mariés, cela ne fait aucun doute : le malfaiteur fantôme (il ne sera jamais retrouvé) les a entendu passer commande et s'est tout simplement présenté en leur nom quelques minutes avant le rendez-vous fixé pour la livraison.

## Le genre de la mariée

À l'autre bout de la France, ce mariage-là n'a pas bien tourné non plus. C'est le moins que l'on puisse dire. Comme un fait exprès, l'histoire nous est racontée dans *L'Union*[2], le journal de Champagne-Ardenne et de Picardie.

En ce début de mois de juin 2008, alors que tous les médias ne parlent que du mariage annulé par un tribunal lillois pour cause de non-virginité de l'épouse[3], on y apprend qu'un mariage n'a pu être célébré en mairie de Vitry-le-François, dans la Marne. La raison : un sérieux problème concernant l'identité du futur époux. Car le jeune homme est en fait… une femme. Et personne, pas même la future mariée, ne s'était douté de quoi que ce soit. Jusqu'à ce que l'adjointe au maire chargée d'unir les tourtereaux s'en mêle.

En préparant la cérémonie, l'élue s'étonne de ce que le futur époux, un certain Stéphane, 23 ans, ne présente pas les originaux de son livret de famille et autres documents administratifs, mais des photocopies. Un détail l'intrigue en particulier : sur sa carte d'identité, la lettre M, en face de la mention « sexe », est écrite dans un caractère qui ne ressemble pas tout à fait aux autres. Une demande de vérification d'acte de naissance est alors adressée à la mairie d'où est originaire le prénommé Stéphane, à Thionville en Moselle. La réponse est catégorique : le garçon est né fille.

1. *La Dépêche du Midi* (12/08/08).
2. *L'Union de Reims* (08/06/08).
3. Le 29 mai 2008, on apprenait que le tribunal de grande instance de Lille avait annulé un mariage pour « erreur sur les qualités essentielles du conjoint » car l'épouse avait menti sur sa virginité.

Convoqué chez les gendarmes, le jeune homme, ou plutôt la jeune femme, avoue immédiatement son mensonge. Stéphanie, puisque c'est son véritable prénom, explique qu'elle s'est toujours sentie homme mais que, faute d'argent, elle n'a jamais pu se faire opérer. Elle raconte notamment comment, pendant ces deux dernières années, elle a pu cacher son lourd secret à la femme dont elle était tombée amoureuse en ne lui dévoilant jamais son intimité. Une belle histoire d'amour, donc. Mais le cœur a ses raisons que l'administration ignore : pour Stéphanie, le rendez-vous devant le maire s'est transformé en convocation devant le tribunal correctionnel de Châlons-en-Champagne.

Elle a été condamnée à 1 000 euros d'amende avec sursis pour « faux et usage de faux en écriture publique ».

## À quel défunt se vouer ?

Un mariage raté, ça arrive. Un enterrement qui tourne au fiasco, c'est plus rare. Et pourtant, du côté de Clermont-Ferrand, ce n'est pas une, mais deux familles qui ont eu droit à des obsèques cauchemardesques. Il y aurait eu, disons, comme une erreur sur la personne. On s'était trompé de mort[1].

La scène glace le sang. Dans la chambre mortuaire du centre hospitalier de Cébazat, une famille endeuillée attend qu'on lui présente le corps du défunt, un aîné de la famille, pour la mise en bière. Un agent arrive, mine grave, pour accompagner l'ultime salut. L'homme est habitué, ses gestes sont délicats. On s'approche, chacun retient son souffle. Mais au moment de se pencher une dernière fois sur la dépouille, stupeur : le corps n'est pas le bon. C'est un inconnu. Instant d'incompréhension et d'effroi. Et scène surréaliste : aidée par l'agent, la famille entreprend de faire le tour de la morgue, ouvrant chaque tiroir à la recherche de son parent, les refermant les uns après les autres puis revenant sur ses pas, comme perdue dans cette quête macabre et vaine.

C'est pourtant là que devrait se trouver la dépouille, et nulle part ailleurs !

1. *La Montagne* (22/04/09).

Il n'y a qu'une seule autre possibilité : le corps a déjà été enterré. Mais par qui ? Et comment ? Le centre hospitalier, responsable de l'inhumation, mène l'enquête. Et très vite, la pire des perspectives se précise…

Le même jour, le centre a enregistré deux décès.

La famille du défunt disparu prend alors contact avec les proches de « l'autre », l'inconnu de la chambre mortuaire. Et là, nouvelle stupeur quand leur interlocuteur annonce que ses obsèques ont déjà eu lieu ! Le doute n'est plus permis : la seconde famille vient d'enterrer, dans la dignité et avec tout le respect que l'on doit à ses morts, un homme qu'elle ne connaissait pas.

Le CHU a reconnu son erreur, sans toutefois pouvoir expliquer le dysfonctionnement. Les bracelets d'identification, semblables à ceux que l'on passe au poignet des nouveau-nés, étaient bien présents. Une erreur humaine, très certainement.

Le corps enterré a dû être exhumé, de nouvelles obsèques organisées, et chacun a pu retrouver sa place.

## Problème de taille

« Le trou n'était pas terminé. Il manquait deux heures de travail… » Marceau Lemahieu, maire de Remigny, ne cache pas son embarras devant les journalistes venus lui demander des explications[1]. Le pauvre homme n'est pour rien dans l'incroyable bourde des services funéraires, mais il fait front. Dans le village, on ne parle que de ça : l'épouvantable enterrement raté de Marie F.

15 heures, la veille. Un cortège silencieux quitte l'église et accompagne Marie jusqu'à sa dernière demeure. Les couronnes funéraires sont déposées et le cercueil avancé pour être mis en terre. Soudain, les agents des pompes funèbres se retournent vers la famille. Le trou est trop petit ! Le cercueil ne rentre pas.

Une panique étouffée envahit le cimetière. Le maire est aussitôt alerté, il tente d'apaiser la colère des proches de la défunte, cherche une solution, mais comprend vite qu'il est impossible

1. *Le Courrier Picard*, *L'Union de Reims* (24/06/09).

d'élargir le trou dans un délai raisonnable. Un villageois propose alors d'héberger Marie dans son caveau familial, le temps de remédier au problème. Nouvelle déception ! « Le cercueil était trop long de cinq centimètres, raconte Marceau Lemahieu. La famille de la défunte était excédée. »

Les gendarmes, appelés en renfort, se sentent désespérément inutiles. Que faire ?

C'est finalement le maire, décidément fort dévoué, qui trouvera la solution : le temps d'élargir le trou destiné à accueillir Marie, son cercueil sera déposé dans l'église.

L'enterrement est reporté au lendemain.

Qui est responsable de cette mascarade ? « Les pompes funèbres V. », accusent en cœur les journaux locaux qui ont reconstitué l'enchaînement des erreurs. Non seulement la société s'y est prise trop tard pour creuser le tombeau, mais elle est en plus venue avec un matériel inadapté à la dureté du sol. « Ils savaient pourtant parfaitement qu'ils pouvaient tomber sur de la roche dans notre cimetière, raconte le maire. Ils ont bien essayé de changer d'outils, mais ça n'a pas suffi. Quand la cérémonie a commencé, le caveau n'était pas terminé… »

Contacté par un reporter qui voulait connaître la version de l'entreprise, un responsable a répondu qu'il ne ferait « pas de commentaire, merci, au revoir ». Et le journaliste de conclure ironiquement son article : « Au revoir… c'est aussi ce que les parents de Marie auraient aimé dire à leur fille. Paisiblement. »

## Vacances gâchées

Les canards de nos régions ont un vilain défaut : ils ne ratent pas une occasion de s'amuser des mésaventures des touristes qui traversent leur territoire ! Cela étant, on a parfois du mal à leur donner tort...

### « Quand te reverrai-je, pays merveilleux... »

En pleines vacances de sports d'hiver, sur le domaine du Grand Massif, en Haute-Savoie, on s'est gaussé quelques jours de ces dizaines de skieurs coincés sur leur télésiège en panne [1]. Comme dans la scène mythique des *Bronzés*, le temps a dû leur paraître long : une heure et demie suspendus au-dessus du vide, sur le domaine de Flaine, dans le vent et le froid. Comme le fait remarquer un des rescapés, « une heure et demie, ce n'est finalement pas si long .. quand on sait qu'on va attendre une heure et demie. Mais quand on se dit à chaque instant que ça va repartir... »

Bien sûr, le télésiège a fini par redémarrer. Juste trop tard malheureusement, à l'heure précise de la fermeture des pistes. Pour retrouver la civilisation autour d'un vin chaud, les naufragés ont dû être rapatriés par navette spéciale.

---

1. *Le Dauphiné Libéré* (13/01/09).

## Gastro pour tout le monde

En Ardèche, c'est une autre forme d'incident mécanique qui a gâché le plaisir des vacanciers : un problème de tuyauterie. Dans un camping proche de Vallon-Pont-d'Arc, une épidémie de gastro-entérite aussi fulgurante que localisée a envoyé aux toilettes plus de deux cents campeurs en l'espace de six jours[1]. Une semaine si noire qu'une enquête des services départementaux des affaires sanitaires a été diligentée. Le procureur de la République en personne, qui avait dû sentir l'affaire nauséabonde, s'est saisi du dossier. Il a eu du flair : l'épidémie avait été provoquée par la négligence des patrons du camping, peu regardants sur la qualité de leur réseau d'assainissement en eau potable.

## Attaques en piqués

Les mésaventures des estivants ne sont pas forcément dues aux infrastructures défaillantes ou au peu de scrupules des professionnels du tourisme. Parfois, la nature se charge de gâcher la fête. Ces touristes en visite au château d'Ardennes, entre Angoulême et Cognac, l'ont appris à leurs dépens. La sortie s'annonçait pourtant plaisante en ce samedi après-midi : promenade dans la campagne charentaise et visite d'une exposition de peintures et de bronzes dans le pigeonnier du château, petite tour du XVIII^e siècle parfaitement conservée.

Trois femmes s'approchent. Deux Anglaises habitant la région et une Française. Ici règne le calme absolu des veilles pierres. Seul le silence se fait entendre, à peine perturbé par les chuchotements des visiteurs qui passent d'œuvre en œuvre. Quand brutalement, brisant cette atmosphère de recueillement, des hurlements d'horreur et de panique parviennent jusqu'à la tourelle séculaire. « Nous étions à l'intérieur quand nous avons entendu des cris, des appels au secours, raconte la propriétaire des lieux[2]. Je me suis précipitée sur le chemin et là, c'était du Hitchcock ! »

---

1. *Le Dauphiné Libéré* (22/08/08).
2. *Sud Ouest* (17 et 18/05/09) et *La Charente Libre* (18/05/09).

Les deux Anglaises et la Française hurlent en se débattant au milieu d'un nuage d'abeilles. Des milliers, peut-être des dizaines de milliers d'insectes semblent s'acharner sur elles. « Elles en avaient dans les cheveux, dans le cou, sur le visage, dans leur chemisier… » La propriétaire rassemble ses visiteurs et se précipite sur les malheureuses. Tandis que les uns font fuir les assaillantes en gesticulant, les autres couvrent le visage des pauvres femmes et les font s'allonger. Le spectacle est ahurissant : la plus touchée a le visage couvert de piqûres. Les dards, plantés comme des aiguilles, se comptent par dizaines.

Autour, ceux qui se sont approchés pour porter secours ne sont pas épargnés. Deux femmes restées à l'écart dans leur voiture sont à leur tour attaquées. Elles n'ont pas eu le temps de remonter les vitres du véhicule. L'une d'entre elles est prise d'une crise d'angoisse en sentant des abeilles piégées dans sa longue chevelure. Au total, dix personnes sont piquées. La plus atteinte, une des deux Anglaises, a subi plus de cinq cents piqûres, principalement au visage et à la tête !

Les pompiers, appelés en urgence, lui prodiguent les premiers soins en extrayant, à l'aide de pinces à épiler, les dards saillants. Son amie et la Française sont, comme elle, placées sous assistance respiratoire avant d'être transportées vers les urgences.

Autour du pigeonnier, la horde volante a disparu comme elle avait surgi : sans prévenir. L'exposition a été fermée et les gendarmes ont bouclé la zone. Un apiculteur du coin a été appelé pour tenter de trouver une explication. Et pour lui, pas vraiment de mystère, car il a déjà répertorié trois essaims sauvages dans les environs : « Peut-être que l'un d'eux a cherché à se déplacer. Cela arrive quand deux reines se retrouvent dans une même ruche. L'une est obligée de quitter les lieux avec sa colonie. Il suffit qu'un véhicule l'ait heurtée. Certaines abeilles ont perdu le fil du déplacement. Privées de leur reine, désorganisées, elles sont devenues agressives. Et les vibrations qu'elles émettent quand elles sont prises de panique appellent les autres. »

Deux jours plus tard, toutes les victimes étaient sorties de l'hôpital. Boursouflées, mais en bonne santé.

## Peur sur le zoo

L'un des plaisirs d'une visite au zoo, c'est de s'amuser à se faire peur. Papa défie les éléphants en écartant les bras, le petit dernier pousse des cris stridents en direction des chimpanzés tandis que le grand rugit à travers les grilles de la cage aux lions. Et si par bonheur l'animal daigne lever la tête, quel bonheur terrifiant !

Un soir de septembre, les visiteurs d'un parc animalier du Morbihan ont perdu le goût de ce genre de blagues.

— Je vais vous inviter à vous diriger vers la sortie, messieurs-dames..., proposa un employé en blouse verte aussi assurément que son stress le lui permettait.

Deux panthères noires venaient de s'échapper de leur enclos quand, à l'heure du déjeuner, une soigneuse avait oublié de fermer la porte derrière elle. Jade et Baghera, un couple adulte, n'avaient pas résisté à l'appel de leur instinct et maintenant rodaient parmi les visiteurs.

L'incident a fait deux victimes. Deux morts.

Le lendemain, encore bouleversé, le directeur du zoo de Pont-Scorff se confie dans le journal[1] : « Il fallait prendre une décision rapide. Nous aurions pu opter pour un tir d'anesthésiant. Mais si on le ratait, on risquait une montée d'adrénaline chez l'animal dans un laps de temps suffisant pour qu'il attaque. On ne pouvait prendre le moindre risque. »

Le cœur déchiré, il a donné l'ordre d'abattre les bêtes.

Alors que les familles en promenades étaient évacuées du parc et placées en sécurité derrière un rideau de gendarmes, deux employés armés de fusils avaient la charge d'en finir au plus vite. « Il y a vingt ans, j'aurais peut-être tenté de les capturer, se lamente le directeur. Mais les procédures, aujourd'hui, sont ainsi. Je les ai fait respecter à la lettre. On ne pouvait se permettre de prendre un risque quelconque, vis-à-vis du personnel, mais aussi des visiteurs et de la population environnante, si les panthères partaient dans la nature. »

---

1. *Ouest-France* (29/09/09).

Baghera avait 16 ans, Jade 10 ans. Triste ironie du sort, le couple vivait au zoo depuis cinq ans dans le cadre d'un programme de conservation des espèces menacées.

# La roue de l'infortune

Il y a des êtres si malchanceux qu'on croirait qu'ils se jettent dans des mésaventures qui devaient arriver à d'autres. « Pourquoi est-ce que cela tombe sur moi ? », ont dû effectivement se dire ces pauvres gens. Car il n'y avait aucune raison pour que le doigt de l'infortune se pose sur eux plutôt que sur leur voisin…

## L'enveloppe égarée

— C'est la faute à pas-de-chance, messieurs. Nous sommes navrés.

L'argument de La Poste est un peu court, mais les notaires devront s'en accommoder. Impossible de remettre la main sur leur enveloppe. Elle s'est volatilisée.

— Nous ne pouvons malheureusement rien faire pour vous.

Le problème, c'est que le pli contenait… 1 million d'euros.

« Il y a de quoi devenir timbré… », s'amuse le journaliste du *Midi Libre* qui relate cet incident survenu à des notaires de Sète[1]. Pas sûr que cela les amuse, eux qui s'étaient donné tant de mal pour que le fruit de leurs dernières semaines de travail soit vite placé en sécurité…

Comme à leur habitude, les associés de l'étude notariale avaient rassemblé leurs chèques dans une enveloppe pour les faire parvenir à la Caisse des dépôts et consignations. Suivant une procédure plus sécurisée que la voie empruntée par les courriers ordinaires, ils avaient fait déposer le pli au « Carré

1. *Midi Libre* (29/10/08).

Pro » de La Poste sétoise, un espace dédié aux professionnels et censé les chouchouter. Enfin, et c'est là encore une précaution que ne négligent pas les notaires pour ce type de missives « sensibles », ils avaient choisi la formule appelée Distingo Suivi. Il est vrai que le dépliant publicitaire est rassurant : « Grâce à son code-barres, Distingo Suivi vous permet de connaître la date de distribution ou les raisons de non-distribution de votre envoi sur www.laposte.fr. Votre courrier est bien protégé… »

Pour le coup, c'est raté : après avoir déposé leur enveloppe au guichet, les notaires ont littéralement perdu sa trace. Ils s'en sont évidemment inquiétés dès le lendemain auprès de La Poste.

— Nous n'avons pas la preuve du dépôt de ce courrier dans nos services…

— Mais nous sommes certains qu'il a bien été effectué ici !

— Et comme nous ne possédons pas cette preuve, nous ne pouvons pas être tenus responsables de la perte…

— C'est impossible ! Il doit bien y avoir quelqu'un qui sait où se trouve cette enveloppe tout de même !

— Bien sûr, si d'aventure elle refaisait surface, vous en seriez immédiatement informés…

— La belle affaire !

Comment est-il possible d'égarer 1 million d'euros ? Le *Midi Libre* l'a découvert en reconstituant le parcours exact de l'enveloppe : elle a tout d'abord été déposée au guichet, cela ne fait aucun doute, et y a été réceptionnée, assurément. Mais entre les deux, c'est-à-dire au moment où elle passait d'une main à une autre, il y a eu un bug. Et un coup de malchance.

Sur les enveloppes Distingo Suivi, un petit papillon fait office de reçu. En enregistrant le pli, le guichetier le détache et le remet au déposant « Ça se passe toujours comme ça, on a l'habitude », confirme un des notaires floués. Sauf que ce jour-là, en pleine période estivale, c'est un stagiaire de l'office notarial qui s'est déplacé… et un stagiaire de La Poste qui l'a accueilli ! Ni l'un ni l'autre ne connaissant la procédure, le papillon est resté sur l'enveloppe qui n'est donc pas « officiellement » arrivée au guichet…

Reste une question : qu'est devenu le million ? Cela demeurera un mystère. L'enveloppe n'est jamais réapparue. Elle fait désormais partie des 0,1 % de plis « perdus » chaque année.

Quant aux chèques, personne n'a jamais cherché à les endosser. L'argent n'a donc pas été volé. Les notaires ont dû se fendre de mille excuses auprès de leurs clients pour qu'ils leur envoient un nouveau règlement. Tous, compréhensifs, ont accepté. Par chance.

## Ticket gagnant… perdant

La chance, ça se provoque. Annie en est persuadée. Alors elle lui fait un signe dès qu'elle passe devant un bureau de tabac. Pour quelques misérables deniers, il suffit de gratter et c'est toute une vie qui peut changer ! La chance est têtue ? Il faut la forcer. Coluche disait : « Tant qu'je gagne, je joue… » Pour Annie c'est plutôt : « Tant qu'je gagne pas, je joue ! »

En cet été 2009, la Française des Jeux a eu une idée formidable[1]. Un nouveau jeu dont le nom a de quoi faire rêver : « Vacances à vie ! » 5 euros, trois hamacs qui apparaissent et c'est gagné : une rente de 5 000 euros par an ou 100 000 euros cash.

Pour Annie, agent de l'Assistance publique, c'est plus que tentant. Pour elle, ce sera le gros chèque, sans plus attendre. Elle a fait ses calculs : à trois ans de la retraite, si elle tire le gros lot, *bye bye* les brancards, les encéphalogrammes et les couloirs tristes de l'hôpital de la Timone, à Marseille !

Annie a gagné. Un… deux… trois petits hamacs ! Elle n'en croyait pas ses yeux. Enfin ! Enfin la chance répondait à ses appels ! Enfin elle allait pouvoir « lever le pied » ! Enfin elle pourrait prendre du temps pour elle !

Sans plus attendre, elle a accouru chez son buraliste.

— Je les ai ! J'en ai trois !

— Incroyable ! Montrez-moi…

— Je veux les 100 000 !

— Heu…

Le buraliste a fait une drôle de tête.

— Votre ticket n'est pas valable…

— Comment ça mon ticket n'est pas valable ! ?

1. *La Provence* (07/08/09).

— Là, le bout de scotch…

Deux des petits volets en carton qui composaient le jeu étaient discrètement rafistolés.

— Mais je l'ai acheté chez vous, ce ticket !

Annie a porté plainte pour escroquerie. Il n'en était rien. Les policiers marseillais ont rapidement découvert d'où venait « l'erreur » : l'employée du bureau de tabac avait malencontreusement déchiré les tickets en les déballant, puis les avait patiemment reconstitués sans se rendre compte que les morceaux étaient mélangés, ni imaginer un seul instant qu'elle avait ainsi « fabriqué » un ticket gagnant.

La Française des jeux n'a rien voulu savoir. Annie n'a rien empoché mais, à force de gratter, jour après jour, elle a compris une chose : la malchance, ça se provoque aussi.

## À vendre : maison pas en vente

Cet habitant d'Aix-les-Bains, lui, a vécu sa mésaventure tranquillement installé dans son canapé[1]. Il feuillette un catalogue d'annonces immobilières quand une photo attire son attention. Et pour cause : c'est sa maison qu'il découvre en vente, avec force détails, alors qu'il n'a aucunement l'intention de s'en séparer. Ne comprenant pas comment une telle erreur a pu se produire, il se rend sur le site internet de l'agence vendeuse. Le pauvre n'est pas au bout de ses surprises : non seulement sa maison est bel et bien mise en vente, mais elle l'est par le biais d'une annonce incroyablement précise, illustrée de photographies prises à l'intérieur de l'habitation ! Notre homme a beau chercher dans ses souvenirs, il ne voit pas comment cela est possible. Il décide alors de se présenter lui-même à l'agent immobilier et, se faisant passer pour un acheteur, demande à en savoir plus sur le bien. Bien sûr, lui répond le professionnel en lui tendant un descriptif complet et de nouvelles images de la maison. L'homme, commerçant, lui susurre même qu'une petite négociation sur le prix de vente est tout à fait envisageable. La belle affaire. Notre faux acheteur n'en croit pas ses oreilles.

1. *Le Dauphiné Libéré* (15/12/08).

Pensant avoir mis au jour une sacrée escroquerie, il remercie l'agent sans expliquer qui il est et se rend directement au commissariat de quartier où il raconte, plutôt remonté, ce qui lui arrive.

Les policiers vont très vite comprendre qu'il s'agit d'une étonnante méprise. Lorsqu'ils se rendent à l'agence, ils trouvent face à eux des employés visiblement de bonne foi et convaincus d'avoir préparé cette vente dans les règles de l'art. Ils ont d'ailleurs en leur possession le mandat de vente du propriétaire. L'un des agents est même allé, en personne, prendre les photos de la maison. C'est à n'y rien comprendre. On vérifie alors le dossier, rempli en bonne et due forme, et soudain tout s'éclaire.

Le signataire du mandat n'est pas l'homme qui s'est présenté au commissariat. C'est une femme : sa voisine. Une femme assez naïve pour penser qu'elle pourrait abuser ses voisins, une agence immobilière et d'éventuels acheteurs ? Pas du tout : une femme parfaitement saine d'esprit. Si elle a bien mandaté l'agence, c'était pour vendre sa propre maison. Une maison identique à celle présentée dans le journal d'annonces et construite au même moment. Seulement, quand l'employé est revenu pour prendre les photographies, il s'est trompé de porte. Personne n'a répondu à ses coups de sonnette, il avait les clés, il est entré. Les clés ? Des clés de chantier qui ouvraient les deux habitations et qui n'avaient jamais été changées par les propriétaires !

## Isabelle et les déménageurs

Tous les quiproquos ne se terminent pas aussi bien. À Reims, Isabelle n'a toujours pas le goût à rire après l'erreur dont elle a été victime. Rien de bien grave. Juste une grosse contrariété. Elle grillait tranquillement une cigarette à la fenêtre de son appartement quand elle a assisté à une scène plutôt déroutante. « Je regardais la rue et soudain je vois des sièges de voiture appartenant à mon mari qu'on jette dans un camion. Ensuite, je vois passer une de nos valises… », raconte-t-elle[1].

1. *L'Union de Reims* (18/04/09).

Du dernier étage où elle se trouve, Isabelle aperçoit encore des objets qui sont sa propriété défiler sous ses yeux. C'est toute sa cave que ces hommes sont en train de vider ! La jeune femme s'affole et descend rapidement jusqu'au sous-sol : le local est vide et fermé à clé par une nouvelle serrure ! Elle se précipite sur les voleurs :

— Qu'est-ce que vous faites ! ?

— Pardon madame ?

— Vous êtes en train de vider ma cave !

— Bah ouais…

— Mais vous êtes complètement fous !

— Hein ?

Les voleurs sont des déménageurs. Ils ont pour mission de vider l'appartement et la cave d'un locataire décédé afin que le bailleur de l'immeuble puisse en reprendre possession.

— Nous avons même changé les serrures, madame…

— Mais c'est la cave d'à côté ! hurle Isabelle en agrippant sa valise et ses sièges auto.

Elle ne sait pas encore que sa galère ne fait que commencer. Dans le camion, l'inventaire n'est pas complet. La jeune femme apprend alors que la plus grande partie de ses biens a été emportée lors d'un précédent voyage. Elle téléphone au bailleur, qui reconnaît immédiatement l'erreur et promet que tout sera remis en ordre. Ce qui est fait dès le lendemain. Enfin presque : les déménageurs ne sont pas les mêmes que la veille, ils n'ont pas la nouvelle clé de la cave et il manque des objets…

Pendant plusieurs jours, Isabelle tente donc de remettre la main sur cette fichue clé, sachant qu'au bout de celle-ci se trouveraient les hommes qui se sont partagé ses biens et ses souvenirs. Mais sa quête est vaine : le bailleur la renvoie vers l'entreprise de déménagement qui la renvoie vers ses déménageurs qui la renvoient vers le bailleur…

Fernand Raynaud aurait pu en faire un sketch. Il n'aurait pas eu à en inventer la chute : Isabelle a fini par abandonner le combat et s'est résignée à récupérer les quelques objets qui n'avaient pas disparu. Pour les entreposer, elle a simplement dû forcer la porte de sa cave.

## La maison d'à côté

Comme Isabelle, André et Patricia ne sont pas d'humeur à plaisanter. Mais alors pas du tout. Une autre erreur d'adresse qui, cette fois, aurait pu très mal tourner. Patricia s'en sort avec une sévère blessure à un talon. Le chien du couple, lui, ne s'en est pas sorti du tout. Quant à André, il est très en colère : « Ma femme est sous le choc, elle a constamment peur, elle n'ose plus sortir, au moindre bruit elle croit que quelqu'un rentre dans la maison… »[1]

L'infortune de ce couple de quinquagénaires a commencé un jeudi matin semblable à tous les jeudis matins que Dieu fait dans leur petit pavillon du quartier du Virolois, à Tourcoing.

Soudain, un bruit de tonnerre fait trembler la maison. André et Patricia restent figés, paralysés par la peur. La chienne, un rottweiler de 6 ans, est plus prompte. Elle bondit devant eux et fonce en direction de la porte d'entrée. Deux coups de feu retentissent, suivis de hurlements frénétiques. La bête s'effondre de tout son long. Patricia, restée en retrait, ressent alors une profonde douleur au pied, comme un coup de sabre invisible. À son tour, elle libère un cri terrifiant en se tenant la jambe. Au milieu de ce chaos, dix hommes armés jusqu'aux dents surgissent dans le salon et…

— Chef, on a fait une boulette…

— Fin de mission, au rapport !

Les policiers de Roubaix et Tourcoing avaient uni leurs forces pour frapper fort. Quelques heures plus tôt, ils avaient été informés que les auteurs d'une série de braquages venaient d'être localisés. Leur véhicule, utilisé au cours de trois attaques dans des cafés et une supérette discount, avait été repéré en stationnement devant un pavillon. Quartier Virolois, à Tourcoing. On connaît la suite.

Quelques jours après l'accident, André se demande encore comment les services de police ont pu se tromper d'adresse. La maison visée, celle juste à côté, était parfaitement connue des enquêteurs puisque plusieurs descentes y avaient déjà été effectuées. Le pauvre homme, son épouse et leur chienne avaient

1. *Nord Éclair* (18 et 19/08/08).

même fait une demande de relogement auprès de la Ville suite à des menaces inquiétantes venant de leurs turbulents voisins. Surtout, André n'est pas du tout convaincu par les explications des policiers fautifs.

Ces derniers, bien qu'un peu embarrassés, affirment qu'ils n'ont commis aucune erreur. Leur opération était même calculée : ils voulaient passer par la maison des retraités pour contourner celle des présumés braqueurs et les surprendre par derrière. Malheureusement, ils sont tombés nez à nez avec le molosse et, le jugeant agressif, l'ont abattu. Le hasard a ensuite voulu qu'un éclat de balle atterrisse dans le talon de Patricia. Un fâcheux concours de circonstances, en quelque sorte. « Peut-être, rétorque André, mais rien ne serait arrivé s'ils avaient utilisé la sonnette du pavillon… »

DE GRANDS MOMENTS DE SOLITUDE

Si la malchance ne vous choisit pas et que vous rêvez de votre quart d'heure de gloire à la Une du journal de votre région (nous y avons tous droit, paraît-il), il vous reste une solution : vous empêtrer dans une mésaventure improbable, en sortir sain et sauf, puis composer le numéro de téléphone de la rédaction.

## La dame sur le rocher

Elle a retrouvé le sourire. Ses proches sont là, autour de son lit d'hôpital, qui n'en reviennent toujours pas de la voir vivante et en bonne santé [1].

Ginette Flettu vient de passer la nuit la plus longue de sa vie… bloquée sur un rocher au milieu de l'océan.

— Vous vous rendez compte, à mon âge…

Elle a 83 ans.

Petite et menue, l'octogénaire a encore le pied alerte et de l'énergie à revendre. Son passe-temps favori, par exemple, c'est la pêche aux coques. Elle n'hésite pas à partir seule au bord de l'eau, en baie de la Fresnaye, au pied des falaises abruptes de son petit coin de paradis, dans les Côtes-d'Armor. Comme ce jeudi de juin…

Les conditions sont idéales en cette fin de journée : la mer vient de se retirer et le temps est doux. Ginette n'a qu'à se baisser pour remplir son panier. La pêche sera bonne ! se dit-elle. Trop bonne. Car la vieille femme, absorbée par le ramassage des

1. *Ouest-France* (07/06/08).

coques, s'éloigne et perd ses repères. « En voulant rentrer, je n'ai pas retrouvé mon chemin, raconte-t-elle. La mer a commencé à monter. Je me suis embourbée dans la vase. J'y ai même perdu mes chaussures. Je suis tombée trois ou quatre fois. Je me suis cogné la tête. Et puis j'ai enfin trouvé un bout de caillou assez haut pour éviter d'être rejointe par la mer. Je me suis assise et j'ai attendu... »

Les minutes passent, interminables, puis les heures. Ginette appelle à l'aide, mais ses cris se perdent dans l'immensité des flots. Au loin, elle aperçoit les silhouettes de pêcheurs qui relèvent leurs lignes. Elle crie encore, mais le souffle du vent et le ressac couvrent sa voix. Et la nuit qui arrive ! Que faire ? Comment se sortir de ce piège ?

3 heures, 4 heures, 5 heures du matin. Sur son rocher, Ginette s'efforce de lutter contre le sommeil.

— Si tu tombes, tu meurs, se répète-t-elle pour rester éveillée.

Voyant que la marée est à nouveau descendante, épuisée et frigorifiée, elle tente une folie, se laisse glisser contre la roche, estime le temps qu'il lui faudrait nager pour toucher terre, mais voilà qu'elle dérape, son dos heurtant violemment la pierre !

« Je suis remontée illico ! », s'amuse-t-elle alors qu'une infirmière entre en lui tendant un journal.

— Vous êtes une vedette maintenant !

Dans le journal, la miraculée découvre l'autre versant de sa mésaventure. Sa famille inquiète de ne pas la savoir chez elle tard dans la soirée. Le dispositif de recherches qui a mobilisé une vingtaine d'hommes toute la nuit, appuyés par un hélicoptère. « Je l'ai vu passer trois fois au-dessus de ma tête, mais il ne m'a pas repérée ! » Son fils, arrivé en urgence d'Eure-et-Loir, arpentant la baie muni de sa lampe de poche « avec la peur de retrouver ma mère noyée ». Et puis, après une nuit d'angoisse, le dénouement heureux quand les gendarmes, embarqués à bord d'un Zodiac, la localisent enfin à 10 heures du matin.

Dans la chambre médicalisée, la petite famille rit de bon cœur en découvrant les explications du chef de la brigade de gendarmerie : « On a entendu des cris de mouettes. C'était la dame qui nous appelait... »

## Le piège du puits

Passer la nuit sur un rocher à 83 ans n'est pas une aventure banale ? Pensez-vous… Trois jours plus tard, dans le Cher : « Une nuit dans un puits », titre sobrement le journal local[1].

Il s'agit cette fois d'un homme de 62 printemps dont on nous dit qu'« il a sans doute vécu les heures les plus difficiles de son existence la nuit de dimanche à lundi ». Décidément. Pour une raison inexpliquée, il a basculé dans le puits creusé au fond de son terrain. Une chute de cinq mètres qui aurait pu lui être fatale si l'eau stagnante au fond du trou ne l'avait amortie.

Immergé jusqu'à la poitrine, le sexagénaire est miraculeusement indemne… mais totalement coincé : les parois du puits, en béton lisse, n'offrent aucune prise et ses appels à l'aide raisonnent dans le vide, étouffés par le tube vertical. Commence alors, sinon les heures les plus difficiles de son existence, en tout cas la nuit la plus humide de celle-ci. Il a beau sauter, se coller aux parois, s'écarteler pour trouver des appuis de part et d'autre du puits, chaque tentative le ramène à sa condition de bête prise au piège : les fesses dans l'eau et seul dans la nuit noire.

Le pauvre homme, affaibli mais sauf, n'a été découvert que le lendemain au petit matin par les pompiers. Cela se passait à Véreaux, minuscule bourg de cent cinquante habitants, précise l'article. Exactement au lieu-dit… « Le Monte-à-Peine » !

## Le cycliste amnésique

Ce mercredi d'avril, le déploiement de secouristes et de forces de l'ordre dans la campagne aveyronnaise est forcément de mauvais augure. Les autorités n'engagent pas une équipe cynophile, un hélicoptère, une vingtaine de gendarmes et autant de policiers sans que l'affaire ne soit sérieuse.

Impossible de circuler autour de Rodez sans apercevoir, tôt ou tard, un des véhicules de recherches ou l'appareil d'observation aérienne. Et cela dure depuis vingt-quatre heures.

1. *La Nouvelle République du Centre-Ouest* (10/06/08).

Didier Cavaroc est porté disparu. Champion cycliste connu dans la région, cet homme de 47 ans n'a plus donné signe de vie depuis la veille quand, de bonne heure, il a enfourché son VTT pour faire « une sortie », comme on dit dans le jargon de la petite reine, avant de se rendre au travail chez Bosch, l'équipementier automobile. Ses collègues se sont inquiétés de ne pas le voir arriver. Sa famille a aussitôt prévenu la police. Il était forcément arrivé quelque chose à Didier.

Après l'interrogatoire d'usage, les policiers passaient à l'action, refaisant d'abord les circuits que le quadragénaire aurait pu emprunter sur sa bicyclette puis, faute de trouver la moindre trace de son passage, élargissaient leurs recherches à tous les chemins communaux et autres routes départementales dans un rayon de vingt kilomètres autour de la ville.

Interrompues par la nuit pluvieuse et glaciale, les opérations reprenaient tôt le matin. Des hommes et des véhicules étaient appelés en renfort. Un appel a témoin été établi. *La Dépêche du Midi*, le journal de référence dans la région, était contactée. Et l'inquiétude grandissait à mesure que les heures passaient.

Puis Didier Cavaroc est réapparu. Enfin… quelque chose qui ressemblait à son fantôme.

Dans les couloirs des urgences de l'hôpital Jacques-Puel de Rodez, Jean-Paul et Patrick, les frères du cycliste, racontent l'invraisemblable dénouement : « On était un peu découragés. Nous avons continué les recherches avec deux amis. Nous nous suivions près du lycée de La Roque. Nous avons bifurqué et nos amis ont continué. C'est un peu plus loin qu'ils ont trouvé Didier, qui pédalait très vite, sur grand plateau. Ils l'ont appelé, lui ont demandé de s'arrêter, mais il les a regardés d'un air absent et a continué. Ils sont parvenus à le faire arrêter. Il s'est alors allongé, il respirait mal et était frigorifié. Il avait manifestement passé la nuit dehors et avait dû chuter car son casque était cassé. Il ne se souvenait de rien et ne nous reconnaissait pas[1]. »

Les membres de la famille arrivent les uns après les autres. Chacun veut avoir des nouvelles, savoir ce qui est arrivé. Qu'a fait Didier pendant ces trente-six heures ? Où a-t-il passé la nuit ? A-t-il été percuté par une voiture ? A-t-il chuté seul ?

---

1. *La Dépêche du Midi* (23/04/09).

Lui seul saura le dire un jour. Quand il aura retrouvé, s'il le retrouve, le souvenir de ce matin d'avril.

## Mortelle randonnée ?

Thérèse Bordais, elle, n'est pas prête d'oublier sa mésaventure. Ses sauveteurs non plus. « Époustouflant », « Du jamais vu ! », « Comment a-t-elle fait pour tenir ? », s'étonnent-ils. Son propre mari ose même un terrible aveu : « On n'y croyait plus… » [1]

Thérèse, une randonneuse bretonne de 62 ans, est restée coincée onze jours et onze nuits dans un ravin.

Tout a commencé le 26 juin 2009 par une belle excursion dans le très sauvage et somptueux parc naturel d'Ordesa, du côté espagnol des Pyrénées. La sexagénaire fait partie, avec son mari Marcel, d'un groupe de quatorze amis du club de randonnée de Fougères, en Bretagne. En cette journée lumineuse, le spectacle est éblouissant de beauté. Le parc est une succession de canyons enchevêtrés où les vallées glaciaires, recroquevillées comme un éventail géant, succèdent aux murailles ocre caressées par le soleil. En quelques heures de marche, les pentes douces des forêts de hêtres, de pins sylvestres et de chênes laissent place à des falaises vertigineuses et arides qui culminent à plus de 3 000 mètres d'altitude. Au gré des sentiers, on s'arrête au pied de cascades naturelles, on croise ici un bouquetin des Pyrénées, là un isard, plus loin une marmotte ou un sanglier quand, dans le ciel, les aigles royaux, les vautours fauves et les grands-ducs font leurs rondes.

Après une matinée de marche et une pause pour piqueniquer, le groupe cherche un chemin qu'il avait déjà emprunté quelques années plus tôt et qui doit permettre, en faisant une grande boucle, de retourner au point de départ

— Par là ?

— Non, plus bas…

— Je ne reconnais pas cette crête.

1. *Le Télégramme de Brest* (09/07/09).

— Nous avons certainement raté un embranchement, le sentier doit être plus haut…

Les randonneurs sont perdus. Expérimentés et sages, ils prennent aussitôt la décision qui s'impose :

— On rebrousse chemin.

La frustration est vite balayée par la grandeur du spectacle. Par petits groupes de deux ou trois, les amis reprennent leurs conversations et ne se lassent pas de commenter les paysages. Thérèse, exceptionnellement, est en tête du groupe. Elle qui a l'habitude de suivre son mari peut mener la marche. Pour une fois, elle connaît le chemin ! Perdue dans ses pensées, elle accélère le pas, inconsciemment. Et quand elle s'aperçoit que, derrière elle, ses amis se sont arrêtés pour attendre l'un des leurs qui avait besoin de souffler, elle poursuit, persuadée qu'elle sera bientôt rattrapée.

Mais peu après, elle est perdue. Où sont les autres ? Où est le sentier ? Thérèse est nerveuse, accélère, fait demi-tour, bifurque, crie les noms de son mari, de ses compagnons de marche… Sont-ils encore derrière ? Sont-ils passés devant ? Elle ne sait plus. Le temps presse. Il faut rentrer, même seule.

Dans une pente, son pied glisse. Elle chute et se fait mal. Elle doit s'allonger, récupérer et réfléchir. Ou attendre, elle ne sait plus. Les heures passent… Le rotor d'un hélicoptère gronde au-dessus de sa tête. « Ils me cherchent ! », s'exclame-t-elle. Elle fait de grands signes. Les secours passent une fois, deux fois, puis s'éloignent.

La nuit tombe. Il fait doux mais le sol est humide. Thérèse frissonne, enfile un K-Way, puis s'endort, écrasée de fatigue.

C'est le ronronnement de l'hélico, encore lui, qui la sort de son sommeil.. le lendemain matin à 8 heures. Elle dénoue son foulard rouge qu'elle accroche à un bâton pour l'agiter au-dessus de sa tête mais, une nouvelle fois, l'appareil passe sans la voir !

Dans le silence retrouvé de la montagne sauvage, son ventre crie famine. Dans le sac, il reste un fond de salade de pâtes et une pomme qu'elle dévore en quelques minutes. Où trouver de l'eau ? Au fond du canyon, sous ses pieds, il y a bien un ruisseau, mais comment descendre cette pente vertigineuse ?

Elle n'a pas le choix, il faut y aller…

Elle s'enfonce, dérape, s'accroche aux arbres pour ne pas dévaler. La descente est interminable et épuisante.

Ça y est. Frénétiquement, elle tire un mouchoir de sa poche et filtre un peu d'eau. Quel bonheur de sentir la fraîcheur du liquide glisser dans sa gorge ! Mais…

Mais comment remonter maintenant ? C'est impossible, la pente est trop glissante, elle n'y arrivera pas.

Thérèse vient de passer sa première nuit et sa première journée, seule, perdue dans l'immensité du parc pyrénéen. Elle ne se doute pas encore que son cauchemar va durer dix jours et dix nuits de plus !

Thérèse Bordais est une miraculée et elle le sait. Assise à la table de son salon, où elle raconte les événements à un journaliste, son sourire est encore crispé. Elle reste marquée, est amaigrie :

— Depuis le samedi soir 27 juin jusqu'au lundi 6 juillet, pendant neuf jours, je n'ai rien mangé… [1]

— Vous avez beaucoup maigri ?

— J'ai perdu cinq kilos.

— Comment avez-vous calmé votre faim ?

— Je m'imaginais en train de préparer mon repas, mon bol de café le matin, et ça me soulageait.

— L'hélicoptère passe au-dessus de vous le premier jour. Et après ?

— Il est passé chaque jour au-dessus de moi, mais sans me voir. Je connaissais même les horaires de passage : 8 heures-12 heures, puis 16 heures-20 heures.

— Comment faisiez-vous pour attirer l'attention des secours ?

— J'étalais mes affaires par terre : le sac, les tee-shirts, etc. J'essayais de faire des signes. Mais l'hélicoptère était toujours trop haut et volait toujours trop vite. (…) Je me disais : « Pourvu qu'ils n'arrêtent pas les recherches… » J'avais peur qu'on ne me retrouve jamais. (…) Les trois premiers jours ont été les plus durs. Après, j'en ai pris mon parti.

— Quel parti ?

1. *La Dépêche du Midi* (19/07/09).

— Je me suis dit : « Je dois finir comme ça, c'est mon destin. » J'ai recommencé à prier, j'ai réussi à me souvenir d'une prière.

— Vous avez imaginé le pire ?

— Oh oui ! Parfois je me disais : « Comment on meurt de faim ? Est-ce que c'est long, est-ce que c'est douloureux ? »

— Vous êtes-vous organisée mentalement pour tenir ?

— J'essayais de m'organiser un petit peu. Le matin, je me levais, je me faisais filtrer un peu d'eau, après j'allais me laver les yeux, puis je mettais ma crème, j'étalais mes vêtements… J'ai aussi refait mon abri deux ou trois fois.

— Comment était cet abri ?

— J'avais empilé des pierres par terre. Et j'avais mis des branches au-dessus, comme pour faire un petit toit. Ce n'était pas très haut. Il fallait ramper pour aller dedans. Sur la fin, je me réfugiais beaucoup là, dans le noir. De plus en plus. L'endroit était apaisant.

— Vous dormiez beaucoup ?

— Non, justement, et cela m'embêtait.

— Vous comptiez les jours ?

— Je m'étais plantée. Quand les secours sont arrivés, ils m'ont dit qu'on était lundi 6 juillet, alors que je croyais qu'on était un samedi.

— Le lundi 6 juillet, l'hélicoptère vous repère enfin…

— J'étais dans l'abri, tout à coup, j'entends l'hélicoptère au-dessus de ma tête. Je me suis décidée à sortir. Il était bien là. J'ai pris mon sac, j'ai mis mes affaires dedans et j'ai couru. On m'a hélitreuillée, puis transportée à l'hôpital. Je me trouvais étonnamment en forme. J'ai remercié tous mes sauveteurs. Ils ont été formidables ! Moi, je n'ai rien fait. Qu'attendre…

Marcel, son mari, porte un regard attendri sur son épouse. Il ne cache pas avoir craint le pire. Après avoir déclenché l'alerte dès la disparition de sa femme, il est resté trois jours sur place dans l'attente angoissante de la moindre nouvelle.

Puis, sur les conseils des professionnels menant les recherches, il est rentré chez lui à Fougères, à près de mille kilomètres de là. Dire qu'il avait perdu tout espoir ne serait pas exact, mais son regard dans le vague laisse imaginer que la pire des issues lui a plusieurs fois traversé l'esprit.

Il n'est pas près d'oublier le coup de téléphone des secouristes espagnols : « On a retrouvé Thérèse, elle va bien… »

C'est bien grâce au foulard rouge et aux vêtements étendus par la sexagénaire que la *guardia civil* a pu la localiser.

## Drame au bout du fil

Les colonnes de nos gazettes sont remplies de morts. Pas forcément de grands faits-divers sanguinolents. Loin de là. Des accidents « de tous les jours ». Des drames presque ordinaires qui renvoient toujours à la même question : comment cela est-il possible ?

### Mort d'un collègue

Dans le Maine-et-Loire, on apprend ainsi qu'un homme est décédé « sous deux tonnes de verre »[1]. Il était chargé de déplacer d'énormes vitres de six mètres sur trois à l'aide d'un palonnier à ventouses quand sept plaques se sont décrochées et lui sont tombées dessus.

En Haute-Vienne, un ouvrier est mort « enseveli dans une tranchée »[2]. Le garçon creusait au fond d'un trou de deux mètres quand les parois de terre se sont effondrées sur lui. Ses collègues ne sont pas parvenus à le déterrer vivant.

En Dordogne, un exploitant agricole a perdu la vie « écrasé par son tracteur »[3]. L'homme est descendu alors qu'une vitesse était encore enclenchée. Il est passé sous la roue arrière.

« Sa benne percute une ligne à haute tension : le chauffeur électrocuté », titre de son côté *Le Journal de Saône-et-Loire*[4].

1. *Ouest-France* (28/05/09).
2. *Le Berry Républicain* (23/09/08).
3. *Sud Ouest* (17/02/09).
4. *Le Journal de Saône-et-Loire* (29/05/08).

L'homme, un travailleur indépendant de 58 ans qui entrait son camion dans une gravière à proximité de Pouilly-sur-Saône, a été retrouvé étendu à côté du véhicule, un extincteur dans la main. Sans vie. Que s'est-il passé exactement ? Difficile à dire. Les secours peuvent simplement émettre des hypothèses. En arrivant sur place, ils ont constaté que les pneus de l'engin avaient éclaté sous le choc de la décharge électrique, provoquant certainement des fumées noires. Le conducteur aurait alors tenté d'éteindre ce qu'il aurait pris pour un début d'incendie. Son extincteur est-il entré en contact avec le véhicule ? L'ouvrier a-t-il lui-même touché son camion ? À moins qu'un arc électrique ne se soit formé… La seule certitude est celle du médecin : le pauvre homme a été foudroyé.

## Étouffé sous le blé

Cet autre décès, rapporté par *La Dépêche du Midi*[1], nous mène aux confins de l'atrocité : la victime s'est éteinte d'une mort lente. C'est un agriculteur des Hautes-Pyrénées. Il a perdu la vie au fond d'un silo. Étouffé dans le blé.

L'homme, âgé de 74 ans, est descendu dans l'immense cylindre d'acier pour effectuer une réparation sur un boîtier électrique qui se trouvait à mi-hauteur. Il a emprunté une échelle fixe prévue à cet effet mais, au moment où il ouvrait la trappe de la petite boîte, ses pieds ont glissé entre deux barreaux.

Difficile d'imaginer l'horreur de son agonie, happé par les tonnes de grains de blé, tels des sables mouvants, et sans le moindre espoir de pouvoir se rattraper à quoi que ce soit…

## Broyé dans la pailleuse

Et que dire de celui-ci, en Haute-Saône ? Encore un agriculteur. Il était très jeune : 34 ans. Décédé dans la ferme familiale, à Filain[2]. Le malheureux chargeait des bottes de paille dans une

1. *La Dépêche du Midi* (14/02/09).
2. *L'Alsace* (13/01/09).

broyeuse mélangeuse. Emporté par le poids d'un ballot, il a perdu l'équilibre et basculé en avant. Il est mort déchiqueté par les crocs de la machine.

Tous les journaux de France connaissent ces accidents improbables. Comme si la mort cherchait toujours de nouvelles inventions…

## Étendu sous un arbre

Dans un bois isolé du Gers, entre Saint-Cirice et Saint-Antoine, deux frères d'une cinquantaine d'années s'affairent à déboiser une parcelle[1]. Les deux hommes élaguent, coupent et abattent quand le plus jeune entend un hurlement à travers le craquement des branches. Il sursaute, se retourne et découvre son frère écrasé sous un arbre. Le vieux chêne qu'il tronçonnait lui est tombé dessus.

Les pompiers ne parviendront pas à sauver le quinquagénaire. Ils ne parviendront pas, non plus, à déterminer la cause exacte de sa mort. Le poids du tronc ne lui a sans doute laissé aucune chance, mais il y a plus terrible encore : dans sa chute, l'homme a perdu le contrôle de sa tronçonneuse et la chaîne crantée de l'outil lui a traversé le crâne de part en part.

## Piétiné par ses vaches

Le chef de la fanfare, dans le minuscule village du Boisle à la frontière de la Somme et du Pas-de-Calais, était une figure locale[2]. Agriculteur, il dirigeait l'orchestre de la commune depuis plus de quarante ans. Alors, quand le journal régional, *Le Courrier Picard*, annonce que « Maurice Ricart est décédé des suites de ses blessures », c'est la consternation. Tout le monde était au courant d'un terrifiant accident dont il avait été victime une semaine plus tôt. Ce jour-là, accoudé à une barrière, il

1. *La Dépêche du Midi* (13/02/09).
2. *Le Courrier Picard* (03/05/09).

observait son fils rentrer ses bêtes à l'étable quand le troupeau, de manière inexplicable, s'est emballé et lui a foncé dessus. « Les vaches ne se sont pas arrêtées, défonçant l'obstacle et écrasant leur propriétaire », poursuit le journal. Son fils n'a rien pu faire.

Victime de multiples fractures, le chef de la fanfare a dû être placé dans un service de soins intensifs, où il a cessé de vivre après plusieurs jours de coma.

## Étouffé par un saucisson

À Angoulême, *La Charente Libre* se fait l'écho d'un accident… tragiquement loufoque.

Alertés de la disparition d'un homme de 32 ans, les pompiers se présentent à la porte de son appartement du centre-ville[1]. Pas de réponse. Ils entrent et découvrent le trentenaire « inanimé, assis sur le rebord d'une table, affalé au-dessus de l'évier, la main près de la bouche », relate le quotidien charentais. Les premières constatations du médecin légiste ne laissent pas de place au doute : le jeune homme est mort par asphyxie. Et l'enquête est rapide : sur la toile cirée, les policiers découvrent une planche à découper, un couteau… et une saucisse sèche.

« Une mort aussi affreuse qu'insolite, conclut le journal. Un morceau de saucisson aurait fait fausse route. »

## Pétanque fatale

Un mois plus tard à Adé, du côté de Lourdes, *Midi Libre* conte le sort tragique de l'entraîneur du club de rugby local[2], un homme dans la pleine force de l'âge, cadre commercial à l'aéroport de Tarbes-Lourdes-Pyrénées. Il est décédé au cours d'une partie de pétanque. Une boule tirée par l'un de ses partenaires l'a frappé en pleine tête. « Il a été atteint alors qu'il s'approchait

1. *La Charente Libre* (10/09/08).
2. *Midi Libre* (10/08/08).

du cochonnet pour vérifier un point, selon les premiers éléments de l'enquête », est-il précisé.

## Hécatombe de pongistes

Dans le Vaucluse, *La Provence* rapporte une étonnante coïncidence [1]. À Carpentras, le club de ping-pong est sous le choc. Un joueur de 34 ans s'est effondré en plein match, victime d'un arrêt cardiaque. Les pompiers appelés en urgence n'ont pu que constater son décès.

Le drame est hélas assez ordinaire sauf que, dans le même article, on apprend qu'un autre pongiste n'a pas survécu à un malaise. Âgé de 60 ans, il s'est éteint dans la salle de sport de Morières-les-Avignon. Les pompiers, là encore, n'ont rien pu faire.

C'était quelques minutes après le premier décès. À vingt kilomètres de distance…

## Le dernier appel

Cela aurait pu être un drame de la route tristement banal : une embardée, un véhicule qui part contre un mur, un choc terrible et une vie qui s'en va. Ce matin-là, sur la départementale 141 qui serpente à travers la vallée du Lot, la mort a choisi de montrer son pire visage [2].

Annie, 52 ans, a quitté sa maison de Sénergues pour se rendre au travail comme elle le fait tous les jours. Direction Entraygues-sur-Truyère, à une dizaine de kilomètres de là, où se trouve l'usine qui l'emploie. Il n'est pas encore 8 heures et la chaussée est verglacée. Dans un virage qui surplombe la rivière, à hauteur du lieu-dit La Malrieu, la conductrice perd le contrôle de son véhicule. La voiture file tout droit, passe entre deux arbres et plonge dans le Lot. Que s'est-il exactement passé ensuite ? Personne ne le sait. Annie a simplement eu le temps de saisir son

1. *La Provence* (18/01/09).
2. *La Dépêche du Midi* (15/01/09).

téléphone portable et d'appeler Claude, son mari, le père de ses trois enfants.

« Vite, vite, l'eau arrive à la portière... » Ce sont ses derniers mots.

Claude alerte les secours, se précipite dans sa voiture. En quelques minutes, il est sur place. Les gendarmes et des sapeurs-pompiers plongeurs sont là. Le maire de Sénergues et un ami de Claude aussi. Et sous leurs yeux, seules les eaux noires et agitées de la rivière. Ni voiture, ni corps. Claude indique que le véhicule d'Annie est de couleur sombre, il n'est sans doute pas loin, invisible de la rive. Un hélicoptère de la gendarmerie survole le cours d'eau, en vain. EDF, qui gère deux barrages à quelques kilomètres en amont, est alertée. En fermant les vannes, le niveau de l'eau baisserait de plus d'un mètre. Mais les minutes, déjà trop longues, passent. Il faut se rendre à l'évidence : il n'y a plus d'espoir de retrouver Annie vivante.

Le véhicule ne sera repéré que quatre heures plus tard, à plusieurs centaines de mètres de l'endroit où se concentrent les recherches, et par cinq mètres de fond, le corps sans vie d'Annie à l'intérieur.

## L'enfant dans la nuit

Au cœur de l'été, les éditions finistériennes d'*Ouest France* relatent un autre accident en apparence malheureusement ordinaire dans cette région bordée par des dizaines de kilomètres de côtes escarpées : un corps échoué sur les rochers, au pied d'une falaise vertigineuse et abrupte. Une chute, fatale.

Ce n'est pas le premier drame de ce genre et, hélas, certainement pas le dernier. Mais celui-ci est différent. Abominable.

Il est 22 heures, ce mercredi d'août, quand les gendarmes reçoivent l'appel désespéré d'une mère[1]. Elle est allemande, en vacances en famille depuis une semaine sur la côte, à Telgruc-sur-Mer. Deux de ses trois enfants, les plus âgés, ne sont pas rentrés de leur promenade. Sa fille s'appelle Iris et elle a 13 ans, précise-t-elle. Till est son petit frère, il a 10 ans. En début

1. *Ouest-France* (22/08/08).

d'après-midi, ils sont partis sur les chemins côtiers, comme ils en ont pris l'habitude depuis leur arrivée en Bretagne. Ils aiment se promener et jouer entre terre et mer, libres dans cette nature sauvage qu'ils découvrent et adorent déjà.

Le soir venu ils ne sont pas rentrés. On les a cherchés, pensant qu'ils avaient pu se perdre, mais en vain. Et maintenant la nuit tombe, la maman est affolée.

Une patrouille de gendarmerie est immédiatement envoyée sur place. Six véhicules sont chargés de parcourir la côte accidentée pour éclairer les falaises et les sentiers côtiers. Deux heures, trois heures, quatre heures à chercher dans la nuit noire entre les rochers, les pins et la lande bretonne une fillette et son petit frère. Et puis, vers 2 heures 30, une silhouette apparaît dans les phares des gendarmes. C'est Till, le petit garçon de 10 ans. Il est apeuré, tremble, pleure. Il est perdu.

Les gendarmes recueillent l'enfant et l'interrogent. Où est ta sœur ? Depuis combien de temps n'es-tu plus avec elle ? As-tu marché beaucoup ? Longtemps ? Mais Till ne parle pas français. Il ne comprend pas les questions. Il s'agite, mime, veut raconter avec son corps ce qui s'est passé. Et les gendarmes comprennent.

Iris s'est approchée des falaises et a basculé. À quel endroit ? Dans quelle direction ? Le petit garçon ne sait plus, il a marché, a perdu tout repère. Alors les recherches reprennent, mais Iris reste introuvable. Un hélicoptère Super Frelon, spécialisé dans les opérations de sauvetage et les interventions à risques, est appelé en renfort. Il balaie la côte et en quelques minutes, au lever du jour, repère le corps de l'enfant échoué sur des rochers.

Iris est morte. Hémorragie cérébrale. À cet endroit, les falaises sont hautes d'une vingtaine de mètres. La vie aurait quitté son petit corps quelques minutes après le choc.

Rejoint par sa mère, Till a pu tout raconter. Le commandant de gendarmerie était là : « Après avoir vu sa sœur chuter, il a réussi à descendre, on ne sait pas comment. Il est resté un moment à ses côtés. Elle crachait du sang et avait perdu connaissance. Puis il a décidé d'aller chercher les secours mais, selon nos hypothèses, elle était déjà décédée à ce moment-là. »

## Et parfois la chasse tue…

« Ouverture de la chasse : un mort. » En Une d'un grand quotidien régional, le titre avait choqué les lecteurs à tel point que le directeur du journal, dans son éditorial du lendemain, avait dû présenter ses excuses à la famille pour cette fâcheuse maladresse.

Dans toutes les rédactions, quelqu'un connaît l'anecdote et s'empresse de la rappeler quand un nouveau drame se produit. Car, n'en déplaise aux chasseurs, ils font souvent les gros titres de nos gazettes.

### Le vététiste « abattu »

Celui-ci par exemple, entre Lagorce et Vallon-Pont-d'Arc. La quiétude de ce coin d'Ardèche a été brutalement déchirée par le vrombissement d'un hélicoptère du Samu et les sirènes des véhicules de pompiers[1]. L'appel d'urgence reçu au centre de secours était alarmant. Un vététiste était touché. « Faites vite, il perd beaucoup de sang ! », avait indiqué l'homme au téléphone.

Fabio, 24 ans, pédalait avec un ami à travers la garrigue quand il s'est effondré. Une balle dans le dos. Dans cette région de hautes collines où les sangliers prospèrent, le jeune homme a été la victime d'un tir de chasse non maîtrisé. Ni ricochet ni trajectoire détournée, un tir direct. Une balle en pleins poumons qui ne lui a laissé aucune chance. Fabio est décédé en quelques minutes, étendu à côté de son VTT.

1. *Le Dauphiné Libéré* (27/10/08).

Un chasseur, qui venait passer un week-end chez des amis et qui ne connaissait pas la région, s'est présenté de lui-même aux gendarmes. Il a reconnu avoir manqué un sanglier.

## Le chasseur et son chien

La plupart du temps, les accidents mortels tuent les chasseurs eux-mêmes.

Dans le Nord, à Rieulay, une autre partie de chasse a par exemple été fatale à un homme d'une quarantaine d'années[1], tué par sa propre arme. Le quadragénaire aurait voulu dégager son chien pris dans un ruisseau de glace au fond d'un fossé. Il aurait tenté de briser la surface gelée avec la crosse de son fusil. Le coup est parti et l'a atteint en pleine poitrine.

## Glissade mortelle

Frédéric, lui, a été tué par son meilleur ami. À 32 ans, ce jeune homme vivait avec sa compagne et sa petite fille de 6 mois à Feigères, en Haute-Savoie[2]. Il est parti tôt le matin, en ce mois de janvier enneigé, pour une journée de chasse. Une sortie à deux, entre bons copains. Frédéric menait la marche, son ami légèrement en retrait. Ce dernier a glissé dans un passage en pente. Le coup est parti, touchant Frédéric à l'abdomen. Les secours n'ont pu le sauver.

## Tué par son frère

Quelques semaines plus tôt, toujours en Rhône-Alpes, près du village de Saint-Bonnet-le-Courreau[3]. Un homme de 55 ans perd la vie après avoir reçu un coup de fusil en pleine tête.

1. *La Voix du Nord* (05/01/09).
2. *Le Dauphiné Libéré* (04/01/09).
3. *Le Dauphiné Libéré* (29/09/08).

L'auteur du tir est son propre frère, qui a dérapé en franchissant un talus. Il était en état d'ébriété.

## Balles perdues

Fort heureusement, tous les accidents de chasse ne se terminent pas en drame. Certains sont même cocasses. « Un chasseur se tire une balle dans le pied », nous apprend ainsi *Le Bien Public*[1]. On y découvre que l'homme, âgé de 64 ans, est sévèrement touché mais hors de danger. Et qu'il avait été désigné responsable de l'apéro à la pause déjeuner...

Autre titre : « Un chasseur prend une ponette pour un lapin »[2]. L'article est court mais nous donne un peu plus de détails. L'homme, fine gâchette, chassait dans la région de Valenciennes quand, pensant voir un rongeur dans son viseur, il a fait feu. Le petit cheval, qui pâturait sagement dans son pré, a reçu une centaine de plombs dans l'arrière-train. Il a dû être transféré vers une clinique vétérinaire à Gand, en Belgique, pour y subir une lourde opération de chirurgie réparatrice. L'histoire ne dit pas, cette fois, si le chasseur était en possession de toutes ses capacités...

## Scène de guerre

Christian, lui, a porté plainte contre les chasseurs de son village. Il est encore choqué. Le sexagénaire, casquette vissée sur la tête et écharpe autour du cou, grimace à chacun de ses mouvements, qui réveillent la douleur de ses côtes brisées[3]. Dans son garage, il désigne sa voiturette sans permis, bonne pour la casse.

Christian circulait en direction de Villefranche-du-Périgord quand l'accident s'est produit. À l'entrée d'un virage, il entend un coup de feu si proche qu'il pense qu'une balle a traversé son véhicule. Il baisse machinalement la tête tout en gardant

1. *Le Bien Public* (11/01/09).
2. *La Voix du Nord* (03/11/08).
3. *La Dépêche du Midi* (13/01/09).

un œil sur la route et aperçoit un sanglier qui tente de fuir, juste en contrebas de la chaussée. L'animal a été touché, tangue et convulse ! Et voilà que de nouveaux tirs se font entendre, encore plus proches. Christian se crispe, s'agrippe à son volant, ralentit... et découvre, droit devant lui, plusieurs chasseurs, genoux à terre et fusils à l'épaule ! Certains sont postés sur la route, d'autre sur le côté, au sommet d'un talus. Il y a là une vingtaine de véhicules tout terrain arrêtés de chaque côté de la voie.

« Je voulais sortir de cette scène de guerre !, raconte-t-il au journaliste local. J'ai essayé de continuer à avancer en slalomant, mais... » Mais Christian, obnubilé par les canons de fusils braqués sur lui, perd le contrôle de son véhicule. La voiturette zigzague et finit par percuter un des 4 × 4. Le choc est violent. Christian est secoué : « J'ai eu les septième et huitième côtes fracturées. Et mon appareil dentaire a été cassé dans la collision... »

Pour les chasseurs, c'est un accident de la route. Pour Christian, c'est un accident de chasse. Mais comment expliquer aux assurances qu'une battue au sanglier est à l'origine de la destruction de son véhicule broyé, des fractures de ses deux côtes et de la perte de son dentier ?

## Safari dans la Nièvre

En ce jour d'audience ordinaire, le président du tribunal de Nevers est agacé. Une fois de plus, il doit juger une partie de chasse qui s'est mal terminée[1]. Alors, quand le prévenu tente de se défendre, il s'exclame :

— La Nièvre, ce n'est pas le safari !

Le magistrat vise directement Lucien, 63 printemps dont une quarantaine passée à chasser. Quelques semaines plus tôt, alors qu'il s'adonnait à son loisir favori aux environs de Suilly-la-Tour, le chasseur a vu une envolée de perdreaux. Il a armé son fusil et a fait feu. Manqué. En tout cas, les jeunes perdrix n'ont pas été touchées.

1. *Le Journal du Centre* (19/01/09).

Mais des cris de douleur et de colère ont surgi de la campagne déserte. Quatre plombs ont terminé leur course dans le corps d'un cycliste qui circulait par là.

— Je ne connaissais pas bien le terrain et, surtout, le soleil m'éblouissait. Je ne l'ai pas vu, jure le chasseur qui tente une explication étonnante : les plombs ont pu ricocher sur le plumage des oiseaux…

Un chasseur reconnaît difficilement qu'il a complètement manqué sa cible.

La victime présente une tout autre version :

— En passant à vélo, j'ai fait envoler les perdreaux et ce monsieur a visé dans ma direction ! Je l'ai bien vu, il a tiré dans le tas, au hasard !

L'homme se dit traumatisé et raconte que, depuis l'accident, il ne peut plus prendre son vélo pour se promener à travers champs. Il est paralysé par l'angoisse de croiser la route d'un chasseur.

Le tribunal tranche : 500 euros d'amende, 1 200 euros de dommages et intérêts, confiscation du fusil et confiscation du permis de chasser pendant un an.

Pour Lucien, la sanction est lourde et, surtout, humiliante : dans son département, il était chargé des actions de prévention et de sécurité auprès des associations de chasseurs !

## Grosses frayeurs

Le drame, avec les faits-divers, c'est qu'ils prêtent parfois à sourire. À tel point que si ce n'était écrit dans le journal, on croirait à un mauvais gag. Ainsi cet accident qui a emmené une femme, légèrement blessée, à l'hôpital[1]. La malheureuse se rendait à son travail, du côté de Montaigu, quand elle a été surprise par un obstacle qui ne figure dans aucun manuel de conduite : elle a percuté une vache. Pourquoi le ruminant se trouvait-il sur la chaussée, en ville, de si bon matin ? Mystère. Et finalement peu importe : la conductrice et la vache ont pu retrouver leurs proches saines et sauves.

### La surprise de l'autocar

Cet autre accident de la route, quelques jours plus tard, se retrouve dans la rubrique « insolite » d'un journal local[2]. C'est l'histoire d'une conductrice de bus scolaire qui, après avoir fait sa tournée et déposé ses petits écoliers, s'en retourne à son dépôt du côté de Nevers, dans la Nièvre. Soudain, « le véhicule quitte la route, évite deux poteaux, un arbre et un cours d'eau avant de stopper sa course dans un champ en contrebas, sur ses quatre roues », décrit *Le Bien Public*. Sur place, les secours constatent que la conductrice, bien que choquée, est miraculeusement indemne.

1. *Ouest-France* (06/06/08).
2. *Le Bien Public* (13/06/08).

Livide, elle semble déboussolée et tourne autour de son autobus, prenant lentement conscience qu'elle vient d'échapper de peu à un sort tragique.

Chut ! Chut ! ordonne soudain un secouriste.

Ses collègues se tournent dans sa direction, interloqués. Posté devant la porte ouverte du véhicule, il tend l'oreille, ferme les yeux comme s'il méditait et lève les mains devant lui, paumes vers ses interlocuteurs pour leur signifier qu'il veut le silence complet… Et brusquement, il se rue à l'intérieur…

Il n'avait pas rêvé : une voix fluette s'élève des derniers rangs de banquettes, tout au fond du car ! C'est un petit garçon de 4 ans, consciencieusement ceinturé ! Il semble perdu mais, nouveau miracle, il est indemne lui aussi.

Comme tous les matins, le garçonnet avait pris l'autocar pour se rendre à l'école. Mal réveillé et à demi-somnolente, il avait raté le terminus sans que personne ne s'en aperçoive.

## L'homme à la moto

En remontant l'autoroute A35 en direction de Strasbourg à bord de leur véhicule sérigraphié, les policiers ouvrent grands les yeux, scrutant les bas-côtés de la voie rapide. Ils savent qu'ils doivent s'attendre au pire.

Un homme en panique vient de les appeler[1] d'une borne d'urgence. Il a perdu sa femme. Plus précisément, il vient de constater qu'elle n'est plus assise à l'arrière de sa moto. Il avait la tête dans le guidon et ne s'est rendu compte de rien…

Les policiers n'ont trouvé aucune trace de la pauvre femme sur leur chemin : pas de corps, pas de ralentissement anormal et pas plus de signalement pouvant faire penser à la passagère parvenu jusqu'aux services de sécurité de l'autoroute.

Ils questionnent le motard, cherchent un indice, n'importe quel détail qui pourrait être un début de piste pour orienter les recherches. Mais rien, toujours rien, si bien qu'ils commencent à s'interroger : l'homme aurait-il inventé cet accident

1. *Le Dauphiné Libéré* (23/07/08).

rocambolesque pour cacher un crime plus ordinaire ? N'est-il pas tout simplement fou ?

Celui-ci a pourtant l'air véritablement affecté… Il tourne en rond, se ronge nerveusement les ongles et demande à plusieurs reprises l'autorisation d'utiliser le téléphone des policiers. Quelqu'un a peut-être eu des nouvelles de son épouse.

Au cinquième coup de fil, c'est la délivrance. La meilleure amie de sa femme décroche :

— Allô ?

— C'est Patrice…

— Patrice !!! Mais qu'est-ce qui t'a pris ? Tu es devenu complètement malade ou quoi ? Si c'est une blague, elle est de très mauvais goût !

Elle vient toute juste de recevoir un appel de sa copine. Et celle-ci est furieuse. Extrêmement furieuse. Cela fait quatre heures qu'elle attend son mari sur le parking d'une station-service.

Le motard, persuadé que sa femme était remontée en selle après avoir fait le plein d'essence, avait tout simplement remis les gaz, seul sur sa moto. C'était une centaine de kilomètres avant qu'il ne constate son absence !

## L'enfant dans le trou

Le Dragon 29 de la sécurité civile passe pour la troisième fois, à basse altitude, au-dessus des maisons blanches clairsemées entre les arbres. Dans les grésillements de la radio, l'équipage à bord envoie un nouveau message, toujours le même : « rien sur la zone ! » Le ton de la voix est ferme, mais sans inquiétude. Au sol, dans le véhicule tout-terrain des pompiers et dans celui de l'équipe cynophile, le message est passé. Décision est prise de déplacer le dispositif de quelques centaines de mètres.

Un secouriste, qui n'a pas décollé son téléphone portable de son oreille depuis le début des recherches, parle d'un ton le plus rassurant possible :

— Ne t'inquiète pas, nous ne sommes pas loin. Nous arrivons.

— J'ai froid… J'ai mal…, pleurniche une petite voix en guise de réponse.

Il a 12 ans. Il est terrorisé.

Le jeune garçon se rendait à vélo chez un camarade, dans un quartier pavillonnaire et boisé au sud de Quimper, quand il a subitement basculé par-dessus sa bicyclette… dans un trou béant [1]. Une fosse en béton située à la sortie d'une buse. Paniqué, un poignet fracturé, il a tenté de grimper, de sauter, de s'accrocher aux moindres aspérités, mais les parois étaient toujours trop hautes, infranchissables. Il a pleuré, beaucoup, et hurlé « au secours » pour que quelqu'un vienne le sortir de ce piège infernal. Et puis, du haut de ses 12 ans, il s'est souvenu qu'en cas d'accident, il faut appeler le 18. Il a saisi son téléphone mobile flambant neuf.

— Je suis tombé dans un trou ! Je suis coincé ! Je suis dans le bois de Keradennec, a-t-il expliqué, tremblant de peur.

Nouveau message radio, plus soucieux celui-ci : « Rien par ici non plus. Ce n'est pas normal. Il a dû se tromper d'endroit… » Ne surtout pas transmettre à l'enfant l'inquiétude qui monte. La zone de recherches est élargie. Il ne faut plus se cantonner au bois de Keradennec. Les équipes sont redéployées vers un autre secteur boisé, tout proche, de l'autre côté d'une artère très fréquentée. Le bois n'est pas très vaste et, après une heure de recherches, les pompiers parviennent à localiser l'enfant et à le sortir de la fosse dans laquelle il avait chuté. Ils découvrent, aussi, que la vie du garçon tient sans doute à un coup de chance…

Quinze jours avant l'accident, l'enfant n'avait pas encore de téléphone portable.

En cette mi-janvier, le petit garçon aurait-il résisté, blessé et affaibli, à une nuit glaciale et humide de ce bout de Finistère ?

## Géolocalisez-vous…

Dans la campagne varoise, une femme doit elle aussi son salut à son téléphone cellulaire. Plus précisément à sa géolocalisation [2].

1. *Le Télégramme de Brest* (15/01/09).
2. *Var Matin* (04/03/09).

Alerte à la brigade de gendarmerie des Arcs, dans le Var. Une touriste d'une cinquantaine d'années est en ligne, paniquée. En vacances chez des amis à Vidauban, elle se promenait à travers les vignes avec son chien quand celui-ci est tombé dans un puits. Elle a voulu descendre le long du mur de pierre pour le sauver et, explique-t-elle, s'est retrouvée coincée à mi-hauteur dans le trou. Impossible de continuer sa descente ou de remonter à la surface.

Elle est affolée. Sous ses yeux, l'animal est en train de se noyer au fond du puits. Un pompier tente de la rassurer :

— Calmez-vous madame… Nous allons vous sortir de là. Où vous trouvez-vous ?

Elle ne sait plus. Ne connaissant pas la région, elle mélange les points de repères et ses souvenirs. Elle a marché à travers les vignes à la sortie de la ville, mais après ?

— On voyait quelques pins au loin, le relief était légèrement escarpé…

Voilà à peu près toutes les informations tangibles que le gendarme peut obtenir. Autant dire pas grand-chose dans cette région viticole dessinée par les pins, les vignes, les pitons rocheux et les puits de pierres…

Reste alors une solution : la géolocalisation. Elle consiste à situer le téléphone portable de la victime. En vingt minutes, c'est chose faite.

La promeneuse a pu être sortie indemne de son inconfortable posture. Indemne mais traumatisée. Son animal, lui, n'a pu être sauvé. Quelques minutes avant l'arrivée des secours, il a sombré, à bout de forces, dans les eaux stagnantes du puits.

## Lucas et son ange gardien

À 5 ans, le petit Lucas n'avait pas de portable. Il avait mieux : un ange gardien[1].

La grand-mère de l'enfant a donné l'alerte, à Charmes-sur-l'Herbasse, dans la Drôme. Elle l'avait perdu de vue alors qu'il s'amusait à se cacher derrière les arbres dans les bois. Elle avait

1. *Le Dauphiné Libéré* (11/06/09).

compté jusqu'à dix, s'était retournée, avait fait semblant de ne pas le trouver, puis... ne l'avait pas trouvé du tout.

Des véhicules de gendarmes et de pompiers se sont aussitôt engagés sur la zone. Une équipe cynophile a été réquisitionnée. Chaque tronc, chaque fourré a été passé au peigne fin sans que l'on trouve la moindre trace du petit Lucas... Et puis la grand-mère a une nouvelle fois appelé la gendarmerie locale. Son chien, qui avait disparu lui aussi, venait de réapparaître... là, devant chez elle, l'enfant à ses côtés !

Pour les spécialistes canins qui se trouvaient dans les bois, aucun doute possible : l'animal, ne suivant que son instinct et son flair, a guidé le petit garçon jusqu'à la maison.

## Le chien qui pressentait la catastrophe

À Nantes, Gretta a les honneurs d'*Ouest-France*[1]. Sur la photo en tête de page, la chienne, queue entre les jambes et oreilles rabattues, ne s'est visiblement pas encore remise de ses émotions. Son propriétaire, lui, un jeune homme de 24 ans, offre un large sourire au lecteur.

Sur le trottoir, il raconte ce qui lui est arrivé à la journaliste qui prend note : « J'écoutais le jeu des mille euros, il devait être presque 13 heures, commence-t-il comme s'il allait faire le récit de sa dernière sieste. J'entendais bien des petits crépitements, mais je pensais que ça venait des appartements au-dessus. Et puis le chien a commencé à trembler, à s'énerver. Il me sautait dessus. »

Les craquements s'amplifient, se répètent à intervalles de plus en plus réduits. Gretta s'affole, émet des gémissements étouffés, ces appels de détresse que l'homme a appris à reconnaître et qui transpercent le cœur. Que se passe-t-il ? Que veux-tu me dire ?, demande le locataire à sa chienne qui lui répond par des va-et-vient nerveux jusqu'à la porte d'entrée. « Là, j'ai vu la cloison qui se détachait du sol et le sol qui craquelait. » Cette fois, Alexandre a compris ou, plutôt, ne réfléchit plus. Il suit Gretta jusque dans la rue, saisit son téléphone. Le plus prudent est de

1. *Ouest-France* (25/02/09).

prévenir les pompiers. Sur le clavier, il compose le un, le huit… « Craaac ! » Derrière lui, l'appartement du rez-de-chaussée dans lequel il se trouvait quelques secondes plus tôt vient de s'effondrer dans les caves de l'immeuble. Le plancher a cédé sur toute la surface du logement. Tous les meubles, les bibelots, les vêtements, la télévision, le lit, la douche, les ustensiles de cuisine, les CD, les croquettes du chien.. Tout est enseveli sous les gravats.

Alexandre est en apnée. Comme un automate planté sur le trottoir, il secoue la tête en voyant sa vie entassée dans une cave et, d'un geste mécanique, caresse Gretta qui vient de se blottir à ses pieds. À cet instant, il ne comprend qu'une chose : son fidèle bâtard, grâce à un instinct hors pair, vient de lui sauver la vie.

## L'âne et le rottweiler

C'est une autre forme de conte. Une sorte d'épopée chevaleresque. L'histoire d'un âne du genre soupe-au-lait qui sauve sa petite cavalière des crocs d'un redoutable molosse [1].

Louise est une ado qui aime la nature. À 16 ans, rien ne l'enchante davantage que les longues balades sur le dos de son âne Éloi à travers la verdure guingampaise. Elle part seule, rêvant à ses amours ou récitant mentalement ses dernières leçons d'histoire-géographie. Elle observe les oiseaux en cherchant à reconnaître les espèces, admire les arbres et les plantes qui changent tant avec les saisons.

Des aboiements sortent d'un buisson ? Elle parcourt sa mémoire dans l'idée d'identifier ce chien qu'elle a peut-être déjà croisé et qui se manifeste à son passage. « Ce doit être le petit chien que j'ai vu l'autre lundi », se dit-elle en passant sa main sur l'encolure de sa monture pour la rassurer. Quelle méprise ! Un rottweiler surgit du bosquet. Comme enragé, il se jette sur l'âne, qui se cabre. Louise, qui n'a pas eu le temps d'esquisser le moindre geste, est projetée à terre. Elle veut se relever, fuir, mais la voilà à quatre pattes nez à nez avec le molosse qui montre les crocs. Il va se jeter sur elle ! Louise repense à ces horribles

1. *Le Télégramme de Brest* (03/04/09).

histoires qu'elle a vues à la télévision. Des enfants dévorés par des chiens, défigurés et déchiquetés. Combien de temps l'envahit cette sombre pensée ? Le temps d'un éclair, certainement pas plus, qui lui semble durer une éternité.

« Hiiii, hiiii… » Le glapissement du rottweiler fend l'air à la manière un coup de sabre. Sa gueule menaçante vient de voltiger sur la gauche, fouettée par un violent coup de sabot.

Louise a un mouvement de recul. Un geste mécanique, un réflexe de survie. Assise, les mains en appui sur le sol derrière son dos, elle voit Éloi, son brave compagnon, qui repart à la charge, se rue sur le chien et le piétine. Elle se lève, ne réfléchit plus, s'enfuit, court se réfugier chez ses parents. À bout de souffle, elle raconte l'incroyable scène à laquelle elle vient d'assister. Elle n'a rien, tout va bien. Mais Éloi ? Il faut y retourner, le sauver lui aussi.

Ce ne sera pas nécessaire.

Comme dans les fables pour enfants, le brave Éloi, l'âne débonnaire, l'a emporté sur la bête féroce. À l'arrivée de la petite famille, le chien est étendu au sol, agonisant et ne retrouvant de la force que pour grogner quand Louise s'approche de son sauveur.

La fin de l'histoire n'est pas tout à fait celle d'un conte : le rottweiler, qui avait échappé à la vigilance de son propriétaire, a été euthanasié.

## Même quand il n'y a plus d'espoir...

Rien ne vaut un miracle ! De Dunkerque à Menton et de Colmar à Quimper, les journaux de nos régions ont tous un petit faible pour les rescapés et les survivants. Il faut dire qu'entre les accidents, les catastrophes et autres drames, ces véritables odes à la vie valent tous les contes de fée... divers.

### Pierre et Saint-Pierre

« J'ai frappé chez Saint-Pierre, il n'a pas voulu me répondre. J'ai insisté, mais la porte ne s'est pas ouverte. » Sur la route dominant les collines boisées parsemées de vignes, Pierre Delarche prend de la hauteur. Il se fait philosophe : « J'ai le sentiment de faire du rab... Cet accident m'a fait relativiser mes petits soucis... Parce que le bien le plus précieux qu'on ait, c'est la vie... »

À ses côtés, deux femmes sourient un peu gênées. Devant le photographe venu tout spécialement immortaliser l'instant, Pierre leur remet un bouquet de fleurs. « C'est bien le minimum que je puisse leur offrir », déclare-t-il avec émotion avant de répéter des remerciements appuyés[1].

Sans elles, cet artisan de 46 ans, patron de la Société forestière bourguignonne, serait sans doute celui qui reçoit des bouquets et des couronnes, cadavre froid allongé sous le marbre. L'homme, cheveux ras et carrure athlétique, est un miraculé de la route. Un double miraculé de la route, même : sain et sauf

1. *Le Bien Public* (28/08/08).

après une effroyable chute dans un ravin, il a ensuite été sauvé grâce à un formidable concours de circonstances.

Il est 5 heures 45. Le jour n'est pas encore levé. Pierre est de retour d'un déplacement à Paris à bord de son 4 × 4 quand il croise un autre véhicule, plein phares, dans un virage serré à flanc de colline. Ébloui, il donne un coup de volant sur la droite. Son Toyota Land Cruiser se dérobe entre ses mains. À cet endroit, ni parapet, ni barrière. La voiture bascule dans le vide. « Je me souviens des deux premiers tonneaux, et puis plus rien. » Pierre et son véhicule font un bond de plusieurs dizaines de mètres. Le véhicule cogne, rebondit, se froisse à travers les arbres.

De l'autre côté de la vallée, à plus de deux kilomètres de là, Béatrice promène son labrador aux abords de son village. La jeune femme, âgée de 30 ans, se lève aux aurores quand elle doit prendre son poste de factrice à 6 heures 15 pour préparer la tournée du matin.

Plongée dans ses pensées embrumées par le sommeil, Béatrice marque un temps d'arrêt. Samba, sa chienne, lève le museau d'un mouvement vif et s'immobilise. Au loin, une gerbe d'étincelles et des rayons lumineux désordonnés transpercent la nuit dans un tintamarre sourd et métallique. Cela provient de la côte d'Urcy, en face, en contrebas de la route. Béatrice a compris. Une voiture a basculé dans le ravin. « J'étais totalement paniquée, je ne savais quoi faire. » Elle rappelle Samba, il faut rentrer, prévenir les secours. Son cœur lui serre la poitrine. Comment être précise dans ses renseignements ? Comment être claire et rapide ? Que vont découvrir les secours ? Combien sont-ils dans la voiture ? Peut-on survivre à une chute pareille ? Béatrice accélère le pas et… Là, soulagement, de la lumière. Dominique, une des villageoises que connaît bien Béatrice, est debout. Elle se prépare à partir à la pêche quand Béatrice, affolée, apparaît sur le pas de la porte.

— Y'a quelqu'un ? Y'a quelqu'un ?

Les voix des deux femmes se perdent dans la nuit. En attendant les pompiers, elles ont remonté la colline et marchent sur le bord de la route. Appels dérisoires face à la mort quasi certaine du ou des occupants du véhicule.

— Y'a quelqu'un ? Vous nous entendez ? répètent-elles en perdant peu à peu espoir. Les minutes passent, interminables, quand soudain, sous leurs pieds, venant d'on ne sait où à travers les buis, quelqu'un leur répond :

— Oh ! oh… Par ici !!!

Un homme est là, invisible mais vivant. Sa voix est lointaine. Béatrice et Dominique doivent hurler :

— Les secours arrivent !!! Tenez bon…

Les sapeurs du Groupe de reconnaissance et d'intervention en milieu périlleux mettront plusieurs heures à extraire Pierre Delarche de son véhicule, broyé entre les arbres… soixante-dix mètres en contrebas de la route. Le chef d'entreprise est sonné, mais sain et sauf.

Devant le journaliste, il insiste pour saluer le sang-froid des deux femmes. Car il sait bien qu'un seul miracle n'aurait pas suffi à le sauver : prisonnier de son véhicule, plusieurs dizaines de mètres sous une route où les automobilistes passent sans ralentir, Pierre aurait pu appeler à l'aide jusqu'à son dernier souffle, sans que personne ne s'en aperçoive.

## Ne compter que sur soi

Lui aussi est un miraculé, et sa vie ne tient encore qu'à un fil lorsqu'il ouvre péniblement les yeux.

La lumière du jour est violente. Rien ne semble réel autour de lui. Son corps le martyrise et chaque geste est un combat contre la douleur. Depuis combien de temps est-il là ? Que s'est-il passé ?

La voiture. Le vide. La mort. Des débris de souvenirs s'entrechoquent dans son cerveau. Il a soif, n'a plus de forces. Un hélicoptère de la gendarmerie passe au loin. Les recherches sont en cours. Un sursaut. Il faut tenir. Il faut bouger, s'extraire de cet amas de ferrailles. Mais que faire quand notre propre corps fait savoir qu'il préfère abandonner ?

Matthieu, 33 ans, est porté disparu. Il a été vu pour la dernière fois quittant son domicile de Saint-Germain-Laprade, en

Haute-Loire[1]. Il était au volant de sa vieille Peugeot 205 camionnette. Dans ce coin d'Auvergne déchiré par les gorges sauvages, chaque route est un danger. Chaque virage, chaque vallon, chaque cours d'eau est une menace.

Une centaine de gendarmes se déploie vers les secteurs où l'homme a ses habitudes. Des équipes à pied ratissent les sentiers qui mènent à ses coins de pêche favoris tandis que d'autres reprennent les itinéraires qu'il est susceptible d'avoir empruntés pour rendre visite à un proche ou faire quelques courses. Un hélicoptère survole à basse altitude les zones les plus difficiles d'accès. Mais l'homme reste introuvable. Et pas la moindre trace de la camionnette.

La nuit tombe, ce mardi soir, sur les maisons en pierres de Saint-Martin-de-Fugères et Goudet. Au lieu-dit Bonnefont, le long de la départementale qui relie les deux villages, Matthieu s'écroule dans les bras d'une femme. Elle vient de lui ouvrir la porte de sa vieille bâtisse isolée. Il est sauvé.

Matthieu a passé quatre jours dans la carcasse de son véhicule. Quatre jours à attendre les secours. Ils ne seraient sans doute jamais venus jusqu'à lui. Ou trop tard. Sa vieille camionnette a quitté la route dans un virage et a fini sa course une centaine de mètres plus bas, encastrée dans les arbres, totalement invisible depuis la départementale et même depuis les airs. À quelques mètres de là, au fond du même précipice, l'épave d'une autre voiture est manifestement abandonnée depuis plusieurs années.

Victime de multiples fractures et d'un traumatisme crânien, l'automobiliste est finalement parvenu, porté par la rage de survivre et au terme d'interminables souffrances, à s'extraire de son cercueil de tôles froissées. Il lui a encore fallu plusieurs heures pour remonter la paroi escarpée jusqu'à la route sur laquelle il circulait quatre jours plus tôt.

1. *Le Progrès* (21/05/09).

## Descente en cabine… de douche

Louis de Funès aurait sans doute joué la scène à merveille et le public, dans la salle, aurait ri. Hélas, ce n'est pas du cinéma. Le décor est un petit studio au troisième étage d'un immeuble de logements sociaux, à Dunkerque[1]. Un immeuble de briques, cubique et sans charme.

Un jeune homme sifflote en se savonnant sous la douche quand, tout à coup, il est pris d'une étrange sensation. Sous ses pieds, le bac de douche tremble ! Le garçon esquisse un geste pour se dégager. Trop tard. Dans un fracas assourdissant, la cabine traverse le plancher comme un ascenseur et s'écrase dans une douche identique à l'étage inférieur. Le choc est terrible. Et rebelote. Patatras. Le plancher du deuxième cède à son tour sous le poids de l'homme nu et de sa cabine. Tout le monde descend… jusqu'au premier étage qui, cette fois, résiste.

Attirés par le vacarme de la dégringolade, des résidents accourent et découvrent le malheureux recroquevillé sous les décombres. Grièvement blessé, il est aussitôt transporté vers le centre hospitalier de Dunkerque.

Les policiers, eux, observent ahuris le trou béant causé par la cabine sur deux niveaux. Comment une chose pareille est-elle possible ? Des experts vont leur apporter la réponse : la structure des cabines de douche n'était pas assez solide. Les bacs ne reposaient pas sur le plancher mais étaient simplement scellés de chaque côté. C'est presque une chance si le premier niveau n'a pas craqué lui aussi…

## Le miracle du prêtre

Le poids des mots, le choc des photos. *Le Dauphiné Libéré* aurait pu reprendre le célèbre slogan de *Paris Match*. Le cliché montre un homme suspendu par un membre au quatrième étage d'un immeuble. Sa jambe, repliée, est coincée entre un volet entrouvert et une fenêtre, tandis que le reste de son corps

1. *La Voix du Nord* (18/02/09).

balance, tête en bas, au-dessus du vide. Il agite les bras, se contorsionne pour se redresser comme s'il cherchait à agripper le volet du bout des doigts. Dix mètres plus bas, une petite foule de passants lève la tête. L'un d'eux, les mains posées sur la tête, semble ne pas croire ce qu'il voit. Sa voisine se cache le visage derrière un châle, prête à le remonter sur ses yeux si le pire devait arriver. Les pompiers ont dressé la grande échelle avec à son sommet, embarqués dans la petite nacelle de secours, deux sapeurs. Ils ne sont plus qu'à quelques mètres de l'homme suspendu.

« Un prêtre miraculé ! », titre *Le Dauphiné*[1]…

Le père Clodius Bochet, bientôt 85 ans, ne doit la vie qu'à un extraordinaire coup de chance. Le curé en retraite a basculé par la fenêtre de son appartement, au cinquième étage de cet immeuble abritant la maison diocésaine de Saint-Jean-de-Maurienne. Le journal, charitable, choisit ses mots pour conter la maladresse de l'octogénaire qui n'a plus toute sa tête : « Presque aveugle, sans doute désorienté dans son appartement, il a confondu la porte et la fenêtre… »

Bien décidé à prendre l'air, le pauvre homme ne s'est pas méfié de la hauteur inhabituelle du pas-de-porte, pas plus qu'il n'a été freiné par le garde-corps qui lui barrait le passage…

Sa chute, qui lui aurait très certainement été fatale sans le volet entrouvert du locataire du quatrième, n'a duré qu'un étage. Et les pompiers l'ont récupéré indemne.

## Sauvé par le hasard

Adam est un autre miraculé. Il est beaucoup plus jeune que le père Bochet. Il a trois ans.

Devant le petit immeuble où il vit auprès de sa maman, les résidents sont regroupés dans la rue, tous tournés vers la façade jaunâtre barrée de longs balcons à tous les étages. Une jeune femme est encore toute tremblante. Elle réalise peu à peu que, sans s'en rendre compte, elle a sans doute sauvé la vie du garçonnet.

1. *Le Dauphiné Libéré* (10/09/09).

Ce matin-là, Adam joue sur son balcon, au troisième étage[1]. Il s'invente des histoires en faisant rouler une petite voiture sur le muret qui lui arrive à hauteur d'yeux. Il découvre d'ailleurs, ô merveilles de la vie !, qu'il est maintenant assez grand pour voir au loin. Il se dresse sur la pointe des pieds et lève les bras pour attraper la rambarde de sécurité située à une vingtaine de centimètres au-dessus du muret. Les yeux écarquillés, l'enfant dévore le spectacle de la rue, dix mètres plus bas.

Il est un peu plus de 10 heures. Au deuxième étage, Laurence, une jeune mère de famille, sort sur son balcon sans prêter attention au petit garçon exceptionnellement silencieux. Comme elle le fait presque tous les matins d'été quand les premiers rayons du soleil viennent cogner aux vitres du salon, elle déroule un large store qui lui permettra de conserver un peu de fraîcheur dans son appartement. Puis elle rentre. Et entend un grand « boum ». Un fracas qui vient de l'extérieur.

Adam a basculé par-dessus la rambarde du balcon. Dans sa quête de découverte, il est allé chercher une caisse en plastique sur laquelle il a grimpé.

Au pied de l'immeuble, tous les habitants, alertés par le bruit, sont rassemblés autour des pompiers qui prennent en charge le petit garçon. Il est en vie, c'est inespéré : simple fracture du fémur. Cela ne restera qu'un mauvais souvenir… Et un incroyable miracle : sa chute a été amortie par le store de Laurence.

À quelques minutes près…

---

1. *Nice Matin* (17/08/09).

Troisième partie

# LES HISTOIRES D'AMOUR FINISSENT MAL (EN GÉNÉRAL)

L'amour est une spécialité française, dit-on. Un peu comme la gastronomie. Nous avons nos grands chefs (Verlaine, Baudelaire, Gainsbourg…) et surtout, des millions d'amateurs inventifs qui cherchent, avec plus ou moins de succès, la recette idéale.

Les soixante et un quotidiens régionaux de France sont comme autant de tomes d'un grand livre de la cuisine de l'amour. Un exemple parmi tant d'autres, ce 1er août 2009. Pleine page, *Presse Océan* conte à ses lecteurs la belle audace de Grégory qui, devant 6 000 personnes réunies sur les gradins du Futuroscope de Poitiers, a profité d'un entracte pour demander sa main à Aurore, sa compagne depuis dix ans. Le même jour, *L'Union de Reims* s'amuse de l'accès de folie d'un mari en instance de divorce qui a entrepris de partager tous les meubles du foyer à la tronçonneuse… Ainsi de suite, serait-on tenté d'écrire, tellement les passions de jeunesse ou les drames conjugaux alimentent les rubriques de nos gazettes.

Pour l'amour d'une femme, d'un fils ou d'un amant, les Français sont décidément prêts à tout. Au meilleur comme au pire.

## Cupidon à la Une

Ce qu'ils ont fait, ils l'ont fait par amour. Pas pour la gloire. Leur histoire a pourtant fait les gros titres du journal de leur région. Et dans le courrier des lecteurs, sur les sites internet des quotidiens, ils sont devenus des « princes charmants » ou des martyrs de la folie amoureuse.

### Le journal des grandes annonces

Le garçon a remonté le col de son manteau sur sa nuque et marche à grandes enjambées, la tête dans les épaules. En cette nuit noire de février, un vent glacial pince la peau. Tous les dix ou vingt mètres, il se retourne et jette un regard panoramique en direction des auréoles blafardes des réverbères.

Mieux vaut être prudent, si jamais quelqu'un…

Il porte dans une main un seau en plastique et un gros pinceau. Sous l'autre bras, coincé entre son coude et ses côtes, un long cylindre en carton. Il s'arrête. Là, ce mur. Personne à l'horizon. D'un coup de pinceau vif et précis, il délimite un grand rectangle vertical et trace une croix grossière sur les diagonales du quadrilatère. Il sort de son étui en carton un rouleau de papier, déroule une petite affiche, l'applique d'un revers de la main sur la colle qui s'imprègne aussitôt. Il recule de deux pas. C'est parfait, murmure-t-il pour lui-même en admirant son chef-d'œuvre.

Le téléphone sonne. Il n'y a que lui pour téléphoner de si bonne heure, se dit Sandrine en glissant une pince dans ses cheveux.

— C'est Fabrice…
— Comment ça va mon amour ?
— Tu vas à l'hôpital ce matin ?
— Bien sûr mon chéri. Je prends mon service dans vingt minutes.
— Prends ton appareil photo avec toi.
— Je suis infirmière, je ne…
— À plus tard. Je t'aime.
— Mais…

La porte claque. Sandrine fait pivoter la clé dans la serrure. Ses gestes sont mécaniques, comme tous les matins, sauf que ce matin-là, ce n'est pas à ses patients qui l'attendent à l'hôpital de Dijon qu'elle pense en sortant de sa résidence, c'est à ce coup fil mystérieux de Fabrice.

En une fraction de seconde, elle comprend. De l'autre côté de la rue, une forme fuchsia qu'elle n'avait jamais remarquée a attiré son attention.

« Sandrine, je t'aime ! Je te le demande tout de go : veux-tu m'épouser ? »

Son cœur s'emballe et les pensées se bousculent dans sa tête, chacune voulant prendre la place de l'autre : fuchsia, sa couleur préférée, le coup de fil, l'appareil photo qu'il lui demande d'emporter, « tout de go », cette expression qui la fait sourire…

« Il est fou ! », s'exclame-t-elle en photographiant l'affichette. Elle doit l'appeler, lui dire « oui ». Tout de suite. Mais là, une autre petite affiche, quelques mètres plus loin. Elle se précipite. Et là-bas, encore une. Sur le chemin qui la mène de son domicile jusqu'au parking où se trouve son véhicule, quarante fois le même message, la même demande en mariage !

Fabrice tourne en rond. Pourquoi ne l'appelle-t-elle pas ? Son plan aurait-il échoué ? Est-il possible qu'elle n'ait pas vu les affichettes ? Aurait-elle pris un autre chemin, exceptionnellement – justement ce jour-là ! – pour se rendre au travail ?

Après une interminable journée d'attente, le mot « chérie » s'est affiché sur son téléphone portable. C'était elle, enfin !

— Oh mon amour je suis épuisée, ils ont été insupportables aujourd'hui ! Ces malades, dès qu'on s'occupe bien d'eux, ils abusent. Ils pensent sans doute que…

Sandrine, comme chaque fois qu'elle passe une soirée seule chez elle, lui raconte au téléphone la vie à l'hôpital, veut tout savoir de ce que Fabrice a fait depuis le matin, regrette de ne pouvoir être dans ses bras ce soir-là…

Elle l'embrasse et raccroche. Fabrice n'en croit pas ses oreilles : elle n'a pas dit un mot à propos du coup de fil du matin, et pas une allusion aux affichettes !

« Et Sandrine a répondu… oui ! », claironne le titre en gros caractères[1]. Fabrice s'y reprend à deux fois, parcourt l'article dans tous les sens sans véritablement lire ce qui y est raconté. « Quarante affiches identiques », « coup de téléphone », « appareil photo »… Il éclate de rire. Entre des problèmes de voiries dans le quartier de la gare et un reportage sur l'optimisme des viticulteurs de la région concernant les vendanges de l'année, c'est sa propre histoire qui s'étale sur trois colonnes du journal !

« Naturellement, en ayant placé la barre aussi haut, Fabrice méritait une réponse à la hauteur », commente le journaliste en livrant la réaction de Sandrine : « J'ai pensé que lui donner ma réponse dans les colonnes du journal, c'était la meilleure des solutions. » Et l'article de conclure la belle histoire : « Au fait, au risque de nous répéter, Fabrice, si vous lisez ces lignes, sachez qu'elle a dit oui. »

## Amour destructeur

Hélas, comme au cinéma, les romances de nos gazettes n'ont pas toutes un *happy end*. Loin s'en faut. Voyez ce jeune homme de 24 ans, prêt à commettre l'irréparable pour un amour non payé de retour. La scène, terrifiante, se tient en pleine rue dans un quartier populaire entre Nantes et Saint-Herblain[2].

---

1. *Le Bien Public* (14/02/09).
2. *Presse Océan* (08/06/08).

Vers minuit, le garçon se présente au domicile de son ex-petite amie. Il veut discuter, simplement échanger quelques mots, la voir. Elle ne le laisse pas entrer. Depuis le bas de l'immeuble, il insiste, hurle. Elle, à sa fenêtre, prend peur. Le ton monte. Le jeune homme devient très menaçant. Puis jure qu'il va se suicider. Alertés par les hurlements, des voisins préviennent la police. Mais il est déjà trop tard, l'amoureux est devenu fou. Il sort un bidon d'alcool à brûler du coffre de sa voiture et en vide le contenu sur ses vêtements. Puis allume un briquet. Son corps s'embrase en quelques secondes. Le jeune homme se met à marcher, mécaniquement sur une voie de tramway, en s'éloignant de l'immeuble. Un véhicule arrive à contresens, ralentit, semble hésiter, puis s'arrête. L'automobiliste sort, se jette sur le désespéré et le plaque sur la bande de gazon qui couvre la voie du tram. À l'aide d'un vêtement, il parvient à étouffer les flammes. Héroïque. Mais, hélas, insuffisant. Brûlé à 70 %, le jeune homme est hospitalisé dans un état critique. Il ne sera sauvé qu'après de nombreuses semaines de soins et de multiples greffes de peau.

## Ensemble à la vie, à la mort

« Je l'ai vu lundi, il était normal, pas contrarié, mais j'aurais dû me douter que quelque chose n'allait pas. D'habitude, il me paye à la semaine, là, il m'a payé tout de suite 1,60 euro. »[1] Le boulanger fond en larmes. Comme tout le monde dans le quartier, il connaissait Michel Pasquet et sa femme Andrée depuis des années. Il avait même instauré un petit rituel avec ses voisins retraités devenus ses amis : tous les deux jours, il leur livrait une boule de pain à domicile. « C'était un couple d'une gentillesse inimaginable, sans histoires, amoureux fou », reprend-il en passant un mouchoir sur ses yeux. Une dame lui prend la main : « C'est un geste dramatique, mais beau aussi… »

Les corps sans vie des époux Pasquet ont été retrouvés dans leur pavillon de Cosnac, près de Brive. L'enquête a établi que Michel, 77 ans, a tué Andrée, 88 ans, avant de se suicider.

1. *La Montagne* (06/08/08).

À la tombée de la nuit, le septuagénaire a fermé tous les volets de la maison puis a monté son épouse invalide dans leur chambre. Après avoir tenté en vain de l'étrangler, il lui a tiré une balle dans la tempe. Il est ensuite descendu dans le garage pour mettre fin à ses jours. Il ne s'est laissé aucune chance de survie : debout sur une chaise, il a passé une corde autour de son cou puis a retourné son 22 long rifle contre lui.

Sur la table de la cuisine, les gendarmes ont trouvé une lettre « signée des mains de Monsieur et Madame », selon le commandant de brigade. En quelques lignes, Michel et Andrée y expriment leur décision de disparaître ensemble, puis font connaître les détails de leurs volontés testamentaires.

La tristesse est immense dans le quartier, où chacun a eu l'occasion de rendre ou de demander un service au retraité et à « sa Doudou », comme il n'avait jamais cessé de l'appeler. On se souvient que lui, toujours affable, était de plus en plus accablé par la maladie qui la clouait dans un fauteuil depuis des années. Des voisins font remarquer que « ces derniers mois, il en parlait plus souvent ». Le boulanger évoque ce jour où il a suggéré à Monsieur Pasquet « de placer Andrée, ne serait-ce qu'un mois, pour souffler un peu ». Surtout, il n'a pas oublié la réponse du vieil homme, toujours la même : « Jamais de la vie ! »

Le regard du commerçant se perd dans le vague : « Michel venait d'apprendre qu'il était atteint d'un cancer… »

## Le cœur a ses raisons que la justice ne connaît point

Les actes d'amour sont par nature déraisonnables. Les rubriques judiciaires de la presse quotidienne régionale nous le rappellent tous les jours. Combien sont-ils, citoyens ordinaires ou amoureux farfelus, à défendre leurs « bons sentiments » sur les bancs d'un tribunal ?

### La loi est la loi

Pauvre homme qui s'éloigne du vieux tribunal en pierres grises de Saint-Malo. Condamné pour avoir commis un geste d'amour ! Un petit bricolage pour transformer une plaque minéralogique sans âme en un message de tendresse : un « 1 » légèrement rectifié en « I », un « 8 » partiellement effacé pour devenir un « S » et… B18OUS était devenu BISOUS[1].

Le fautif, un sexagénaire anglais, quitte l'audience les larmes aux yeux. Cette plaque, il y tenait. C'est son fils qui l'avait confectionnée, comme un clin d'œil typiquement britannique à sa bien-aimée, une Française auprès de laquelle il était venu vivre dans la cité malouine. À la mort prématurée du garçon, le sexagénaire avait tenu à récupérer la plaque et, à chaque fois qu'il était de passage en France, il l'apposait sur son propre véhicule en souvenir de son fantasque fiston. Jusqu'au jour où il s'est fait pincer par une patrouille.

Ses explications n'ont pas ému les policiers, qui lui ont répondu : « Article L317-2 du Code de la route. » En clair :

1. *Le Télégramme de Brest* (06/03/09).

falsification de plaque d'immatriculation, un délit sanctionné par « cinq ans d'emprisonnement et de 3 750 euros d'amende ».

Le tribunal correctionnel de Saint-Malo a été beaucoup plus clément : 150 euros d'amende avec sursis. Et, bien sûr, obligation de rétablir les plaques d'origine…

## Amoureux ou fétichiste ?

Quelques semaines plus tôt, à l'autre bout de la Bretagne, le tribunal de Quimper se penchait sur le cas d'un jeune homme « un peu trop amoureux ».

Dans le box des accusés, le garçon est taiseux, renfermé sur lui-même, comme effrayé par ces regards qui convergent en sa direction[1]. Joue-t-il son rôle à la perfection ou est-il véritablement souffrant, comme il le prétend ? S'il est là, dit-il, c'est à cause de sa timidité maladive.

Ses victimes, assises face à lui, le regardent avec un air de pitié. Elles sont deux, elles ont un peu plus de 20 ans et habitent la petite ville de Concarneau.

Un soir en rentrant chez elle, Manon, la première, s'aperçoit que l'automobiliste qui la suit a un visage qui ne lui est pas étranger. Depuis quelques jours, elle a même la désagréable impression de le croiser un peu trop souvent. Sur son lieu de travail, au pied de son immeuble, dans la rue… Il est là, partout.

Et puis, il y a autre chose qui la tracasse. C'est cette histoire de cambriolage. La porte de son appartement a été forcée, mais rien n'a été dérobé. Rien sauf… sauf une robe, un pantalon et une paire de chaussures. Était-ce le même type ? Et si c'est lui, que veut-il à la fin ? Pourquoi reste-t-il à distance, à épier ainsi ? Pourquoi dérober ces quelques vêtements sans valeur ?

Ce soir-là, ses angoisses se confirment quand, en arrivant à son domicile, elle découvre que la porte de l'appartement est bloquée. Elle a beau forcer sur la poignée et pousser de toutes ses forces sur la clé, rien n'y fait. « Encore lui ! », s'énerve-t-elle en se retournant avec la ferme intention, cette fois, d'aller porter plainte.

1. *Le Télégramme de Brest* (09/01/09).

Stupeur ! Il est là, sur le palier. Manon sursaute, s'affole, veut appeler au secours, mais aucun son ne sort de sa bouche. Elle se jette instinctivement sur la porte de son appartement comme si, par miracle, elle allait cette fois s'ouvrir pour lui permettre de se réfugier à l'intérieur. Elle veut s'enfuir, mais où ? Comment ? Il fait barrage. Elle le regarde fixement dans les yeux. Et c'est lui qui prend peur. Sans dire un mot, il la bouscule et disparaît aussitôt dans la cage d'escalier…

Quelques mois plus tard, au commissariat de Concarneau. Une jeune femme se présente pour déposer une main courante. Elle s'appelle Ingrid. Elle vient d'être victime d'un cambriolage étrange. Alors que le voleur aurait pu emporter un ordinateur portable ou des bijoux, il a préféré s'emparer d'un jean, de quelques bustiers et de deux ou trois paires de baskets.

— Je pense savoir qui c'est, il me suit partout…

Pour les policiers, l'affaire est entendue. La déposition de la jeune femme ressemble en tout point à celle d'une autre fille, une certaine Manon. Même mode opératoire, même quartier et, surtout, même jeune homme… Car toutes deux le connaissent.

À la barre du tribunal de Quimper, le garçon reconnaît tous les faits. Et il les explique :

— J'ai connu les deux filles au lycée en 2005 et j'en suis tombé amoureux. J'ai fait une véritable fixation sur elles et comme je suis timide, j'ai agi de la sorte.

Le juge n'a pas retenu le geste amoureux, mais plutôt la perversion fétichiste. Il a condamné le « grand timide » à un mois de prison avec sursis et à l'obligation de rembourser ses victimes… pour les frais vestimentaires occasionnés.

## Défaillance sentimentale

Celui-ci risque la prison pour avoir voulu « attirer l'attention de son ex-petite amie », nous apprend *Sud Ouest*[1]. Il faut dire que le garçon n'a pas fait dans la demi-mesure.

1. *Sud Ouest* (27/10/09).

Les cinq cents passagers du TGV La Rochelle-Paris n'ont pas été immédiatement informés des raisons pour lesquelles leur voyage s'était interrompu au bout d'une heure, à hauteur de Saint-Maixent-l'École, dans les Deux-Sèvres. « Un incident sur la voie nous oblige à arrêter le train. La SCNF vous prie de l'excuser pour le retard occasionné… », a simplement annoncé le conducteur. Cependant, en apercevant au loin les véhicules de pompiers se diriger toutes sirènes hurlantes vers l'arrière du train, ils ont vite eu le pressentiment que quelque chose de grave venait de se passer. Une rumeur a remonté les wagons. Quelques-uns avaient vu « une voiture sur la voie ». Il y avait « un passage à niveau »…

La confirmation a fini par arriver dans les haut-parleurs : le TGV venait de heurter un véhicule immobilisé entre les barrières. « Il était vide, il n'y avait personne à bord… », précisait laconiquement l'annonce.

Au bout de deux heures et demie d'attente, le train à grande vitesse et ses passagers sont repartis avec leurs rumeurs et leurs angoisses : comment une voiture peut-elle se trouver seule sur les rails ? ! Pourquoi ces camions de secours ? Il y a forcément des blessés, si ce n'est des morts ! La SNCF ne nous a pas tout dit…

« L'incroyable collision du TGV La Rochelle-Paris », titre *Sud Ouest* le lendemain. Avec cette petite phrase mystérieuse en guise d'accroche : « C'est une défaillance sentimentale, et non mécanique, qui l'explique. »

Le « défaillant » est un étudiant de 19 ans. Il a avancé son véhicule sur le passage à niveau, s'est arrêté au milieu des voies puis est monté sur le capot de la voiture. Là, il a attendu l'ultime seconde avant le choc pour sauter sur le bas-côté. Par miracle, il n'a pas été blessé.

Entendu par les gendarmes, le garçon a expliqué qu'il voulait « attirer l'attention » de son ex-petite amie, qui n'était autre que la fille du garde-barrière dont la maison se situe à quelques mètres du passage à niveau.

On peut dire qu'il a réussi son coup : l'adolescente, qui a assisté à la scène depuis la fenêtre de sa chambre, n'est pas près d'oublier son geste d'amoureux désespéré. En revanche, il n'est pas certain qu'elle soit totalement reconquise : elle a été tellement choquée qu'elle a dû être hospitalisée.

Pour couronner le tout, il pourrait être jugé pour mise en danger de la vie d'autrui. Il encourrait alors jusqu'à un an de prison[1].

## La demoiselle et ses amis ravisseurs

Céline P., elle, voulait récupérer le garçon qui ne l'aimait plus. Coûte que coûte. Portée par l'insouciance de ses 20 ans, elle a donc imaginé un plan diabolique : pour « attendrir » le jeune homme, elle a organisé son propre enlèvement…

La mise en scène était si parfaite que les forces de l'ordre et la presse s'en sont saisi : « Enlevée à Bordeaux, relâchée à Marmande », titrait le quotidien local en évoquant « un rapt mystérieux » pris « très aux sérieux par les policiers et les gendarmes »[2].

Quartier de la Gravette, à Marmande, des témoins racontaient avoir vu « une grosse BMW gris anthracite débouler et s'arrêter au pied d'un l'immeuble », puis « le conducteur en descendre, ouvrir le coffre et en sortir une fille avant de la déposer à terre ».

Céline P. est inerte. Ses mains sont liées et son visage est couvert par un sac-poubelle. Tandis que des riverains accourent vers elle, quatre jeunes gens du quartier sautent dans une voiture et prennent en chasse la BMW qui s'enfuit dans un crissement de pneus. La course-poursuite dure une dizaine de minutes avant que les fuyards ne parviennent à disparaître.

À l'hôpital de Marmande où elle a été transportée, la jeune femme, choquée, explique qu'elle a été enlevée à Bordeaux. Pour le reste, c'est le néant. « Je ne me souviens de rien… Ils m'ont certainement droguée… », répète-t-elle aux urgentistes.

Un journaliste conclut : « Elle semble n'avoir commencé à recouvrer ses esprits qu'au moment où elle a été "déposée" au pied de cet immeuble. Après examen, les médecins pourront

1. À l'heure où nous écrivons ces lignes, l'instruction n'est pas close. Une expertise psychologique du jeune homme a été demandée pour déterminer s'il était pénalement responsable de ses actes au moment des faits.

2. *Sud Ouest* (04/10/09).

savoir si elle a subi, ou non, des violences. » Puis : « Cette affaire est pour l'heure très mystérieuse et comporte de nombreuses zones d'ombre quant aux motivations des occupants de la BMW. Connaissaient-ils, ou non, leur victime ? Ont-ils été mandatés pour lui faire peur ? S'agit-il d'un règlement de compte ou d'un différend amoureux ? Pour l'heure, toutes les hypothèses sont plausibles. »

Le lendemain, tout le monde y voit plus clair. Surtout les enquêteurs. Sur les indications des jeunes qui avaient poursuivi les ravisseurs, ils ont vite localisé la BMW et ses occupants, un homme et deux femmes. Ces derniers n'ont pas fait de mystères : Céline P. leur a demandé de simuler un rapt et de la déposer au pied de l'immeuble de son ancien petit ami. Ils sont partis ensemble de son domicile, direction Marmande, et, peu avant d'arriver à destination :

— Elle nous a demandé de lui ligoter les poignets avec du ruban adhésif, de lui mettre un sac sur la tête et de l'enfermer dans le coffre.

— On a voulu lui faire plaisir…

— Elle espérait que son ex aurait pitié d'elle…

Céline P. a été condamnée à un mois de prison ferme pour dénonciation de crime imaginaire. « L'ex », lui, ne s'est pas manifesté.

## Rentre à la maison !

Cette autre jeune femme, dans l'Est de la France, a imaginé un enlèvement encore plus rocambolesque. Et l'a payé très cher.

Dans le fourgon qui passe la lourde porte de la maison d'arrêt, elle est en pleurs. Mais c'est une habitude chez elle. C'est d'ailleurs à cause de cette sensibilité à fleur de peau qu'elle va vivre quelques semaines derrière les barreaux.

Angélique n'a pas supporté que son dernier petit ami, un jeune homme de Vitry-le-François, dans la Marne, la quitte après trois mois d'amour intense. Alors elle a mis au point un plan. Un plan qu'elle a élaboré dans le salon de son deux-pièces sans âme de Châlons-en-Champagne… [1]

Ce jour-là, Angélique n'en finit pas de pleurer son amour perdu. « Il faut qu'il revienne. Je n'en peux plus. Il m'évite et ne répond même pas à mes messages. Il a même fui en me voyant à la sortie de son travail… », articule-t-elle entre deux sanglots sur l'épaule réconfortante de son cousin Victor. Lui ne trouve pas les mots qui conviendraient. Son truc, c'est plutôt les échanges virils entre hommes. Le grand gaillard un peu rustre se tait, cherche un geste utile, une caresse, mais ses grosses mains de travailleur sont maladroites. Angélique se redresse, sèche ses larmes en passant ses index sur ses pommettes écarlates. De toute façon, ce n'est pas pour sa finesse d'esprit ni pour son sens de la psychologie féminine qu'elle a fait venir son cousin. « Je veux qu'il vive ici, avec moi dans cet appartement, et qu'il n'en sorte plus. Il faut que tu me le ramènes… », supplie-t-elle dans un dernier assaut lacrymal. Le sourcil gauche de cousin Victor se dresse, signe chez lui d'une violente réflexion. Et ses grosses pattes si embarrassées quelques secondes auparavant retrouvent leur savoir-faire. Ses doigts craquent entre ses mains entrecroisées.

Fin d'après-midi devant la gare de Châlons. Cousin Victor vérifie une dernière fois que le coffre de la voiture s'ouvre sans résistance. Tout est en place. Il pénètre dans le hall SNCF et se mêle aux usagers qui vont et viennent en silence. Le vautour rôde. Et repère vite sa proie. D'un mouvement de tête, il donne le signal à deux types qui l'ont rejoint à l'entrée du bâtiment et qui se tiennent au garde-à-vous dans son dos. L'opération est lancée.

Les deux sbires fondent sur un jeune homme qui accède au quai des départs pour Vitry. Sous les yeux des passagers, ils le saisissent par les bras. Le garçon se débat, s'agite, proteste, bouscule ses agresseurs qui lâchent prise. Sans réfléchir, il court en direction du quai où il sait qu'un ami l'attend. Lui attrapant le bras, il lui décrit confusément la scène, cherche des explications. Ses jambes se vident de toute force, il tremble. Ses agresseurs sont

1. *L'Union de Reims* (19/11/08).

encore à portée de vue, de l'autre côté de la voie. Et là… c'est elle ! Elle est folle ! Angélique, à qui Victor est allé expliquer que son plan ne s'était pas tout à fait déroulé comme prévu, vient d'apparaître sur le quai.

Elle approche en courant, suivie par ses hommes de main, une arme de gros calibre dressée devant elle !

— Viens avec moi ou je vais faire une bêtise ! hurle-t-elle en pointant son arme sur le visage de son ex.

L'ami du quai tente de s'interposer. Elle le met en joue :

— Dégage, toi, sinon t'y passes !

C'est la menace de trop. Pas pour les victimes, mais pour l'équipée de bras cassés. Jouer les bons Samaritains de l'amour, c'est une chose, être impliqués dans une affaire d'homicide, c'en est une autre ! Dans la confusion la plus totale, le cousin et ses deux acolytes s'interposent, se jettent sur l'amoureuse éplorée, tentent de lui arracher son arme. Le trio se chamaille sur le quai quand soudain le signal de départ du train retentit.

Les kidnappeurs du dimanche et leur patronne se figent. Les portes des wagons viennent de se fermer et, derrière une vitre, leur proie s'éloigne, lentement mais hors d'atteinte, dans le grondement mécanique des machines.

L'amour est ingrat. Arrêtée dès le lendemain puis présentée devant le tribunal correctionnel de Châlons, Angélique plaide le coup de folie passionnel. Le cœur brisé, elle aurait perdu la tête. Ses beaux sentiments ne pèsent pas lourd face à ses méthodes : trois mois de prison ferme (exactement la durée de son idylle avec le voyageur du Châlons-Vitry) assortis d'une obligation de soins. Mais soigne-t-on la maladie d'amour ?

## Disputes insolites

Nous avons tous en tête une scène de ménage mémorable. Le fracas d'une pile d'assiettes dans l'appartement du dessus, les hurlements de nos parents à propos de « l'éducation des enfants » ou encore, pour les plus gâtés d'entre nous, une gifle envoyée au cours d'un dîner par la femme du type qui a trop bu… Badinages ! Voilà de vulgaires chamailleries ! Les vraies disputes, celles qui sont dignes de leur rang, ont les honneurs de la presse locale.

### Sale bête !

Sébastien, 34 ans, est un garçon facilement irritable. Ce qui l'agace particulièrement, ce sont les reproches incessants de Natacha, sa compagne. Surtout depuis qu'ils ont emménagé ensemble dans un petit appartement de Villiers, dans la Vienne. « J'en ai marre de ranger tes affaires de foot ! », « Tu pourrais lever tes fesses de ce canapé ! », « Tu crois que les courses vont se faire toutes seules ? », « Si un jour tu te décides à travailler »… Avec elle, ça ne va jamais ! Alors de temps en temps, il réplique. Avec ses mots à lui : des insultes. Et à sa façon à lui : en beuglant comme une bête sauvage. Quand elle le pousse à bout, il peut taper aussi : sur les murs, les portes et, pour tout dire, sur tout ce qui passe à portée de pied ou de main. Et si cela ne suffit pas, il joue sa dernière carte : il s'attaque au petit chien de Natacha, un « bâtard », une « sale bête », « vieille, aveugle et méchante ». Ça, ça la met en rogne…

Au cours d'une énième dispute, Sébastien est allé un peu trop loin. « Sébastien s'est emparé d'un hachoir à viande et a frappé à plusieurs reprises la pauvre bête à la tête avant de l'empaqueter dans un sac et de la jeter par la fenêtre », peut-on lire dans le quotidien local[1].

Par miracle, l'animal a réussi à s'enfuir et a survécu à ses blessures. Sébastien, lui, a été condamné à trois mois de prison avec sursis pour « acte de cruauté envers un animal et violence par concubin ».

## Partage à la tronçonneuse

« Une séparation à la tronçonneuse », annonce *L'Union de Reims* trois jours plus tôt[2]. Un homme a littéralement disjoncté. On craint le pire…

Le ton badin des premières lignes de l'article est vite rassurant : « Sa moitié voulait une séparation fifty-fifty. Il a taillé dans le vif en s'en prenant au mobilier. Ça l'a sciée… » Et l'on apprend que dans la chaleur étouffante d'une nuit d'été, dans son village proche de la frontière belge, un quadragénaire en instance de divorce avait entrepris de couper en deux parties égales tous les meubles de la maison familiale. « Il avait décidé de prendre sa femme au pied de la lettre, s'amuse le journaliste. Comme celle-ci avait exigé un partage rigoureux… »

C'est ainsi que le canapé du salon, la table de la salle à manger et l'ordinateur de la famille ont été « partagés » avant que les gendarmes, prévenus par l'épouse affolée, ne mettent fin au massacre. « Il est probable que, dans sa rage destructrice, tout le mobilier y serait passé à la même cadence – voire, pourquoi pas, sa femme qui serait, dès lors, devenue sa "moitié" à tous les sens du terme – sans la médiation des militaires… », ironise encore le reporter.

1. *La Nouvelle République du Centre-Ouest* (20/08/08).
2. *L'Union de Reims* (17/08/09).

## La femme nue, l'homme et son fusil

Dans la même veine, ce titre laconique des *Dernières Nouvelles d'Alsace*, à la rubrique « Drames conjugaux », ne laisse pas indifférent : « String et coups de feu »[1]. Nous sommes à Altkirch, au pied d'un petit immeuble alsacien, où cris et injures résonnent régulièrement dans la cour intérieure.

On s'y croise en s'échangeant des regards de glace, quand ce ne sont pas des mots désagréables. Les tensions qui suintent des murs sont, paraît-il, nées d'un vieux différend entre le propriétaire de l'immeuble et certains de ses locataires qui ne lui paieraient pas leurs loyers. On dit aussi que la situation est devenue intenable parce que ledit propriétaire, qui vit au troisième, a le coude léger et l'alcool mauvais. Mais à Altkirch, comme ailleurs dans le Haut-Rhin, on préfère ne pas ébruiter ce genre de choses. On les règle entre hommes.

Alors, ce soir-là, quand des éclats de voix retentissent dans la tiédeur de la nuit d'août, personne n'y prête plus vraiment attention. « C'est encore le proprio qui fait des siennes ! Il a encore picolé celui-là ! », prophétise un des locataires du premier en se dirigeant, comme si c'était naturel, vers la fenêtre de son salon donnant sur la cour. D'un geste qu'il a déjà effectué des dizaines de fois, il écarte le rideau du bout du doigt. Mais la scène cette nuit-là est inédite. Une femme entièrement nue gesticule seule au pied de l'immeuble. Elle est dans un tel état d'excitation qu'elle en oublie sa pudeur, et s'agite en vitupérant. Derrière le rideau, l'homme se frotte les yeux comme pour chasser une hallucination, puis ajuste ses lunettes. Il y voit plus clair maintenant et constate qu'il a fait une erreur d'appréciation : la femme n'est pas entièrement nue, non, elle porte un string. Et il la connaît : c'est la compagne du propriétaire. N'écoutant que son courage, il dévale les escaliers, saisit au passage une couverture et se rue au secours de la malheureuse. Le pauvre homme ne sait pas encore qu'il n'est pas couché de sitôt.

1. *Les Dernières Nouvelles d'Alsace* (22/08/08).

— Il est fou ! Appelez la police, vite ! s'exclame la dame en string en désignant la fenêtre du troisième étage avant d'enrouler le linge autour de ses épaules.

Le locataire du premier remonte quatre à quatre jusqu'à son appartement, donne l'alerte, décline son identité, explique la situation, ou en en tout cas le peu qu'il en connaisse, précise l'adresse, répète qu'il y a urgence, raccroche, redescend l'escalier aussi vite que ses jambes le lui permettent… et se retrouve seul dans la cour. Le string et la dame se sont volatilisés.

Un flot de grossièretés et de menaces inonde à nouveau la cour. Le bruit vient de là-haut, il lève la tête. « La sotte ! Elle y est retournée ! » Et le voilà, tel Benny Hill, qui repart à l'assaut des étages, jusqu'au troisième où, sans penser une seconde aux risques qu'il encourt, il pénètre dans l'appartement de l'homme au coude léger, le découvre dans la chambre menaçant sa compagne allongée sur le lit et toujours aussi légèrement vêtue. Dans un réflexe presque sauvage, il le frappe d'un coup violent et s'enfuit. Pas pour longtemps. L'indélicat du troisième le rattrape, armé d'une carabine à plombs. Il hurle, menace. Un coup part. Le locataire est touché à une jambe…

Arrêté puis présenté en comparution immédiate devant le tribunal correctionnel de Mulhouse, le prévenu a l'occasion de s'expliquer.

Pourquoi a-t-il tiré sur son locataire ? « Il m'a frappé. J'ai vu rouge. Je pensais qu'il m'attendait dans la cour avec son chien, alors j'ai pris ma carabine. Je voulais lui faire peur, je voulais tirer par terre… » Et pourquoi sa compagne s'est-elle retrouvée dehors en culotte ? C'est très simple : « On était avec un ami, on avait pas mal bu. Elle m'a mordu, elle a pris un couteau à désosser. Je l'ai mise dehors pour qu'elle refroidisse… »

## Dernier week-end à deux

Dans cette rue du nord de Nantes, la querelle conjugale rapportée par *Presse Océan* est beaucoup moins burlesque. Les journalistes localiers sont venus interroger les habitants, mais l'humeur n'est pas aux bavardages. Personne n'a envie de s'étendre sur les disputes dont étaient coutumiers Jean-Jacques et Marie-Ange.

Le couple vivait là, au quatrième étage d'une résidence aux murs rosâtres, depuis sept ans. « Il y avait souvent du bruit, des éclats de voix », lâche finalement une femme. « Ça criait quand ils étaient raides, avec l'alcool », indique un voisin. De là à se douter du drame qui couvait...

Au troquet de quartier deux coins de rues plus loin, les langues se délient un peu. Jean-Jacques, agent d'entretien de 52 ans, était, dit-on, « poli », « réglo », « un peu réservé ». « C'était un client régulier et il ne posait pas de problème », selon le patron. Marie-Ange, on la connaissait moins. Tout juste croit-on savoir qu'elle avait à peu près le même âge, « un fort caractère » et qu'elle ne travaillait pas.

— Ils s'étaient séparés quelques mois, puis remis ensemble, intervient avec assurance un client. Mercredi matin, il est venu au bar. Il avait l'air fatigué. Nous avons pris un verre ensemble comme nous le faisions tous les jours...

Il marque une pause, porte son ballon de blanc à ses lèvres, puis :

— Il m'a dit qu'elle avait disparu et qu'il ne la reverrait pas.

Une semaine plus tôt, vers 21 heures 45, un automobiliste s'arrête en catastrophe sur la bande d'arrêt d'urgence de la 2 × 2 voies qui fait la liaison entre Vannes et Nantes. À hauteur d'Arzal, dans le Morbihan, il vient de rouler sur un corps humain. Une femme, sans doute, explique-t-il, sans être très sûr de ce qu'il a vu, aux gendarmes qu'il a appelés en urgence. Elle est morte. La scène s'est déroulée très vite. « Je me rabattais après avoir doublé un autre véhicule quand j'ai senti le choc sous mes roues... »

L'automobiliste est au bord du malaise. Était-elle déjà morte ? L'a-t-il tuée ? Est-ce un accident, un suicide ? Et que faisait cette personne sur le bord de la voie rapide à cet endroit difficile d'accès pour les piétons ?

Dès le lendemain, dans toute la presse de la région, *Le Télégramme*, *Presse Océan*, *Ouest France*... [1] un appel à témoin est

1. *Presse Océan*, *Ouest-France*, *Le Télégramme* (05, 06, 07/04/09).

lancé. Il a été impossible d'identifier la victime. Selon l'estimation des enquêteurs, elle a été percutée et écrasée par plusieurs dizaines de véhicules avant que l'alerte ne soit donnée.

Le contenu de l'appel à témoin est terrifiant. Les seuls éléments tangibles pour établir un portrait de la victime sont ses vêtements : elle portait un jogging et un tee-shirt noirs, ainsi que des chaussons de pointure 43. Pour le reste, on sait simplement qu'elle mesurait environ 1,60 m…

Dans le nord de Nantes, un homme se présente au poste de police. Il vient signaler la disparition de sa femme. Elle a 53 ans et se prénomme Marie-Ange. L'homme explique avoir perdu sa trace sur une aire de repos, dans le Morbihan, où ils étaient partis en week-end à bord de leur camping-car. Ils se sont disputés, il s'est arrêté, elle est descendue, et il ne l'a plus revue.

Les cliquetis du clavier d'ordinateur sur lequel est penché le policier s'interrompent. L'agent lève la tête et se redresse contre le dossier de son siège.

— Monsieur, il faudrait être plus précis…

L'homme est nerveux et ses explications sont confuses. Mais ce qui pourrait sembler naturel en de telles circonstances paraît au contraire suspect chez cet individu.

— Rentrez chez vous et reposez-vous, nous vous appellerons…

— Merci, merci… Je crois qu'elle ne reviendra pas… Je vous remercie…

Dans les locaux de la police judiciaire de Nantes, les hommes de la crim' terminent leur débriefing quotidien. Parmi les priorités du jour, il va falloir réentendre cet homme qui dit avoir perdu son épouse.

— D'après ce que disent les gars du commissariat, le type n'était pas très clair.

— La femme en bouillie sur la voie rapide, c'était bien par là-bas, non ?

Cinq jours après la disparition de sa femme, Jean-Jacques est passé aux aveux. L'escapade dans le Morbihan, c'était vrai. L'arrêt sur une aire de dégagement, vrai aussi. La dispute, encore vrai. Ce n'était d'ailleurs pas la première, loin s'en faut, mais celle-là a dégénéré. Et il raconte :

— On s'est engueulé pour une broutille. Je ne sais plus trop… Le ton est monté. Elle voulait rentrer à la maison, moi je ne voulais pas. On s'est étripé et je l'ai frappée et je l'ai étranglée. Elle était morte. Je ne savais plus quoi faire… Je l'ai laissée dans le camping-car, à l'arrière, et j'ai repris la route vers Nantes. J'étais perdu… Je me suis arrêté sur la bande d'arrêt d'urgence. Et je l'ai laissée là…

## Les raisons de la colère

Les hommes violents ont tous un point commun : ils ne se considèrent jamais comme seuls coupables de leur brutalité. Leur femme en est toujours complice. Évidemment, c'est ce qu'ils avancent quand arrive l'heure de rendre des comptes. Dans toutes les rédactions de France, les chroniqueurs judiciaires et les « fait-diversiers », comme on les appelle, connaissent le refrain par cœur : « C'est elle qui… C'est elle qui… » Dans la plupart des cas, « elle » est menteuse, manipulatrice ou provocatrice. Et parfois, les raisons de la colère de ses messieurs sont plus insolites.

« Il perd ses tickets de tiercé et s'en prend à sa femme »[1], rapporte par exemple *La Nouvelle République du Centre-Ouest*. Jusque-là, rien de bien original, sauf que le parieur y est allé un peu fort. Le départ de la course approchant, il s'est énervé de ne pas pouvoir mettre la main sur ses précieux sésames pour la fortune. « Je les avais posés là ! Qu'est-ce que tu en as fait ! ? » Le départ était imminent et sa rage de plus en plus folle : « Dépêche-toi de les retrouver !!! Tu vois bien que ça va commencer ! » Et comme son épouse ne trouvait pas, il l'a frappée…

L'homme, convoqué devant la justice pour « violences conjugales », a tout perdu. Sa femme l'a quitté et les tickets n'étaient même pas gagnants.

1. *La Nouvelle République du Centre-Ouest* (13/08/08).

## Le forcené, son épouse et ses reproches

Tout ça pour ça !, ont dû s'exclamer les policiers d'Agen en entendant le forcené qui s'était barricadé chez lui leur donner la raison de son coup de sang[1].

C'est son épouse qui a donné l'alerte : « Il est devenu fou, il est armé ! Venez vite ! » L'homme, un maçon de 34 ans, est rentré tard ce soir-là de juillet. Il a passé la soirée avec ses collègues de travail et, éméché, il a immédiatement cherché querelle à sa femme qui l'attendait, inquiète. Le ton est monté, il l'a giflée « Je me suis réfugiée dans la chambre ! Dépêchez-vous ! », a-t-elle supplié.

Quand ils arrivent, les agents trouvent l'homme devant sa maison. Il brandit un fusil, sa cartouchière de chasse bouclée autour de la taille. Il hurle et menace : « Dégagez, mon fusil est chargé ! »

La jeune femme, toujours au téléphone, explique affolée que d'autres armes traînent dans la maison. Les policiers s'éloignent et appellent du renfort quand, soudain, un coup de feu retentit. « Je n'ai rien, il a tiré en l'air ! », précise aussitôt la jeune femme. Puis la ligne est coupée. L'homme vient d'arracher le câble téléphonique.

Quatre heures seront nécessaires pour le convaincre de se rendre. Quatre heures au cours desquelles il crachera sa colère à l'encontre de sa femme. Et quand, finalement, il se présentera sur le pas de la porte pour se laisser interpeller, il livrera cette confidence aux policiers : « Elle ne fait rien à la maison »...

## La femme qui « travaillait trop »

André, vigneron à Chablis, reprochait à son épouse de « trop travailler dans l'exploitation et de ne pas assez s'occuper de lui ». Pauvre homme...

Il a été mis en examen pour « tentative d'empoisonnement »[2]. Sa femme Josiane, prise d'un grave malaise, a été hospitalisée en

1. *La Dépêche du Midi* (08/08/08).
2. *L'Est Républicain* (11/03/09).

urgence. Les analyses médicales ont révélé la présence de doses importantes d'arsenic dans son organisme.

À son chevet, André, d'un air catastrophé, a suggéré que le poison devait certainement provenir des produits de traitement de la vigne que le couple manipulait régulièrement. Impossible, ont répondu les experts. Le vigneron a fini par avouer : ne supportant plus d'être délaissé, il a sciemment empoisonné le petit déjeuner de son épouse.

Le vigneron a doublement raté son coup : par bonheur, la dose d'arsenic était trop faible et Josiane a pu se remettre ; et rétablie, elle a demandé (et obtenu sans difficulté) le divorce.

## Chantal et les tueurs à gages

La scène est un classique des séries policières : en arrière-plan, l'estuaire de la Gironde qui s'ouvre sur l'océan. Face caméra, une femme, Chantal, 51 ans, au volant de son auto sur le chemin du travail, à Saint-Sulpice-de-Royan. À un croisement isolé, la voiture ralentit. Deux hommes cagoulés surgissent, bloquent le véhicule et forcent la conductrice à descendre. Tandis que l'un des individus la jette sur la chaussée, le second prend le volant, redémarre et fonce sur Chantal. Il la percute, fait demi-tour, lui passe dessus, manœuvre, la renverse à nouveau. La voiture s'éloigne, puis revient. Chantal bouge encore ! Le duo s'éjecte du véhicule, roue de coups la pauvre femme à terre et, bien décidé à en finir, l'égorge à coups de cutter avant de l'abandonner sur le bord de la route à côté de sa voiture.

Sur son lit d'hôpital, Chantal retrouve peu à peu la force de vivre. Depuis un mois, pas une journée ne commence sans qu'elle ait une pensée pour celui qui l'a récupérée, inconsciente, dans le fossé. Et puis, son visage se ferme quand elle reprend conscience de l'incroyable plan manigancé par son époux.

Martial, propriétaire de plusieurs restaurants dans la région, n'acceptait pas la perspective de leur divorce [1]. Pas par conviction chrétienne, non. Parce qu'une séparation aurait signifié le partage de l'ensemble des biens acquis en commun, dont les

1. *Sud Ouest*, avec *Le Journal du Dimanche* (06/06/08).

fruits de leur business florissant. L'entrepreneur avait donc trouvé une solution… radicale. Il avait promis 80 000 euros à deux de ses connaissances, des hommes de 28 et 49 ans, s'ils faisaient disparaître Chantal dans un accident de la circulation. Un scénario bien ancré dans la tradition des séries télé. En moins réussi.

# DE L'AMOUR À LA HAINE

« Drame de la séparation. » Tous les journaux de France ont déjà porté ce titre à leur Une. En quatre mots, tout est dit. Une histoire d'amour a sombré dans la tragédie…

## Les feux de l'amour-propre

En découvrant le spectaculaire incendie d'une belle villa de 200 m², les pompiers de Narbonne ont immédiatement fait part de leurs doutes aux policiers : la rapidité avec laquelle les flammes se sont propagées, l'odeur d'essence…

« Si ce n'est pas criminel, ça, je change de métier ! », avait lâché un soldat du feu.

Qui en voulait au propriétaire ? Et pourquoi ? Après une semaine d'enquête, les pistes sont maigres. Quand un appel téléphonique parvient au commissariat… L'interlocutrice, d'une voix blanche, raconte qu'un homme vient de mourir suite à… d'importantes brûlures. Il est décédé chez elle, allongé dans un lit, mais ne sait pas grand-chose de lui. [1]

Sur place, les policiers découvrent un quadragénaire dont le corps est couvert de bandages et dont le visage, les jambes et les mains sont à peine reconnaissables. Ils notent la présence de nombreux médicaments, surtout des somnifères et des antidouleurs, tous à portée de main de la victime qui se trouvait manifestement dans l'incapacité de se déplacer. Parmi leur inventaire

1. *Midi Libre* (25/06/09).

pharmaceutique, ils remarquent aussi un exemplaire du *Midi Libre,* justement daté du lendemain de l'incendie de la villa, et précisément ouvert à la page relatant les faits.

— Un ami m'a demandé d'héberger cet homme. Il est arrivé en le portant sur son dos. Il m'a dit qu'il ne savait pas ce qui était arrivé, que le monsieur était un de ses copains.

L'interrogatoire de la femme chez qui le brûlé a été retrouvé permet de reconstituer une partie du drame. Madame H. précise :

— Le pauvre était couvert de brûlures, dans un état terrifiant. Il nous disait qu'il avait fait une grosse bêtise et qu'il avait besoin de se mettre à l'abri quelques jours.

Madame H. et son ami improvisent quelques soins, appliquent des pansements de fortune sur les chairs à vif du malheureux et tentent de soulager ses douleurs en lui fournissant toutes sortes de calmants. Ils veulent l'emmener à l'hôpital, au moins appeler un docteur, mais il refuse systématiquement.

Pendant une semaine, agonisant, il rejette toute autre forme d'aide. Jusqu'à son dernier souffle.

Pourquoi le quadragénaire s'est-il laissé mourir ? Parce qu'il avait mis le feu à une maison ? Parce que, surpris par la violence des flammes, il s'était transformé en torche humaine et savait donc que la police retrouverait sa trace ? Pas uniquement. Il est parti pour emporter avec lui sa rage, son amour-propre bafoué et son désespoir.

Il venait de découvrir que sa femme le trompait. Avec l'un de ses amis : le propriétaire de la belle villa.

## La petite fille seule sur le pas de porte

« La population du Creusot est sous le choc » ; « C'est un des faits-divers les plus dramatiques de l'histoire de la commune » [1]. Dans la petite ville bourguignonne, îlot industriel cerné par les vignobles et le massif du Morvan, tous ceux qui ont lu la presse, ce mardi 16 décembre, ne parlent que de ça : l'amour qui montre son plus monstrueux visage.

1. *Le Journal de Saône-et-Loire* (16/12/08).

À l'heure de l'embauche, une voiture aux vitres teintées ralentit devant les portes d'une usine de fabrication de matériaux pour le bâtiment, à Vitry-en-Charollais. Trois hommes restent tapis à l'intérieur, parfaitement positionnés pour voir arriver les ouvriers qui s'engouffrent dans le bâtiment par la grande porte d'entrée. Ce sont des agents de la brigade anticriminalité, des policiers rompus aux interventions musclées. Le chef du groupe tient sur ses genoux une photo de la cible, un homme d'apparence ordinaire mais, les agents le savent, potentiellement dangereux. L'intervention devra être rapide, maîtrisée et ferme. Reste une interrogation : viendra-t-il ?

La veille au soir, 22 heures, Le Creusot. La vieille dame n'est pas rassurée. La rue est habituellement si calme…

— As-tu entendu ? demande-t-elle en se tournant vers son époux. Les retraités se taisent. Oui, ce sont des cris. Des grognements, des menaces incompréhensibles, peut-être aussi des appels au secours.

— Mon Dieu ! Veux-tu aller voir ce qui se passe !

L'homme se dirige vers une fenêtre au premier étage, l'entrouvre, la referme aussitôt, écœuré par ce qu'il aperçoit, puis l'ouvre à nouveau et hurle :

— Arrêtez ! Arrêtez ! J'appelle la police !

Dans le jardin mitoyen, deux silhouettes entremêlées à terre se livrent à un combat sauvage. Une lame scintille dans l'obscurité, disparaît à plusieurs reprises. Le retraité reconnaît son voisin, qui gémit à chaque coup de couteau planté dans ses chairs. Des gémissements d'agonie.

— Arrêtez, je vous dis !

L'autre individu se cambre, laisse tomber à terre le corps sur lequel il s'acharnait quelques secondes auparavant et se tourne vers cette voix qui l'interpelle. À sa fenêtre, l'ancien ouvrier le fixe, veut le dévisager, le reconnaître mais, à l'instant où leurs regards se croisent, son attention est attirée par une autre silhouette qui se tient à une quinzaine de mètres en retrait. Une autre vision d'horreur. C'est la fillette du voisin. Il la connaît. Elle a 12 ans.

Sur le pas de la porte, l'enfant en chemise de nuit tremble si fort que son corps sursaute de façon incontrôlée.

Au cœur de cette nuit d'hiver, par moins de zéro degré, l'image arrêtée de la petite fille debout, son regard perdu sur le corps de son papa en pyjama, inerte devant elle, se grave à jamais dans la mémoire du vieil homme.

« Il est parti par le bas de la maison, il s'est arrêté, a fait demi-tour et est remonté plus haut en direction du parc… » Entouré par les policiers, il tente d'être le plus précis possible. Tout est allé si vite ! Il a vu la silhouette de l'inconnu disparaître au loin, il s'est précipité vers la petite. Elle souffrait de plusieurs blessures. Des coups de lame. Avec son épouse, ils l'ont recueillie et lui ont donné les premiers soins. Pour le papa, ils n'ont rien pu faire.

— Il perdait beaucoup de sang. J'ai entendu son dernier souffle quand les pompiers sont arrivés…

Tandis qu'une équipe balise le pavillon et délimite la scène du crime, le vieil homme se réchauffe les mains autour d'un café.

— La petite nous a dit que la dame était cachée là-haut, mais…

— Chef ! Venez voir ! Il y a autre chose, intervient un policier.

— Pardonnez-nous monsieur. Allez vous réchauffer, tranche le gradé en suivant ses hommes vers le pavillon.

— La femme…

À l'intérieur, un autre corps. Lardé de coups de couteaux.

« Les policiers ont interpellé hier matin l'auteur présumé des faits. (…) La thèse passionnelle serait privilégiée. » Les habitants du Creusot découvrent stupéfaits les détails de l'enquête dans les journaux. Le meurtrier présumé « a été interpellé alors qu'il s'apprêtait à reprendre son travail, lundi matin à Vitry-en-Charollais. Comme si de rien n'était », rapporte *Le Bien Public*. Et le quotidien révèle que le suspect, Benoît F., à peine la quarantaine, est l'ex-mari de la femme retrouvée sans vie dans le pavillon.

Fabienne F., 36 ans, est morte pour en avoir aimé un autre. Jean-Jacques B., 40 ans, est mort pour avoir été cet autre-là.

## Où est la femme ?

Où est Maryse Santos ? À Tombebœuf, petit village de quatre cent cinquante âmes posé sur une colline du Lot-et-Garonne, les gendarmes cherchent le corps d'une femme de 40 ans, disparue depuis une semaine[1]. De nombreux Tombebeauvois sont venus les épauler, ils fouillent un à un les fourrés, les granges en ruines, le moindre bosquet et ratissent les champs de maïs. Des plongeurs ont été appelés pour sonder le lac de Moulinet, un plan d'eau de quatorze hectares à la sortie du bourg, et les étangs de la région.

La famille et les proches de Maryse sont tous là, brisés de chagrin et, surtout, rongés par les questions sans réponse.

Qu'as-tu fait de ton épouse, Jean-Jacques ? Où est-elle ? supplient-ils tout en sachant qu'il ne leur répondra jamais.

Jean-Jacques Santos, 43 ans, employé au garage automobile du village, est parti avec son secret.

Le mercredi précédent, en fin de matinée, les parents de Maryse, cantinière à l'école du village, décident de passer saluer leur fille et son mari comme cela leur arrive quelquefois. Quand ils frappent à la porte d'entrée, c'est Jean-Jacques qui ouvre. Maryse n'est pas là, explique-t-il, passant une main dans les cheveux de leur fillette de 10 ans, d'un ton énigmatique et visiblement embarrassé. Il est agité et nerveux.

— Maryse est partie hier soir. Elle m'a quitté.

— Comment ? Que racontes-tu ? Qu'est-il arrivé ?

Les parents de Maryse questionnent leur gendre, veulent comprendre, mais celui-ci esquive les réponses et, prétextant une tâche urgente, leur fausse compagnie.

En réalité, Jean-Jacques Santos erre dans les rues du village sous le soleil froid de cette fin septembre, le visage fermé, tête basse, comme torturé par un monstre intérieur dont lui seul connaît la nature.

Un monstre dont il doit se libérer. Alors il fait marche arrière, rentre chez lui, saisit son téléphone et compose le premier numéro qui lui vient à l'esprit. C'est son beau-frère qui décroche.

---

1. *La Dépêche du Midi* (30/09/08).

— Allô ?

— J'ai tué Maryse…

— Comment ! ?

— Je l'ai tuée. Les chasseurs pourront toujours chercher, ils ne la trouveront pas…

Tûûût, tûûût, tûûût…

— Jean-Jacques !!!

Quelques minutes plus tard, en se présentant au domicile des Santos, les gendarmes trouvent une maison vide.

— Monsieur Santos ! Monsieur Santos ! appelle l'un d'eux tandis que les autres, prenant maintes précautions, se postent sous les fenêtres du pavillon.

Jean-Jacques Santos a déjà quitté les lieux. Il se trouve à quelques centaines de mètres de là, en contrebas du terrain familial. Il tient un couteau de boucher qu'il lève devant lui. En apercevant les gendarmes, il retourne la lame contre lui, en plein thorax, et s'écroule. Les militaires accourent. Dans un dernier souffle, agonisant, il lâche :

— Elle n'est pas dans l'eau… Vous la trouverez facilement…

À la caserne des pompiers, où les gendarmes ont installé leur Q.G., le chef des opérations fait le point sur le macabre jeu de piste. Une carte dépliée au milieu de ses hommes, il pointe du doigt les derniers lieux qui n'ont pas été fouillés. Deux habitations voisines de la maison des Santos, par exemple, dans lesquelles les enquêteurs n'ont pu pénétrer jusque-là, doivent impérativement être inspectées. Des villageois viennent d'indiquer qu'ils ont vu Jean-Jacques y effectuer des travaux. Il reste aussi quelques parcelles de forêts et des chemins isolés…

— Mais d'abord, je veux que l'on retourne dans la maison, conclut le commandant.

Un des hommes intervient :

— On l'a déjà passée au peigne fin, on a tout retourné…

— Je le sais, mais quelque chose a dû nous échapper.

Dès le premier jour de leur enquête, les gendarmes ont découvert des taches de sang au domicile des Santos, signe que Maryse a sans doute été tuée sur place. Un pressentiment conforté par la petite fille du couple qui a raconté avoir entendu du bruit, au milieu de la nuit, la veille de la disparition de sa mère. Elle s'est levée, son père est venu à sa rencontre et l'a rassurée : « Ne t'inquiète pas, chérie, maman a fait un cauchemar », lui a-t-il murmuré en la raccompagnant dans son lit.

— Les deux voitures du couple étaient toujours devant la maison quand nous sommes arrivés, poursuit l'enquêteur. Nous n'avons rien trouvé de suspect à l'intérieur. Elles n'ont donc pas servi à transporter le corps.

— Et il nous a dit qu'on trouverait facilement…, renchérit un autre.

— Oui, mais on a déjà…

— Et bien recommençons ! ordonne le patron.

Pour la seconde fois en une semaine, les enquêteurs envahissent le domicile des défunts. Et cette fois, ils trouvent.

Alors qu'il retourne des cartons et divers objets entassés sous un escalier, un gendarme est intrigué par la moiteur du sol. Du ciment fraîchement coulé. À coups de burin, les hommes font sauter quelques centimètres de béton. Un sac plastique apparaît. Ils continuent de creuser, découvrent un bras. Et bientôt le corps entier de Maryse Santos.

Au même moment, à quelques centaines de mètres de là, des villageois sont réunis au cimetière. Ils accompagnent la dépouille de leur ami Jean-Jacques dans sa dernière demeure. « Trop jaloux », « pauvre homme », « supportait pas l'idée de divorcer », « pauvre Maryse »… entend-on dans le cortège.

Jean-Jacques Santos a-t-il prémédité le meurtre de son épouse ? Était-ce un accident ? A-t-il coulé son corps dans le béton en espérant faire passer sa mort pour une disparition avant de craquer et d'avouer ? À Tombebœuf, chacun a son avis. Mais personne ne saura jamais.

## La femme, le mari et l'amant

La presse quotidienne régionale pourrait créer une chronique des gens cocus et des honneurs bafoués. Une sorte de carnet rose des infidélités. Ou un carnet noir. Il n'y aurait jamais trop de place pour compter les drames extraconjugaux des Français.

### La tondue

Mathias G., un ouvrier agricole de 37 ans, a eu recours à une bien sordide vengeance en apprenant qu'il avait été trompé. Comme aux plus sombres heures de notre histoire, il a... tondu son épouse[1].

La romance était pourtant belle jusqu'à ce jour d'octobre 2009. Jeune, Mathias était tombé fou amoureux de cette fille qu'on appelait Lola, un peu plus âgée que lui et un peu perdue. En lui faisant la cour, il avait découvert qu'elle était mariée mais que, forcée par son époux, elle devait se prostituer pour survivre. Alors il s'était juré de sauver son « ange blessée ». Il l'avait fait rire, lui avait redonné le goût des plaisirs quotidiens et, surtout, celui de l'amour. Et puis, un jour, elle était venue lui annoncer qu'elle s'était enfin décidée à divorcer et qu'elle voulait vivre auprès de lui.

Leur amour avait donné naissance à deux beaux enfants et la petite famille s'était installée à Marseille, dans le treizième arrondissement, quartier... Malpassé. Un nom hélas prémonitoire...

1. *La Provence* (29/10/09).

C'est là, en cet automne 2009, que Lola a avoué avoir été infidèle. Une fois. C'était trois ans plus tôt. Avec un homme qu'elle s'était pourtant juré de ne plus revoir : son premier mari.

Mathias ne l'a pas supporté. Dans un déchaînement incontrôlable de violence, il a battu Lola et lui a rasé la tête. « Comme ça, tu ne feras plus la belle ! », lui a-t-il lancé avant que des policiers, alertés par des voisins, interviennent et l'arrêtent.

Présenté en comparution immédiate devant le tribunal correctionnel de Marseille, Mathias a été condamné à dix-huit mois de prison dont dix avec sursis. Ses excuses et ses regrets maintes fois répétés ne l'ont pas sauvé. Pas plus que la présence de Lola à ses côtés, qui a refusé de porter plainte contre lui et qui a supplié les juges pour qu'ils ne l'envoient pas en prison.

## Folie castratrice

Père de famille et gendarme de son état, cet Alsacien a commis le châtiment suprême en découvrant que, derrière la mère de ses cinq enfants, se cachait une femme adultère.

À l'heure du marché, ce samedi ensoleillé de mai, il prend la direction de Reichshoffen, une petite commune du Bas-Rhin à une poignée de kilomètres de la frontière allemande. Sans un regard pour les remparts médiévaux et les maisons à pans de bois qui font le charme de l'endroit, il file pied au plancher et la rage au ventre. L'amant, le diable tentateur, ne s'en sortira pas comme ça !

Le gendarme en veut à la terre entière. Et d'abord à ses amis, qui « savaient ». Il les a cuisinés, a menacé de se suicider s'il n'obtenait pas le nom et l'adresse de son rival. Ils ont cédé.

— Comment ? Il est marié en plus… Le salaud, je vais le faire payer !

Arrêt devant un pavillon contemporain. C'est là. Coup de sonnette nerveux. La cinquantaine grisonnante, un homme ouvre. C'est lui.

— Qu'est-ce que vous voulez ?

Le mari n'est pas venu pour discuter. Il assomme son rival puis le traîne jusque dans le garage. Là, déployant la lame d'un grand cutter, il lui sectionne les parties génitales. Une boucherie qui va se transformer en double drame.

D'abord pour la victime, qui ne s'en remettra jamais. « Le pronostic vital est écarté, mais la mutilation est définitive », apprend-on le surlendemain dans le journal[1].

Ensuite pour le justicier lui-même.

Après son coup de cutter, le gendarme a accouru chez des voisins pour leur demander d'alerter les secours. Deux heures plus tard, il s'est rendu aux autorités. Présentant des risques suicidaires, il a été hospitalisé avant d'être mis en examen pour « actes de barbarie et torture », un crime passible de trente ans de prison. Une perspective qu'il n'a pas supportée : un mois plus tard, alors qu'il venait d'être transféré à la maison d'arrêt de Strasbourg, le mari trompé a été retrouvé pendu dans sa cellule.

## Trop d'amours tuent les amours

De l'autre côté de la France, plein ouest. Assis à l'arrière d'une Clio de la gendarmerie, Henri cache son visage derrière ses mains. Il vient de commettre l'irréparable[2]. Combien de questions se bousculent dans sa tête ?

À qui la faute ? Pourquoi a-t-il aimé cette femme croisée par hasard ? Comment a-t-il pu croire qu'elle l'aimait aussi ?

Henri a attendu que la nuit tombe, est monté à bord de sa fourgonnette et a pris la direction d'Épiniac, village tranquille d'Ille-et-Vilaine. Arrivé devant le portail de Catherine, il a saisi son fusil de chasse posé sur le siège passager puis a fait le tour de la maison par l'allée de graviers. D'un coup de crosse, Henri a brisé la vitre d'une porte, a passé son bras et a fait pivoter la poignée intérieure. Il est allé directement dans la chambre de Catherine. Et a tiré.

Pas sur elle ni sur son mari. Sur son amant. Son « autre » amant.

Vivien R., atteint dans le dos, n'a pas survécu. Henri, lui, s'est rendu sans résistance aux gendarmes. Quant à Catherine, elle se

1. *L'Alsace* (25/05/09).
2. *Ouest-France* (09/02/09).

retrouve bien seule dans sa maison, un amant à la morgue et l'autre en prison.

Dans le village, quelques mauvaises langues médisent : « Que dirait son mari, le pauvre ! s'il était encore des nôtres ? », « Son cancer lui a au moins épargné ça… »

Le soir du drame, Catherine était en effet veuve depuis trois mois et demi.

## Quatre hommes la pleurent

« Vous êtes condamné à la peine de dix-sept années de réclusion criminelle. » À l'énoncé du verdict, un murmure traverse la cour d'assises de Meurthe-et-Moselle. « Il ne méritait pas ça… », « C'est dur »…

Certes, Michel B. a reconnu avoir tué sa compagne Fadela, la mère de ses quatre filles, le 9 novembre 2006. Certes, le crime était odieux : massacrer une femme enceinte comme il l'a fait, de vingt-trois coups de couteau… Certes, la jalousie n'est pas un mobile flatteur. Et pourtant le malaise est palpable dans la salle d'audience. Un malaise qui s'est fait sentir dès l'ouverture du procès de ce facteur de 41 ans.

« Pour peu, l'accusé deviendrait victime et la victime se retrouverait sur le banc des accusés », écrit ainsi le chroniqueur judiciaire de *L'Est Républicain*[1]. Son confrère du *Républicain Lorrain*, l'autre journal incontournable à Nancy, ne cache pas, lui non plus, sa perplexité : « À côté de la personnalité complexe et pleine de zones d'ombre de la victime, femme de ménage et danseuse orientale, quadra "très belle et très classe" (…) on a même tendance à oublier la présence dans le box de (son meurtrier) »[2].

C'est une voisine du couple, appelée comme témoin à la barre, qui, la première, a semé le doute. À propos de Fadela : « Vraiment, elle était très belle. Toujours bien habillée. Sophistiquée. C'est peut-être pour ça qu'elle ne me saluait jamais . »

1. *L'Est Républicain* (26/05/09).
2. *Le Républicain Lorrain* (26/05/09).

Puis, se tournant vers le meurtrier : « Lui, il était toujours très poli, très gentil, très calme. Il tondait la pelouse. C'est lui qui étendait le linge. Lui qui s'occupait de ses filles. » Un autre témoin à propos du facteur : « Un employé modèle, serviable, discret. »

Au fil de l'audience, l'image de la jolie mère de famille sauvagement assassinée par son mari fou de jalousie est écornée. Le compte commun du couple était perpétuellement à découvert ? Fadela, elle, dissimulait huit comptes bancaires sur lesquels les enquêteurs ont retrouvé 113 900 euros sans pouvoir en expliquer la provenance. Michel B. était un homme jaloux ? Fadela avait quatre amants. Comment faisait-elle pour jongler entre ses multiples vies ? Elle mentait, naturellement. Michel B. ? C'était son frère. Leurs filles ? Ses nièces. Quant aux amants, il suffisait d'être bien organisé.

Le plus régulier d'entre eux, un bel homme de 34 ans, restaurateur, est appelé à la barre. Et, malgré lui, il achève le portrait d'une femme décrite comme mythomane et manipulatrice. Contre les évidences, le garçon « refuse de croire qu'elle entretenait des relations avec d'autres ».

Quand la présidente du tribunal l'interroge sur Fadela, il chuchote d'une voix blanche :

— Elle venait me voir presque chaque week-end...

Dans le box, Michel B. lève brusquement la tête. Il n'était évidemment pas au courant.

L'amant se reprend :

— C'était la femme de ma vie... On s'était unis religieusement devant l'imam en 2005.

Ça non plus, Michel B. ne le savait pas.

La présidente bouscule le témoin :

— Elle vous a menti sur son âge, vous disait qu'elle s'appelait Amira...

— C'est vrai que 50 % de ce qu'elle m'a dit était faux. Mais je l'avais présentée à ma famille, on devait se marier en février. On voulait construire une maison, faire un enfant...

Un ange passe sur l'assistance.

La présidente, joignant ses mains sous son menton, se racle la gorge et d'un ton le plus doux possible :

— Justement… Il faut que vous sachiez. L'enfant que portait Fadela à sa mort… Cet enfant était de vous. Nous avons comparé les ADN.

Le garçon s'accroche à la barre, chancelle, ne veut pas croire ce qu'il vient d'entendre :

— C'est vraiment vrai ?

Les deux filles aînées du couple sont à leur tour appelées à témoigner. Jordana, 18 ans, et Cynthia, 15 ans, sont venues pour laver l'honneur de leur mère. Rongée par son absence, la première décrit une maman « aimante, dévouée, généreuse et charismatique ». « C'était ma lumière ! », clame la seconde. Et les deux jeunes filles s'efforcent de rééquilibrer le partage des torts. Si leur mère avait tant d'activités extraconjugales, c'est parce que leur père laissait faire. Les amants, il savait. Il est même monté en voiture avec l'un d'eux. Les virées nocturnes et les escapades de fin de semaine, il se doutait bien que ce n'était pas pour observer les étoiles ou pêcher la truite. Et que dire des opérations de chirurgie esthétique ? Pour expliquer comment elle avait pu s'offrir un ventre plat et de nouveaux seins alors que les finances de la famille permettaient à peine de payer des crèmes de beauté, Fadela avait raconté que c'était un cadeau de son patron. Et là encore, son mari avait laissé dire…

« Il mangeait en bas et nous en haut ! », conclut la plus jeune, d'un air qui voulait dire : “vous voyez bien qu'il se moquait de ce que maman faisait !” »

Sur le banc des accusés, Michel B. prend la parole. S'il a tué sa compagne, c'est au contraire parce qu'il n'en pouvait plus. Et ce jour-là, il a suffi d'une réflexion déplacée pour que toute sa « haine contre elle » se déverse à coups de couteau.

— À ce moment, j'étais décidé à la tuer. Rien ni personne ne m'aurait empêché d'aller jusqu'au bout.

Pourquoi ne pas avoir choisi la séparation ? Son avocat vole à son secours :

— Il préférait vivre dans la cave plutôt que de la perdre ! Et puis, quand la menace d'une rupture était brandie, Fadela exigeait de garder pour elle la maison et leurs quatre filles.

À l'issue de deux jours de débats, l'avocate générale de la cour d'assises de Meurthe-et-Moselle demande au jury populaire de condamner « Michel B. le meurtrier », et non « Michel B. le mari désespéré » :

— Cette femme ne l'a pas poussé à bout. Il n'a simplement pas su gérer la vie conjugale particulière qu'il avait choisie, conclut-elle.

Aucune circonstance atténuante ne sera retenue.

## Jalousie au club libertin

Cela ressemble au comble de la jalousie : un amant qui prend ombrage d'un mari… échangiste.

La Grande Motte, ses immeubles pyramidaux, ses plages bondées, son soleil méditerranéen et ses clubs libertins. Depuis des mois, les gendarmes retournent une énigme dans tous les sens. Pour le meurtre qu'ils tentent d'élucider, ce ne sont pas les circonstances qui posent problème, mais plutôt le contexte : comment assembler les pièces d'un puzzle racontant l'histoire d'une jalousie sur fond de… club échangiste [1] ?

— Un type tué à coups de harpon et de couteau à la sortie de la boîte, raconte un journaliste du coin à un confrère. Il était commerçant. Un type bien en apparence, d'après ce qu'on sait. La soixantaine, propriétaire de deux magasins de vêtements, ancien directeur de banque. Sa femme a vingt ans de moins que lui. Elle bosse pas. Ils ont eu un gamin ensemble.

Un samedi soir, le soir réservé aux couples, devant le Vénusia. Il est 03 heures 30, le sexagénaire et sa dame sortent du club échangiste, bras dessus bras dessous. Ils ont passé une soirée comme ils les aiment. C'est une belle nuit, claire, il fait doux. Sur le chemin qui les mène à leur voiture, l'homme s'écarte de la route. Un besoin pressant d'uriner.

De l'autre côté du fossé, il y a une rangée de pins. Il se glisse entre deux arbres, disparaît dans la pénombre. Madame a fait quelques pas en direction du parking, quand elle entend les cris de son mari. Elle l'appelle. Aucune réponse. Elle l'appelle à

1. *La Dépêche du Midi*, *Midi Libre* (18/11/07).

nouveau et perçoit des gémissements de douleur. Elle s'avance vers la rangée d'arbres, crie encore son nom. Elle prend peur, hésite à s'enfoncer dans l'obscurité. Finalement, elle saute d'une enjambée incertaine par-dessus le petit fossé. Et tombe nez à nez avec l'agresseur qui prend la fuite. Et là, devant elle : le corps étendu de son mari, à plat ventre, inerte. Elle se précipite sur lui en hurlant. Il baigne dans son sang.

— Pas de coup de feu ? interroge le confrère.

— Non, un tir de harpon. La flèche s'est plantée dans le dos... Le légiste a aussi relevé neuf coups de couteau sur le thorax, dans le dos, et une main pendouillant, presque amputée.

Quelques heures après le meurtre du sexagénaire, un homme est arrêté. Âgé d'une quarantaine d'années, il est serveur dans l'un des bars-restaurants du port. Il est, surtout, l'amant de la dame échangiste.

En garde à vue, il ne tarde pas à avouer et reconnaît être l'auteur des coups mortels. L'alcool l'aurait poussé à commettre un crime qu'il avait souhaité mais dont il ne se serait jamais cru capable. Un acte guidé par la jalousie, dit-il. S'il a tué le mari de sa maîtresse, c'est parce qu'il ne supportait plus que le sexagénaire la contraigne à se rendre dans des clubs libertins.

— Jusque-là, l'histoire est assez limpide, reprend le journaliste. Le problème, c'est que le barman était apparemment lui aussi un habitué des « échanges » et que la femme n'en était visiblement pas à son premier amant. Alors la jalousie pour seul mobile...

— J'imagine donc qu'il y a autre chose...

— La donzelle vient d'être mise en examen pour complicité d'assassinat.

Élégante dans son tailleur clair et indiscutablement jolie sous son masque d'angoisse, elle sort de la petite gendarmerie de Lunel, près de Montpellier. Après quarante-huit heures d'audition et la notification de sa mise en examen, elle a été laissée libre sous contrôle judiciaire.

Est-ce la veuve bouleversée ou la maîtresse machiavélique qui essuie une larme en montant dans sa voiture ? Six mois après le meurtre du Vénusia, les enquêteurs s'interrogent encore. La dame nie farouchement toute implication dans la mort de son mari.

Pour certains proches, le couple traversait une mauvaise passe. Une séparation était même envisagée. Pour d'autres, même si leurs amours n'étaient pas tout à fait conventionnelles, ils s'aimaient comme au premier jour. Pour les premiers, la veuve n'aurait pas été malheureuse d'hériter d'une partie des biens de son regretté échangiste, petit homme d'affaires qui avait su faire fructifier de juteux placements tout au long de sa vie. Pour les seconds, si la pauvre femme avait beaucoup de vices, celui de l'argent n'en faisait pas partie, preuve en est le petit appartement dans lequel elle continuait à vivre.

Pour les enquêteurs, une chose est sûre : la belle a au moins menti une fois. Au tout début de l'affaire, elle a affirmé ne pas avoir reconnu l'agresseur de son mari. On sait aujourd'hui qu'ils se connaissaient depuis deux ans.

En attendant les suites de l'affaire, le journaliste s'interroge : a-t-elle demandé à son amant, qu'elle savait éperdument amoureux et capable de tout pour elle, d'éliminer son mari gênant ? Ne l'a-t-elle simplement pas empêché de commettre ce crime qu'il avait décidé seul ? A-t-elle déclaré qu'elle ne l'avait pas reconnu pour le protéger parce qu'elle l'aimait[1] ?

1. À l'heure où nous écrivons ces lignes, l'instruction n'est pas close.

# De la cruauté féminine

Et les femmes dans tout ça ? Sont-elles condamnées à n'être que les victimes ou les spectatrices impuissantes de ces drames de l'amour ? Pensez-vous, elles ne sont pas en reste ! On les dit même capables des pires atrocités… La jalousie, l'esprit de vengeance et les coups de sang n'ont pas de problème avec la parité.

## Jalousie virtuelle…

Voyons cette quinquagénaire, habitante de Charleville-Mézières, dont *L'Union de la Marne* nous apprend qu'elle a « donné un coup de couteau à son compagnon » [1]. Heureusement, est-il immédiatement précisé, « l'homme est blessé » mais « le pire a été évité ». Plus étonnant, « il ne lui en veut même pas ».

Le couple passait une soirée tranquille et néanmoins arrosée dans son modeste appartement quand la dispute a éclaté. La brave dame, fumante de colère, « est allée chercher un imposant couteau dans sa cuisine », s'est jetée sur celui qui partageait sa vie depuis neuf ans et l'a poignardé dans le dos. Puis, le voyant ensanglanté, elle a aussitôt… appelé le commissariat pour prévenir de son geste. Il faut dire que la dame est aussi impulsive que son mari est culotté : si sa jalousie a « explosé », explique-t-elle aux policiers, c'est parce que le goujat passait encore sa soirée sur des sites internet… de rencontres !

1. *L'Union de la Marne* (30/08/09).

— Je lui ordonnais d'arrêter mais il ne m'écoutait pas, précise-t-elle, je n'allais tout de même pas le laisser draguer sous mes yeux…

Forcément.

— Mais vous vous rendez compte que poignarder quelqu'un est un geste grave ?

— Oui… Je ne pouvais plus me contrôler.

— Vous êtes jalouse ?

— Très. C'est comme une maladie chez moi…

Devant un tribunal, l'argument n'aurait pas pesé lourd, mais il n'y aura pas de procès. Se sentant sans doute un peu fautif, le blessé a refusé de porter plainte.

## Jambes en l'air et châtiment

« Vingt points de suture sur les parties intimes », annonce *La Dépêche du Midi*[1]. Cela a la couleur d'un gag un peu grossier, et pourtant le très sérieux journal, plus que centenaire, nous apprend que le malheureux propriétaire desdites parties a dû être opéré d'urgence, à Toulouse. Sa compagne, elle, a été priée de s'expliquer au commissariat central de la ville. On imagine la tête des policiers l'entendant raconter comment, après une torride nuit d'amour, elle s'est violemment disputée avec son amoureux puis comment, folle de rage, elle l'a sauvagement mordu là où cela pouvait lui faire le plus mal.

Que l'on se rassure, au service des urgences, un chirurgien-couturier a su recoller les morceaux. Reste au couple à en faire autant.

## La concierge diabolique

Quelques semaines plus tôt, *Ouest France* déroulait le feuilleton rocambolesque d'un assassinat manqué. La victime est un concierge d'immeuble de 47 ans, marié et père de quatre enfants[2].

1. *La Dépêche du Midi* (26/08/08).
2. *Ouest-France* (05/04/08).

Au rez-de-chaussée d'une résidence de Nantes, Didier V. s'est installé dans la cuisine de sa loge. Il a disposé sur la table une feuille de papier à lettres et un stylo. Mais l'inspiration ne lui vient pas. Comment dire à Marie que son absence est un vide ? Mais comment lui dire aussi qu'il ne lui pardonnera jamais ? Depuis le temps qu'ils travaillent côte à côte, l'un et l'autre main dans la main…

En dépit des blessures qui le font encore souffrir, il voudrait trouver la force d'être indulgent parce que, après tout, c'est vrai, tout cela est un peu de sa faute : ce mauvais caractère, cette façon d'être éternellement grognon, irascible souvent, cela doit être insupportable. Et puis comment faire le deuil de toutes ces années passées à vivre et travailler ensemble, à se partager les tâches quotidiennes de nettoyage et d'entretien, à papoter des heures dans le dos des locataires ?

Il voudrait écrire une dernière lettre, mais les mots ne viennent pas.

Devant la chambre de l'instruction de la cour d'appel de Rennes, Marie V. supplie. « J'aime mon mari ! Cela fait vingt-six ans que nous sommes ensemble. Je voulais lui faire peur, mais je n'ai jamais eu l'intention de le faire assassiner. » Elle ne veut pas retourner en prison. Peine perdue. Sa demande de remise en liberté est refusée.

Les caméras de la place du Commerce ont filmé toute la scène. Sur les images, Marie V., 43 ans, s'avance vers les petits groupes de sans-abri qui ont élu domicile, entre les vitrines des fleuristes et les terrasses des bistrots, sur cette esplanade piétonne du cœur de ville. Après quelques minutes de palabres, deux hommes d'une trentaine d'années la suivent. Une longue discussion s'engage, à bonne distance du reste des troupes, puis Marie V. remet une enveloppe à l'un des deux SDF. C'est un acompte : 2 000 euros sur les 30 000 qui leur seront versés « après ».

Le soir même, Pascal et Eric ont pris position dans la cave que leur a indiquée l'inconnue de la place du Commerce. Comme convenu, ils ont attendu l'arrivée du concierge. « On n'y voit plus rien, toutes les ampoules sont à changer, lui a dit

Marie. Et tu en profiteras pour regarder cette fuite d'eau qui commence à tout inonder. » Dans le noir, ils se sont acharnés sur leur proie, le premier à mains nues et le second armé d'un couteau. Didier V. s'est débattu, a repoussé ses agresseurs et les a frappés à l'aveugle jusqu'à les faire fuir. Blessé de dix-sept coups de couteau, il a encore trouvé la force de ramper jusqu'à la loge. « Appelle un médecin ! Suis amoché… », a-t-il crié à son épouse qui restait là, comme interdite. « Mais appelle donc un médecin, voyons ! »

Devant la résidence, les locataires qui se croisent n'ont qu'une conversation à la bouche. On échange les informations recueillies ici et là. Aux dernières nouvelles, Marie V., leur concierge si serviable, a reconnu avoir organisé l'agression de son mari. Lui, il est toujours à l'hôpital, d'après ce qu'on dit.

— Cela fait quoi, deux ans qu'ils sont arrivés ? s'interroge une voisine.

— Ils étaient si discrets, jamais un éclat de voix, toujours polis…

— Jamais je n'aurais pu imaginer une histoire pareille, renchérit une autre.

— Ils se rencontrés quand ils avaient 15 ans, croit savoir un troisième. Ce sont des gens du Nord. Une fois, il m'a raconté que son père était un ancien de la criée de Boulogne-sur-Mer.

— Paraît que quelqu'un a vu la femme bricoler dans la cave quelques jours avant…

— Elle devait ôter les ampoules et préparer la fuite d'eau…

— Paraît que c'est elle qui a dû prévenir les secours. Un comble !

— Cet été, elle est venue me voir pour m'emprunter de l'argent, reprend une dame. Elle avait besoin de 2 000 euros pour aider son gendre à aller se faire soigner aux États-Unis. Elle avait insisté pour que je n'en parle pas à son mari…

— Elle était si aimable…

Les enquêteurs, eux, ont du mal à s'apitoyer sur le sort de la concierge modèle. En faisant le tour des onze cages d'escaliers, ils ont d'abord découvert qu'elle avait procédé à une véritable collecte de dons.

Une quinzaine de résidents, essentiellement des personnes âgées, racontent la même histoire. « Mon gendre… malade… voyage en Amérique… », la ritournelle était rodée. Les plus généreux avaient promis 6 000 euros. D'autres racontent qu'ils l'ont entendue se plaindre de son sort, de ses dettes… et des assurances-vie de son mari. Et puis, celui-ci s'est souvenu d'un événement qui ne l'avait pas inquiété plus que ça à l'époque, mais qui prend soudain une tout autre dimension. « Une agression, en 2001 ou 2002 peut-être, quand nous étions encore à Boulogne. Un inconnu s'est rué sur moi, en pleine rue ! Je n'ai jamais compris ce que ce type me voulait. »

Après vérification auprès de ses confrères du Pas-de-Calais, le juge nantais en charge de l'affaire a mis la main sur un certain Toni[1]. Lui a très bonne mémoire. S'il a tabassé ce monsieur qui ne lui avait rien fait, c'est parce qu'une certaine dame le lui avait demandé, « mais pour 200 euros, on n'a pas la main trop lourde… »

Plus ennuyeux encore : à force de chercher, les enquêteurs ont retrouvé un autre homme de main que la concierge aurait payé 2 500 euros, un an avant l'expédition de la cave, pour qu'il se charge de corriger le concierge. Un filou qui avait disparu de la circulation juste après avoir empoché l'argent…

Du fond de sa cellule, Marie a pris elle aussi sa plus belle plume. Et elle n'a pas de problème d'inspiration. Elle aime Didier, écrit-elle. Du plus profond de son être, elle espère son pardon. Elle s'en veut, regrette son coup de tête, cette folie, répète qu'elle n'a « jamais voulu qu'il meure ».

Didier, lui, a quitté sa loge du boulevard des Anglais quelques mois après l'agression. En attendant le procès de son épouse devant une cour d'assises pour complicité d'assassinat, il est reparti dans son Nord natal[2].

---

1. *Ouest-France* (18/07/08).

2. Le 12 février 2010, Marie V. a été condamnée à 16 ans de réclusion par la cour d'assises de Loire-Atlantique. Ses deux hommes de main ont été respectivement condamnés à 16 et 8 ans de prison.

## Une balle entre les yeux

Yvonne P., 49 ans, jure elle aussi qu'elle n'a pas voulu tuer son mari[1].

— Dans un faux mouvement, j'ai dû appuyer sur la gâchette, mais je ne le visais pas, madame le juge. C'était pour l'impressionner.

La cour d'assises de Meurthe-et-Moselle retient son souffle. Un expert en balistique saisit l'arme du crime, une carabine 22 long rifle, et la charge.

Chhh… clic. Le claquement de la culasse raisonne dans la salle d'audience. Tous les regards se tournent vers l'accusée. « Non », fait-elle de la tête.

Le cœur du procès est là : si, comme vient de le simuler l'expert, elle a chargé le fusil avant de tirer sur son mari, alors la thèse de l'accident ne tient pas.

Trois ans plus tôt presque jour pour jour, le 16 février 2006, 6 heures du matin. Dans leur pavillon d'une petite commune d'un millier d'habitants entre Metz et Nancy, Serge P. et son épouse sont déjà levés. Le couple fait chambre à part depuis deux ans, depuis qu'Yvonne soupçonne Serge d'infidélité. Lui nie, la dit « folle », menace de divorcer si elle l'embête encore avec ces histoires. Elle, meurtrie, refuse toute idée de séparation et le conjure simplement « d'avouer ». Et à chaque fois, la conversation se termine en dispute. Jusqu'à ce matin de février.

Tandis que Serge se prépare en silence pour se rendre à son travail de chauffeur routier, Yvonne allume son téléphone portable et, comme elle en a pris l'habitude depuis quelques mois, interroge à distance la messagerie téléphonique de son mari.

Elle compose le code d'accès : « Vous avez un message »… Sur le répondeur, une voix manifestement très jeune promet à Serge de l'aimer « pour toujours »…

À 06 heures 39, un coup de feu retentit dans le pavillon. Serge P. est mort, tué d'une balle dans le front.

1. *Le Républicain Lorrain* (24/02/09).

Yvonne a saisi la carabine sur le râtelier puis avancé vers son mari, l'arme coincée sous bras droit. Le ton est monté.

— Le coup est parti…, explique-t-elle devant les jurés de la cour d'assise. Je n'ai jamais voulu la mort de mon mari. Jamais ! À aucun moment !

Seulement, les experts appelés à la barre émettent des doutes. Un médecin légiste note d'abord que le trajet de la balle est quasiment horizontal dans le cerveau de Serge P. alors que son épouse est plus petite que lui de 30 centimètres. Si cette dernière avait véritablement tenu l'arme contre son flanc, détaille-t-il, la balle aurait eu une trajectoire oblique et serait venue perforer la voûte crânienne. L'expert en balistique confirme :

— Pour que la balle suive une ligne horizontale, l'arme aurait dû être épaulée.

Puis il pointe un autre fait troublant. La carabine a été retrouvée culasse ouverte, douille éjectée…

— C'est le geste machinal d'un tireur habitué. L'avoir fait me paraît… très calculé.

Un murmure traverse la salle d'audience. Yvonne P. ne vient-elle pas d'affirmer qu'elle n'a que très rarement manipulé des armes et qu'elle n'en connaît guère le fonctionnement ? Surtout, pourquoi s'entête-t-elle à dire que, paniquée, elle a simplement lâché l'arme après que le coup soit parti ?

Difficile de cerner cette petite femme brune aux formes rondes qui s'exprime d'une voix claire et posée. A-t-elle prémédité son geste et tué son mari de sang-froid pour le punir de son infidélité, comme la présente l'accusation ? L'a-t-elle tué accidentellement alors qu'elle voulait simplement « lui faire peur », comme elle le répète tout au long de son procès, ajoutant même qu'elle s'est sentie menacée au cours de la dispute ? La question est d'importance. Dans le premier cas, elle encourt la réclusion criminelle à perpétuité. Dans le second, et si la légitime défense était retenue, elle pourrait échapper à la prison.

Son avocat ajoute un peu plus de trouble en rappelant que sa cliente a elle-même prévenu les secours immédiatement après le drame. Pourquoi se serait-elle ainsi livrée pour ensuite tout nier en bloc ? Un enquêteur rétorque que son comportement, dès les premiers interrogatoires, n'était pas exactement celui d'une femme qui vient de perdre son mari « par accident » :

— On a tous été surpris par son manque d'émotivité…

Mais un autre nuance :

— Au cours des 48 heures de garde à vue, elle n'a jamais varié de version. Elle semblait soulagée de voir la vérité éclater…

Après trois jours de procès, le réquisitoire de l'avocat général résume l'embarras de la cour d'assises. Le magistrat écarte la préméditation et l'homicide volontaire mais réclame entre quinze et dix-huit ans de prison à l'encontre d'Yvonne P.

Parmi l'assistance qui sort du tribunal pour attendre le verdict du jury populaire, trois vieilles dames habituées de la cour d'assises refont le procès :

— Vous vous rendez compte, si cette femme dit la vérité, elle va passer le reste de ses jours en prison parce que son mari la trompait avec une jeunette…

— Peut-être mais, pour moi, ce n'était pas un accident.

— Encore une fois, on ne le saura jamais…

Yvonne P. a été condamnée à seize ans de réclusion criminelle.

## Quatrième partie

# LES FRANÇAIS SONT FORMIDABLES !

La cérémonie est presque toujours la même. Réunis dans la salle du conseil municipal, deux ou trois élus et une poignée d'administrés, fidèles amateurs de célébrations officielles, entourent le héros du jour et sa famille. Tandis que le maire termine son discours, un employé communal sert les coupes de champagne sur une longue table couverte d'une nappe en papier, les bouteilles de jus d'orange et de sodas trempent dans une poubelle remplie d'eau fraîche et les plateaux de petits-fours sont apportés au dernier moment. Un peu à l'écart, un reporter du journal local prend des notes, appareil photo en bandoulière, prêt à immortaliser l'instant.

Les uns ont sauvé une vie, les autres ont déployé une émouvante chaîne de solidarité, d'autres encore ont crânement défié leur cambrioleur... Chaque année, près de trois cents médailles sont décernées au nom de la République française pour « acte de courage et de dévouement ». Pas loin d'une par jour !

Et encore, toutes les bonnes âmes n'ont pas les honneurs des salons officiels. Ceux qui se font justice eux-mêmes, par exemple, ou les voyous repentis, quoi qu'ils fassent pour se « racheter », n'auront jamais cette chance...

## Sauver une vie

Si l'on en croit les journaux de nos régions, « sauver une vie » est devenu un sport national. Quelques titres pêle-mêle : « Il sauve six locataires de l'incendie » (*Nord Éclair*) ; « Ces trois garçons ont sauvé la vie d'une nageuse »... (*Vosges Matin*) ; « Un enfant sauvé par son voisin de 23 ans » (*Le Dauphiné Libéré*) ; « La boulangère sauve son fils et son mari » (*Le Télégramme*), etc. Ce genre de fait-divers est devenu si banal que les articles ne font souvent que quelques lignes dans un coin du journal ! Mais parfois, l'héroïsme de ces anonymes est tellement spectaculaire qu'ils ont droit à un grand titre de Une...

### Le vieil homme, la fillette et les molosses

En tête de page du *Journal du Centre*[1], du côté de Nevers, le visage en gros plan de Georges Lamour attrape le regard du lecteur. À 76 ans, cet homme au physique carré enveloppé dans un épais pull de laine, chevelure et moustache poivre et sel, ne peut contenir les larmes de son émotion. Ses larges mains de travailleur passent devant ses yeux humides.

« La municipalité de Prémery a rendu hommage à Monsieur Lamour en présence de la petite Manon qu'il avait sauvée d'une attaque de chiens le 27 novembre dernier », commence sobrement l'article.

Dans sa maison de Cervenon, petit hameau d'une quinzaine d'habitants à l'écart du village, le septuagénaire articule

1. *Le Journal du Centre* (08/01/09).

difficilement ses phrases. Les félicitations des habitants et les mots de réconfort de ses voisins, sous le choc eux aussi, ne suffisent pas encore à effacer les images d'horreur qui reviennent sans cesse devant ses yeux.

C'est pourtant à lui, la force tranquille, l'homme discret, que Manon, 10 ans, doit la vie.

La nuit tombe ce jeudi de novembre quand, vers 17 heures 30, en sortant de sa grange, Monsieur Lamour entend « des hurlements de petite fille de l'autre côté de la rue ». Des hurlements qui lui glacent le sang.

Instinctivement, il se précipite. La scène est cauchemardesque. « Les chiens étaient en train de la manger, raconte-t-il la voix tremblante. Ils étaient deux. Je n'osais pas trop y aller. J'avais peur. Mais elle criait : "aidez-moi"… »

Le vieil homme s'interrompt. Trop d'émotions, encore.

Un rottweiler et un beauceron, deux monstres de puissance, semblent avoir littéralement disjoncté et s'acharnent sur la fillette. Georges Lamour ne réfléchit pas, se jette sur eux et leur arrache l'enfant. Il la prend dans ses bras, repousse les chiens qui ne lâchent pas prise, court en direction de sa grange pour se mettre à l'abri. « Ils m'ont suivi et, sur moi, ils continuaient de la manger… » Il est lui aussi mordu au bras mais ne lâche pas prise, serrant la petite contre sa poitrine, et continue sa fuite éperdue. « J'ai réussi à refermer la porte alors qu'ils essayaient de rentrer… »

Dans le calme retrouvé de son domicile, Monsieur Lamour alerte aussitôt les pompiers. Manon a un bras et une jambe affreusement mutilés et couverts de sang. Les blessures sont graves.

À l'extérieur, la traque des molosses commence. Des maîtres-chiens de la gendarmerie aidés d'un vétérinaire tentent en vain de les capturer. Ce ne sera possible que deux heures plus tard, avec l'arrivée de… la mère de la petite Manon. Le rottweiler et le beauceron sont les « animaux de compagnie » de la famille.

Dans le journal, le maire de Premery s'étonne de leur existence : « On ne m'avait jamais signalé ces chiens qui auraient dû être déclarés. J'ai pris la décision, par arrêté municipal, de demander qu'ils soient euthanasiés. »

Et la petite Manon ? Transportée en urgence vers le centre hospitalier de Nevers, elle a dû subir une lourde intervention chirurgicale et la pause de vingt-huit points de suture. Mais ses jours ne sont pas en danger.

Pour les secouristes, le courage de Georges Lamour a incontestablement permis d'éviter un plus grand drame.

## Dix hommes et deux vies

— Dites, est-ce qu'elles vont s'en sortir ? s'inquiète un jeune homme en s'approchant d'un ambulancier. Il est épuisé, les épaules basses. Trempé des pieds à la tête.

Le silence et, surtout, le visage fermé que le secouriste lui renvoie en guise de réponse semblent avoir raison de ses dernières forces. Il s'assied. Se prend la tête entre les mains.

Un homme plus âgé, lui aussi dégoulinant d'une eau crasseuse, s'accroupit à son côté et pose une main sur son épaule.

— Nous avons fait tout ce qu'il était possible de faire..., souffle-t-il d'une voix fatiguée.

Un troisième s'approche :

— Ils vont s'occuper d'elles, ça ira...

Sur la route nationale 113 qui relie Nîmes à Bellegarde, le regroupement d'ambulances et de camions de pompiers est annonciateur du pire. Des hommes en uniforme passent d'un véhicule à l'autre tandis qu'une dizaine d'anonymes, les regards perdus, se réconfortent en se donnant des petites tapes d'encouragement et en échangeant de brèves paroles. Sous leurs yeux, en contrebas de la chaussée, un véhicule accidenté est encore à moitié immergé dans le canal du Bas-Rhône Languedoc. Tous ont tenté de porter secours à la conductrice qui se trouvait à son bord et à sa petite fille de deux ans assise à l'arrière.

Une heure plus tôt, au même endroit. Il est 15 heures 45. La circulation est fluide sur le petit pont de béton qui enjambe le canal. Abdel, un infirmier qui se rend à son travail, à Beaucaire, suit une Golf grise qui part brutalement de biais. La voiture traverse la voie, percute le parapet de sécurité, passe par-dessus et bascule dans le vide. Le jeune homme enfonce la pédale de freins, descend de son camion et accourt. Cinq mètres plus bas, la Volkswagen disparaît déjà dans l'eau noire. Abdel n'hésite pas une seconde et plonge.

Sans le savoir, il vient de donner le départ d'un extraordinaire mouvement de courage collectif. Mais aussi, hélas, d'interminables minutes de confusion et d'épouvante…

Hasard du destin, c'est un policier municipal qui arrive le deuxième sur les lieux de l'accident. L'agent saute à son tour et rejoint Abdel qui a réussi à ouvrir une portière du véhicule immergé. À tâtons, les deux hommes tentent de secouiir la jeune femme, cherchent sa ceinture de sécurité, mais l'eau est si sombre que leurs mains se perdent. Ils font le tour du véhicule, se glissent à l'arrière et découvrent la fillette inconsciente dans son siège-auto. L'infirmier et le policier se précipitent sur l'enfant, mais elle aussi est trop solidement harnachée. Ils insistent, s'énervent, remontent à la surface pour reprendre leur respiration, puis replongent. Sur le pont, trois hommes, deux maçons et un garagiste du coin, qui ont été alertés par les appels à l'aide, se saisissent de couteaux et descendent dans le cours d'eau. Il faut couper les ceintures !

La panique, à cet instant, est à son comble. Un chauffeur routier, lui, approche son poids lourd. « J'ai vu des bulles dans l'eau, raconte-t-il, et j'ai entendu qu'un enfant était dans la voiture… »[1] Chacun tente l'impossible pour que le cauchemar finisse. Le routier tend une sangle entre son camion et la Golf, fait vrombir le moteur, mais la sangle casse ! Encouragé par Abdel et les autres sauveteurs qui ne parviennent pas à dégager la petite fille et sa maman, il installe une nouvelle sangle, recommence l'opération et, enfin, la voiture sort de l'eau ! Dans le même mouvement, la maman et sa petite fille sont extraites, inconscientes, du véhicule et hissées sur la berge.

Quand l'hélicoptère du Samu décolle en emportant la fillette vers un hôpital de Marseille alors que sa maman, dans un état

1. *Midi Libre* (01/10/09).

critique, est évacuée en ambulance en direction de Nîmes, tous ceux qui se sont portés à leur secours se rassemblent autour des gendarmes et des pompiers restés sur place. Et tous se posent la même question : peuvent-elles survivre ? Les médecins pourront-ils les sauver ?

À une journaliste qui se présente, un responsable des secours ne cache pas son pessimisme. Les victimes ont été réanimées mais, reconnaît-il, « elles ne sont pas tirées d'affaire ». Le lendemain, l'article du *Midi Libre* s'achève par une sentence funeste : « Pour les deux victimes, le pronostic vital est engagé. »

Sur les forums du journal et sur les sites internet qui ont relayé le sauvetage désespéré, les messages de félicitations et d'espoirs affluent aussitôt par dizaines. On salue le courage de ces anonymes qui, sans doute au péril de leur vie, ont permis que l'espoir demeure. Des internautes demandent à ce que les photos des sauveteurs, « ces gens formidables », soient diffusées dans la presse en guise d'hommage. D'autres se disent même « réconciliés avec la nature humaine ». Mais surtout, presque tous adressent des messages de soutien aux proches des malheureuses et promettent de prier pour elles. Cela ne suffira malheureusement pas.

Le 10 octobre, après une semaine de coma, la maman cessera de vivre.

Son enfant s'éteindra quelques jours plus tard.

## La mort du héros

Sur la base de parachutisme de Pujaut, à dix kilomètres d'Avignon, on dit de Grégory qu'il est mort en héros[1].

À 27 ans, Grégory Schmidt était un parachutiste chevronné, un passionné avec des centaines de sauts à son actif et qui avait formé des dizaines de stagiaires depuis qu'il était devenu moniteur privé, quatre ans plus tôt.

Le mardi 24 juin 2008, Greg, comme on le surnommait ici, s'est tué en sauvant l'une de ses élèves d'une mort certaine.

1. *La Provence* (25 et 26/06/08).

Sur le tarmac du club, l'un des plus importants de France, ses amis et frères de passion, les yeux embrumés de larmes, cherchent à comprendre. « Ils avaient une voile chacun et une radio chacun. C'est ce que l'on appelle une progression accompagnée en chute », explique l'un d'entre eux. « Dans ce style de cours, quand le moniteur estime que vous êtes à l'aise, il vous lâche quelques instants et reste à un ou deux mètres de vous. S'il y a un souci, il se rapproche immédiatement et vous sécurise », poursuit un autre.

La chute libre ne dépasse jamais une minute. L'exercice est un grand classique. Les incidents, extrêmement rares. Alors que s'est-il exactement passé ?

Les gendarmes de Villeneuve-lès-Avignon le découvrent, seconde après seconde, les regards figés sur un écran de télévision. La vidéo ne dure que quelques minutes, mais elle est terrible. Elle a été saisie sur le corps du moniteur qui, comme cela se fait dans la plupart des stages, a filmé le saut grâce à une petite caméra fixée sur son casque. On y voit d'abord une jeune femme d'à peine 30 ans qui saute d'un avion à 4 000 mètres d'altitude. Après quelques secondes de chute, visiblement à l'aise, elle entame une série de figures acrobatiques, des gestes maintes fois répétés à terre pour trouver ses marques dans les airs. Soudain, la jeune femme semble s'affoler. Et brutalement la caméra s'agite à son tour…

Greg a compris que sa stagiaire est en difficulté. Le problème vient de son sac à dos contenant la voile, l'incident le plus redouté. Une des sangles du sac a visiblement craqué. D'un mouvement éclair, la caméra s'approche. On devine alors que le moniteur tente une impossible réparation, puis déclenche la voile de secours de sa stagiaire et enfin s'écarte aussi promptement que possible pour ouvrir à son tour son parachute. Mais il est trop tard.

Le visage dissimulé derrière leurs mains tremblantes, les membres de la base de Pujaut observent avec effroi le ballet des ambulances et des camions de pompiers.

De loin, on aperçoit la stagiaire entre les secouristes. Elle est en vie, elle bouge. On lui prodigue les premiers soins puis on la fait monter dans un véhicule médicalisé qui l'emporte vers l'hôpital d'Avignon. Les gestes et les regards de ceux qui se sont approchés sont rassurants. Elle est hors de danger. La voile de secours a suffisamment ralenti sa chute. La réception a été brutale mais la jeune femme, par miracle, ne souffre que de quelques contusions.

De l'autre côté, au milieu d'un champ à près d'un kilomètre de la base, les visages sont fermés. Le va-et-vient des gendarmes et des secours autour du moniteur s'éternisent. Le corps de Greg gît à côté de son parachute ouvert. Il ne pourra être réanimé. Le choc a été trop violent.

Après avoir ouvert la voile de secours de sa stagiaire, Grégory ne disposait plus que d'une fraction de seconde pour ouvrir son propre parachute. Une fraction de seconde trop courte pour réfléchir au geste qui aurait pu le sauver. Il a déclenché sa voile principale, qui nécessite entre 250 et 300 mètres pour se déployer totalement, alors que la voile de secours aurait freiné sa descente en une cinquantaine de mètres.

## Allons enfants…

Un livre ne suffirait pas à dresser l'inventaire de ces héros ordinaires. Et personne ne manque à l'appel : des jeunes, des vieux, des couples, des cadres, des ouvriers, des chômeurs… Rien ne se partage mieux que ce genre d'honneurs. Certains, pourtant, ont toujours droit à un supplément d'applaudissements et quelques lignes de plus dans le journal quand vient leur tour. Ces derniers mois, ce fut le cas de Charlène, de Yoann, d'Arthur et de dizaines d'autres encore…

### Le réflexe d'Arthur

Charlène a 6 ans. Elle s'est précipitée chez des voisins pour prévenir que sa nourrice était victime d'un malaise cardiaque. Les urgentistes sont unanimes : son réflexe a sauvé sa nounou [1]

Yoann a 9 ans. S'il n'avait pas extrait de leurs lits ses trois frères et sœurs, ils auraient vraisemblablement péri dans l'incendie de la maison familiale [2]…

Arthur, lui, a 8 ans. Il est tout impressionné de se voir remettre une décoration sous les ors de la préfecture du Vaucluse [3] :

— C'était juste un réflexe… Je n'ai pas réfléchi…, bafouille-t-il en haussant les épaules après avoir entendu les officiels saluer « son extraordinaire sang-froid ».

1. *L'Union de Reims* (15/04/09).
2. *Presse Océan* (30/04/09).
3. *La Provence* (14/01/09).

Ce matin-là, Stéphanie, sa jeune maman, a pris sa voiture pour le conduire chez l'ophtalmologue. Le garçonnet, pas encore tout à fait réveillé, rêvasse sur la banquette arrière tandis que le poste de radio fredonne de vieilles chansons françaises. Tout paraît si calme sur cette petite route qui serpente, dans la brume du petit jour, vers les hauteurs de Vaison-la-Romaine quand, brutalement, le véhicule fait une embardée !

La jeune femme, victime d'un malaise, vient de perdre connaissance et s'est effondrée sur le volant.

Arthur tente de l'attraper, tire sur son chemisier, mais il est déjà trop tard : le 4 × 4 file tout droit dans un virage, traverse une haie, heurte une borne à incendie puis finit sa course folle contre un arbre. Le choc est violent mais, par miracle, Arthur est indemne…

— Maman !? hurle-t-il en en se précipitant à l'avant.

Stéphanie ne réagit pas. Dans la collision, sa tête a été projetée en arrière et s'est coincée entre le siège et la portière.

L'enfant cherche du regard quelqu'un qui pourrait les sortir de là mais, autour de lui, il ne voit que les gerbes d'eau propulsées par la borne décapitée et un ravin profond de dix mètres. En pleurs, il passe à l'avant du véhicule, dégage doucement la tête de sa maman en prenant bien soin de ne pas déplacer son corps. Puis il fouille dans son sac à main et trouve son téléphone.

« Il a réussi à surmonter son choc pour téléphoner, ce que certains adultes n'arrivent pas à faire dans ces circonstances. » Le père du petit garçon sait de quoi il parle. Il est pompier volontaire affecté au Groupement de Reconnaissance et d'Intervention en Milieu Périlleux. « Je ne lui ai jamais expliqué les premiers gestes de secours mais à force de m'entendre parler de mon métier, peut-être que cela s'est imprimé en lui… », suggère-t-il tandis qu'Arthur court montrer sa médaille à sa maman.

## Les collégiens de la Rance

Les trois collégiens ont les gestes un peu gauches des ados timides qu'on envoie au tableau. Tant d'attention les met mal à l'aise. Toute la presse locale et même une caméra de *France 3 Ouest* ont fait le déplacement[1].

Arnaud, Julien et Guillaume, 12 et 13 ans, s'avancent vers un couple de retraités. « Haaa… Voilà nos sauveurs ! », s'exclament Madeleine et Jean. Les embrassades sont pudiques, mais les regards en disent long. Les Bertin ont tenu à ces retrouvailles sur les rives sauvages de la Rance, entre Saint-Malo et Dinard, à quelques mètres de l'endroit où ils ont cru que leur heure était venue.

Ce 21 décembre, le vent de la Manche est frais mais le soleil brille sur les eaux saumâtres de la Rance. Pour des Bretons du Nord, c'est un temps idéal pour aller faire un tour en bateau. Madeleine enfile son gilet le plus chaud, Jean visse une casquette d'hiver sur sa tête et, comme il en a l'habitude, le couple rejoint son voilier, mouillé un peu plus loin, à bord d'une vieille annexe qui leur a rendu tant de services. Mais au moment de monter dans le bateau, le canot se dérobe sous leurs pieds ! Jean et Madeleine basculent et tombent à l'eau. Les sexagénaires tentent de s'accrocher au voilier, mais leurs mains glissent sur la coque ! Et l'annexe s'éloigne, emportée par le courant…

Un cri va les sauver.

Sur la rive, les trois collégiens arrêtent soudain leurs chamailleries d'enfants. Ils ont entendu l'appel au secours.

— Regardez !, s'exclame Julien en pointant son doigt en direction du bateau.

— Ils ont un problème, il faut aller les aider ! s'emporte Anthony qui s'avance vers un groupe de touristes.

Mais un homme s'interpose :

— Ne faites pas de bêtises, il vaut mieux prévenir les pompiers.

— Je les appelle ! intervient un autre.

Ils ne connaissent visiblement pas la région ! Les enfants, eux, savent que les minutes sont comptées et qu'il sera peut-être déjà trop tard quand les secours arriveront. Les eaux glaciales et les remous de la Rance sont sans pitié…

— On y va ! tranche Guillaume.

1. *Ouest-France* (30/12/08).

Les enfants accourent vers le bras de mer et sautent dans la première barque qui se présente. Pas de rames ! Qu'à cela ne tienne, ils ont des mains. Ils canotent à bout de bras jusqu'au voilier, rassurent les naufragés, attrapent des cordes et les passent autour de leur taille puis les tirent jusqu'à l'échelle du bateau et les aident à grimper…

Ce jour-là, la température de la Rance était de 7 °C. Un individu, selon sa résistance physique, peut survivre dans une eau aussi froide entre quatre et une heure. Pour les époux Bertin, le sursis n'aurait sans doute pas été aussi long.

Ni l'un ni l'autre ne savait nager…

## La rivière maudite

Sampigny, gros bourg du nord de la Meuse. Sampigny et ses collines boisées, sa fête de la grenouille, son canal et ses pêcheurs…

C'est là que Monique Tacques, 56 ans, a connu la plus grande peur de sa vie [1].

Ce dimanche d'octobre, comme presque tous les jours, elle est venue jeter sa ligne dans l'un de ses recoins favoris du cours d'eau, à l'abri des broussailles et des herbes aquatiques.

Le rituel est immuable : après avoir installé son fauteuil de camping, la quinquagénaire prépare ses appâts puis s'avance vers le rivage pentu pour récupérer de l'eau dans un seau afin de pouvoir garder ses prises au frais. Les années passant, la manœuvre est de plus en plus délicate, car Monique doit se plier en deux, dans un équilibre incertain, afin d'immerger le récipient tout en résistant à la force du courant. Madame Tacques sait tout cela et pourtant, cette fois, elle va se laisser surprendre.

L'eau s'engouffre d'un coup dans le seau qui, emporté par la rivière, tire sur son bras et la déséquilibre. La pêcheuse croit pouvoir se rattraper, ne lâche pas l'anse qu'elle ne tient plus que

1. *L'Est Républicain* (07/10/08).

du bout des doigts. De l'autre main, elle s'accroche à des plantes sauvages... qui fuient dans sa paume humide ! Ses talons glissent, elle dérape, sent l'eau glacée qui monte le long de ses jambes, puis dans son dos...

La pauvre dame se débat, voudrait nager mais le froid et la peur la paralysent. Elle se met à pleurer et se laisse partir quand, au loin sur la berge, elle aperçoit deux jeunes garçons qui se précipitent à son secours !

Anthony et Kilian, des collégiens du village, ont jeté leurs vélos à terre. Ils accourent, enjambent le matériel de pêche et pénètrent dans l'eau.

« Je suis sauvée », soupire-t-elle intérieurement en sentant ses dernières forces la lâcher.

Ce ne sera malheureusement pas aussi simple...

Les deux garçons se saisissent par la main pour former une chaîne. Anthony passe devant et tend le bras en direction de la vieille dame qui ne bouge plus, les yeux à demi-clos et de l'eau jusqu'au menton.

— Kylian, on n'y arrivera pas !

— Vas-y, vas-y, il faut continuer...

Anthony se retourne :

— Kylian... je ne sais pas nager.

— C'est pas vrai ?

— Vas-y toi !

— Mais je ne sais pas nager non plus !

À quelques brasses devant eux, ils voient Monique Tacques qui semble s'enfoncer de plus en plus. Faut-il y aller quand même ? Ne risquent-ils pas d'être emportés à leur tour ? Ils hésitent, avancent d'un pas puis reculent de deux. Ils se donnent la main pour former une chaîne mais leurs bras sont beaucoup trop courts !

Anthony a une autre idée : « Toi, tu restes là avec elle. Moi je vais chercher de l'aide. » Et voilà le gamin qui bondit hors de l'eau et cavale jusqu'au village. Il croise un homme, lui explique qu'une dame est en train de se noyer. Le monsieur croit d'abord à une plaisanterie de gosse puis, face à l'insistance et à l'affolement d'Anthony, il prend sa voiture et accélère jusqu'au canal.

Sur la rive, on distingue la silhouette de Kilian qui agite les bras au-dessus de sa tête. La dame ne bouge plus ! Elle est droite, coincée dans les ronces. Elle ne parle plus et avale beaucoup d'eau ! Son corps, tel un bouchon de pêcheur, plonge puis réapparaît !

L'homme qu'a ramené Anthony a une hésitation : « Je ne sais pas s'il est prudent que j'y aille… »

Il est… invalide à 80 %.

La malchance s'acharne.

Une chambre d'hôpital, le dimanche soir. Ce n'est pas à Monique que l'on vient rendre visite. C'est à son sauveur. Dominique, malgré de graves complications cardiaques, a finalement plongé.

Il a nagé jusqu'à la quinquagénaire, l'a placée sur son torse, tête hors de l'eau, puis a fait marche arrière jusqu'à la terre ferme. Voyant qu'elle ne respirait plus, il l'a allongée en position latérale, une jambe repliée et l'autre tendue, et a appuyé de toutes ses forces sur son ventre et sa poitrine. « Je n'ai pas de brevet de secouriste, mais j'ai vu ça à la télé », dit-il d'une voix fatiguée pendant qu'une infirmière relève son rythme cardiaque. Son cœur affaibli a mal supporté tant d'efforts.

## Le paradoxe du sauveur

Il ne suffit pas de se trouver au bon endroit au bon moment (ou au mauvais endroit au mauvais moment, chacun appréciera) pour gagner ses galons de héros. Il faut avoir le courage de faire face à ses propres peurs, souvent se battre contre les éléments naturels et parfois affronter des adversaires… inattendus.

### La voiture dans le fleuve

Nathalie, 21 ans, est une étudiante sportive et déterminée. Elle n'a pas réfléchi avant de sauter. Quand elle a vu une Renault 19 plonger dans la Sambre, à Berlaimont, elle a tout juste pris le temps de se débarrasser de son téléphone mobile et s'est jetée à l'eau [1].

Quelques promeneurs assistent à la scène depuis un pont qui enjambe le cours d'eau, médusés par la vision de cette voiture qui coule lentement. À l'intérieur, on distingue une femme d'une cinquantaine d'années, les mains agrippées au volant. Elle semble porter un masque funèbre, le visage figé, les yeux inexpressifs.

Des remous tourbillonnants agitent la surface de l'eau. Le véhicule vient de disparaître quand Nathalie arrive à sa hauteur. La jeune femme prend une large respiration et, d'une pirouette, descend la tête la première. À trois reprises, elle réapparaît, reprend de l'air et replonge.

Sous l'eau, Nathalie attrape le bras de la conductrice et, prenant appui avec ses pieds sur l'habitacle, tire de toutes ses

1. *La Voix du Nord* (21/08/08).

forces. Mais pourquoi ne se laisse-t-elle pas venir ? Pourquoi résiste-t-elle ?

La réponse est dans le journal du lendemain : « Ce n'était pas un accident. La quinquagénaire avait décidé de mettre fin à ses jours. » La méthode était radicale, mais pas suffisante face à la détermination de l'étudiante.

Nathalie a finalement réussi à extraire la désespérée du véhicule et à la ramener sur la berge.

## À têtu, têtu et demi

« Ils sauvent un désespéré », « Le naufragé secouru voulait mettre fin à ses jours », « Le miraculé du ravin avait décidé d'en finir »… Rubrique *Courage et Dévouement*, les titres de nos gazettes révèlent une facette tout à fait singulière de l'héroïsme amateur : les apprentis secouristes ont tendance à sauver ceux qui n'ont aucune envie de l'être…

Ce professeur d'université à Toulouse, que le destin avait envoyé pédaler sur les bords de la Garonne, un matin de septembre 2008, en a fait la dure expérience. Il vous le dira : une récompense, ça se mérite !

Ce jour-là, ils sont pourtant des dizaines sur la digue, promeneurs et leurs chiens ou travailleurs en chemin vers l'embauche, mais c'est lui qui aperçoit un homme au comportement étrange. De l'eau jusqu'aux cuisses, il avance sans but apparent à contre-courant du fleuve[1].

« Bizarre ce type », pense le professeur en posant un pied à terre. Bizarre et, il va le découvrir, têtu.

Maintenant, l'homme est une souche morte à la surface de l'eau. Il se laisse emporter par les flots, n'opposant aucune résistance à cette force naturelle qui va, à coup sûr, l'engloutir.

L'universitaire n'hésite pas. Il remonte en selle, fait demi-tour et se lance à sa poursuite. Il pédale aussi vite que ses jambes le lui permettent, le rattrape puis le dépasse, avise une petite échelle métallique scellée dans la digue, la descend quatre à quatre et plonge. Du bout des doigts, il attrape le col

1. *La Dépêche du Midi* (20/09/08).

du baigneur à la dérive, le tire jusqu'à la rive et parvient à l'extraire de l'eau. Sauvé !

Pas si sûr…

Aidé d'un passant, le professeur réchauffe le pauvre homme qui retrouve enfin ses esprits… et ses démons. L'entêté s'agite, se débat ! Est-il possible de se jeter à l'eau sans que personne ne s'en mêle ? Il se dégage de l'étreinte de ses sauveurs et se précipite à nouveau vers le fleuve. Rattrapé de justesse, il s'apaise un moment, puis se ressaisit et tente un nouveau plongeon. Encore raté. Le désespéré est tombé sur plus têtu que lui ce jour-là.

Plaqué au sol et à bout de forces, il finira par se résigner.

## Le coup double du gendarme

Dans son bureau de la gendarmerie de Gevrey-Chambertin, l'adjudant Cardenave a la gloire modeste.

— Je n'ai fait que mon travail, répond-il aux félicitations qui affluent par téléphone.

Et au journaliste venu interviewer le héros du jour :

— Vous savez, tout le monde aurait fait la même chose à ma place…

— Tout de même, deux sauvetages sur le fil…

Le temps s'est arrêté sur cette portion déserte de la voie ferrée qui relie Dijon à Nuits-Saint-Georges [1]. Le hurlement mécanique du train qui approche a fendu le silence comme une menace de mort : le freinage d'urgence de la locomotive est déclenché. Chaque seconde est désormais comptée.

Les bras en croix, debout entre les rails, la femme est déterminée. Impossible de la raisonner : « Laissez-moi, je veux mourir ! », hurle-t-elle aux gendarmes qui se tiennent à quelques mètres. « Elle est partie en jurant qu'elle se jetterait sous un train. Elle ira jusqu'au bout », avait prévenu son mari.

Le train n'est plus qu'à une cinquantaine de mètres. « J'y vais ! », crie l'adjudant qui enjambe le grillage de sécurité, court jusqu'à la femme et, d'un plaquage que n'auraient pas renié les piliers du XV

1. *Le Bien Public* (23/04/09).

de France, la propulse hors du ballast. Scène surréaliste que celle du gendarme et de la désespérée se battant comme des chiffonniers le long de la voie de chemin de fer alors que la locomotive, dans un vacarme infernal, s'immobilise enfin sous leurs yeux !

Fin de partie ? Pas vraiment. Dans un état d'hystérie, la femme reste sourde aux appels à la raison des pompiers qui l'encerclent maintenant pour la faire monter dans une ambulance. Elle gesticule et se débat : « Laissez-moi tranquille ! », hurle-t-elle en distribuant des coups à ses sauveurs qui, aidés des gendarmes, sont obligés de la pousser de force à l'intérieur.

L'adjudant a un mauvais pressentiment : « Je monte avec vous », lâche-t-il en grimpant à son tour avant que le véhicule ne démarre en trombe, sirène hurlante. Il ne va pas le regretter...

Patiemment, pesant chacun de ses mots, contrôlant chacun de ses gestes, il parvient à apaiser la pauvre femme. Alors que l'ambulance file à toute vitesse dans la circulation, il parle à voix basse, passe sa main sur bon bras : « Tout va bien maintenant, on va s'occuper de vous. »

Elle ne répond pas. Le regard vide, elle semble réaliser enfin où elle se trouve. Des crispations nerveuses aux commissures de ses lèvres laissent imaginer qu'elle est en train de revivre intérieurement les folles minutes qui viennent de s'écouler, la voie de chemin de fer, le grondement de la locomotive, l'intervention du gendarme, la cohue des pompiers... Instants de répit et de silence... de courte durée.

Car, profitant d'un moment d'inattention des secouristes, elle se lève brusquement, se jette sur la double porte arrière du véhicule, l'ouvre et saute ! Son corps est comme un carton jeté d'un camion : il valse sur le bitume et rebondit sur plusieurs mètres ! Mais la voilà qui se relève, titube...

Adjudant Cardenave, à vous de jouer ! Le gendarme s'éjecte à son tour, court vers la fuyarde, la rattrape et la ceinture... *in extremis*.

Dans un ultime geste de désespoir, elle s'était jetée sous les roues d'une voiture.

## Petites fables sur la bonté humaine

En Une du journal, un homme pose devant la mairie d'un village. Au-dessus de la grande porte, gravée dans la pierre, la devise « Humanité, solidarité, générosité » résume en trois mots l'histoire de ce citoyen ordinaire qui, tout un hiver, a recueilli deux SDF afin qu'ils ne dorment pas dans le froid. Le photomontage est parfaitement réussi et illustre à merveille ces « petites fables » dont la presse quotidienne raffole.

### L'enfant et les anciens combattants

*L'Indépendant Catalan* aurait pu utiliser ce trucage photographique en rapportant l'histoire du petit Dylan, fils de la gardienne du cimetière-sud de Perpignan, pour qui tous les anciens ont aujourd'hui un sourire quand ils arrivent.

— Bonjour Dylan ! s'exclame une vieille dame courbée par les années.

— Bonjour madame. Pas de fleurs aujourd'hui ? répond le gamin.

— Pas aujourd'hui mon garçon. Je viens juste faire coucou à monsieur Antoine.

— Vous lui direz pour ma médaille ?

— Bien sûr ! Crois-tu que je pourrais oublier ?

Avec ses cheveux longs tenus en arrière par un serre-tête, sa boucle d'oreille et son regard espiègle, le garçonnet de 9 ans est la petite coqueluche du quartier. Tout le monde connaît son histoire ici. On raconte même que certains attendent qu'il soit rentré de l'école pour venir se recueillir sur les tombes de leurs proches et avoir ainsi une chance de le croiser. Et depuis que *L'Indépendant Catalan*[1], le journal local, lui a consacré un long article, une pointe de respect s'est ajoutée à la tendresse des regards.

Le conte de Dylan commence un matin de 1er novembre. Une dame âgée se présente chez la gardienne du cimetière, les bras chargés de chrysanthèmes. Elle a besoin d'aide pour transporter ses pots jusqu'à la tombe de son mari. Dylan tend les bras : voilà une bonne occasion de s'occuper en cette journée sans école.

— Je peux vous aider, moi, madame.

— Comme tu es mignon mon garçon ! Mes jambes me font tellement souffrir…

Un aller-retour, puis un autre, Dylan s'applique, replace les pots sur la pierre tombale. Et quand la vieille dame lui donne une pièce pour le remercier, le garçon a d'abord un mouvement de recul. Que va-t-il faire de cet argent ? D'autres en ont plus besoin que lui !

Il hésite, fronce les sourcils comme il le fait lorsqu'il se concentre sur ses devoirs qu'il trouve toujours trop difficiles. Et puis, regardant par-dessus les tombes, à la façon de ceux qui nourrissent un projet secret, il saisit finalement la pièce et la glisse dans sa poche.

Chaque après-midi après l'école, Dylan s'installe devant la porte du cimetière. « Je porte vos pots contre quelques pièces ! », lance-t-il à la cantonade. En cette période de commémorations, les affaires marchent si bien qu'avec les premiers euros récoltés, il peut s'acheter un chariot à roulettes et transporter ainsi encore plus de pots. Car le bonhomme, les poches lourdes de monnaie sonnante et trébuchante, a une idée derrière la tête. L'association du Souvenir Français a dressé un petit stand à l'entrée du cimetière. « Ils font la quête pour entretenir les tombes de ceux qui sont morts pour la France », lui a expliqué sa mère. Morts pour la France ? Dylan a ressorti son livre d'Histoire et a demandé qu'on lui explique, qu'on lui montre des images sur

---

1. *L'Indépendant Catalan* (03/12/08).

internet, qu'on lui raconte. Et il a pris sa décision : « Je partagerai mes sous avec ceux qui s'occupent des soldats morts à la guerre. »

Dylan a pris son air le plus sérieux possible. Le menton haut et une main ouverte sur sa tempe, le voilà au garde-à-vous devant l'installation de l'association. De son autre main, il tend les quelques euros de sa collecte.

L'homme qui lui fait face s'avance et, d'un geste solennel, le salue en retour.

— Regarde : les doigts bien collés les uns aux autres et la main bien tendue.

Sans dire un mot, l'enfant reprend position.

— D'où tiens-tu cet argent mon garçon ?

— Je porte des pots monsieur.

« Le petit Dylan recevra aujourd'hui un prix décerné par le Souvenir Français, ému par son geste de civisme. » Dans *L'Indépendant*, Maurice Lopez ne se lasse pas de raconter sa rencontre avec l'enfant du cimetière : « J'ai fondu. Je suis grand-père mais j'ai fondu. Dylan m'a dit qu'il avait perdu son grand-père et que cela l'avait beaucoup touché. » Le professeur en retraite et le petit garçon de 9 ans ont noué une relation comme celle qu'on lit dans les contes pour enfants. « Je me suis un peu reconnu en lui. Jeune, je volais dans le frigidaire de mes parents pour donner aux pauvres. Et j'ai eu l'honneur qu'il me choisisse comme grand-père d'adoption, ou de cœur. » La mère de Dylan, elle, n'est pas surprise par la générosité de son fils : « Il est comme ça. Il voit un SDF, il donne les pièces qu'il a dans la poche. On est obligé de le retenir… »

À 9 ans, Dylan s'étonne de tous ces honneurs que lui font les adultes : « Bah, du moment que j'aide quelqu'un et que cela lui fait plaisir, ça me fait plaisir aussi ! »

## Au quartier des indigents

Dans *La Provence*, une des belles histoires de cette année 2009 est née dans les cages d'escaliers d'une résidence modeste du onzième arrondissement de Marseille, aux Caillols. Les habitants se sont réunis pour permettre à leur voisin Norbert de reposer en paix auprès de son épouse[1].

Henriette était partie quatre ans plus tôt, subitement, après une opération chirurgicale. Quinze jours avant la grande fête qui devait célébrer leurs cinquante années de mariage. La salle avait été réservée et les invitations lancées. Norbert ne s'en était jamais remis.

À la mort d'Henriette, l'univers de Norbert se réduit brusquement à l'immeuble dans lequel il vit au premier étage. Norbert ne sort plus, vend sa voiture – à quoi bon la garder à 77 ans ? et pour faire quoi ? – ne se montre plus que pour aller chercher de frugales provisions ou lorsqu'il rend visite à son médecin. Même ses voisins les plus proches, ceux avec qui il aimait plaisanter de tout et de rien sur le pas de la porte, ne parviennent plus à le faire rire quand ils le croisent. Ils voient bien que le brave homme tente de donner le change, mais ils devinent aussi que la solitude le ronge et, surtout, ils comprennent que des difficultés financières ternissent un peu plus encore son deuil impossible.

Cela fait plusieurs jours que Norbert ne s'est pas montré. Dans les cages d'escaliers, on s'interroge, on questionne les uns et les autres. Qui l'a vu ? Quand exactement ? Personne ne sait vraiment mais, allons ! il finira bien par revenir… « Bon, il faut que je me sauve, je vais être en retard », « Nous verrons cela demain », « Bonne journée à vous ! »…

Le vieil homme est retrouvé mort chez lui. Une mort naturelle, constate le médecin. Une mort qui remonte à… trois semaines.

Pourquoi ne s'est-on pas plus inquiété que cela ? Chez ceux qui l'ont croisé ces derniers mois, la tristesse se mêle à l'embarras. Contacter sa famille ? Les voisins ne lui en ont jamais connu. Certains se souviennent simplement que ses racines sont en Isère, à trois cents kilomètres de là, mais la piste est bien maigre. Ils retrouvent toutefois, en triant des documents pour libérer son appartement, un nom sur un faire-part annonçant l'anniversaire de mariage. Peut-être un cousin éloigné ou un

1. *La Provence* (24/02/09).

parent par alliance. Peine perdue. Ni famille, ni proches, personne ne semble s'intéresser au sort de Norbert.

L'administration n'est pas une grande sentimentale. La fosse commune. Voilà ce que sera la dernière demeure de Norbert. La terre des sans-nom. La solitude jusque dans la mort. Pour les voisins, c'est un choc. En quelques jours, le sinistre courrier fait le tour de la résidence. Comment peut-on laisser un homme s'en aller comme ça, dans l'indifférence, loin de sa défunte épouse ? À chaque étage, à chaque porte, l'indignation est grande. La culpabilité aussi.

Une poignée de voisins se rassemble. On donne quelques euros pour une couronne ou une plaque. Et bientôt, ils sont quinze, vingt, trente à s'unir autour du souvenir de ce voisin qui avait partagé un peu de leur quotidien.

Norbert a été inhumé dans le cimetière Saint-Pierre, à Marseille, entouré de sa dernière famille. Au total, quarante-cinq résidents se sont mobilisés pour réunir un millier d'euros et lui offrir un enterrement digne.

## Un défunt capricieux

— Une piscine, très grande…

— Non, une nouvelle salle des fêtes…

— Et s'ils supprimaient les impôts locaux !

Des éclats de rire résonnent dans les ruelles désertes du village.

— C'était tout de même un drôle de type, le Parisien, s'exclame Germain en passant le journal à sa voisine qui relie encore une fois l'article à haute voix, comme pour s'assurer que cette histoire d'héritage n'est pas une plaisanterie : « Rouez-en-Champagne, bourg sarthois de 715 habitants, vient d'hériter de 38,5 millions d'euros. » [1]

— 38 millions d'euros…, répète-t-elle en faisant circuler le journal parmi le groupe d'habitants qui s'est formé devant la mairie.

Un village seul héritier d'une fortune colossale ? C'est l'idée de Serge Le Grou, décédé le 10 décembre 2008 à l'âge de 93 ans, veuf et sans enfant. Un sacré personnage.

1. *Ouest-France* (13/06/09).

— Je ne l'aimais pas, moi, avec son air supérieur et toujours pressé, ose un vieillard en se tournant vers Germain. Il nous snobait avec ses belles voitures et ses culottes de cheval.

— C'est tout juste s'il nous regardait quand on lui serait la main ! renchérit un autre.

— Et ses colères ! Quel caractère...

— Qu'en dites-vous, Daniel, vous qui le connaissiez mieux que quiconque ici ? interroge Germain en se tournant vers un homme apprêté qui s'approche.

Le petit groupe cesse ses commérages et le nouvel arrivant saisit le journal qu'il a manifestement déjà lu :

— Il avait déjà parlé de cette succession, surtout depuis la mort d'Andrée, il y a une dizaine d'années. Elle et lui ne voulaient pas d'enfants mais ils ne voulaient pas non plus que leur argent aille au percepteur. Ils trouvaient qu'ils payaient bien trop d'impôts.

— Lui, plus il roulait l'État, plus il était content !

À Rouez-en-Champagne, où il possédait un haras et des chevaux de course, Serge Le Grou ne se montrait plus guère qu'occasionnellement au volant de belles voitures et habillé de culottes d'équitation. Mais on savait bien que la vie avait gâté ce petit-fils de notaire. Héritier de plusieurs fermes et de terrains dans la région, il était parvenu à la tête d'un autre patrimoine immobilier en épousant Andrée, la fille d'un riche concessionnaire automobile parisien. À la mort de celle-ci, il était ainsi devenu l'unique détenteur des deux fortunes familiales.

Dans la salle du conseil municipal, Paul Mélot et ses adjoints trinquent à la santé du généreux donateur. Deux ensembles immobiliers et des parkings à Paris, des terres agricoles, le haras, des chevaux, des terrains ici et là autour du village... L'inventaire est interminable. « Mais écrivez bien que nous ne sommes pas riches pour autant ! », insiste le maire auprès des journalistes désirant conter l'incroyable histoire du petit village et de ses millions d'euros : « Les habitants doivent savoir qu'on a bien failli ne rien toucher et que, pour l'instant, nous sommes surtout très endettés... »

Calculatrice à la main, son premier adjoint en fait la démonstration. Valeur totale du « cadeau » : 38 542 000 euros. Droits de succession : 7,5 millions d'euros. Presque six fois le budget annuel de la commune. « On a été obligé d'emprunter 4,7 millions… », explique-t-il. Pourquoi ne pas avoir vendu quelques biens ? Un peu embarrassé : « Ce n'était pas le souhait du défunt… » Les élus cachent une moue amusée en portant leur verre à la bouche. Les « souhaits du défunt », chacun se souvient qu'ils pouvaient être sans limite. Depuis la mort de son épouse, Serge Le Grou avait ainsi pris l'habitude, une fois par mois quand il revenait au village, de demander à voir le maire ou l'un des conseillers municipaux : quelques allusions sur sa fortune et un sous-entendu sur « ce qu'il pourrait faire pour le village après son décès », puis il dictait ses volontés, « comme cette fois où il exigea que l'on rebaptise une rue du nom de sa femme », se souvient l'élu.

Monsieur Le Grou était un homme exigeant et l'est resté… même après sa mort. Dans son testament, il a en effet posé ses conditions pour que le village puisse toucher sa fortune : d'abord, la mairie devra construire cinquante logements qu'elle mettra gracieusement à la disposition des personnes âgées trop démunies pour payer un loyer ou une maison de retraite. Et l'ensemble devra être appelé « Fondation Serge et Andrée Le Grou ». Ensuite, la commune devra laisser aux locataires de ses nombreux biens la jouissance de leur habitation sans qu'ils n'aient à verser de loyer jusqu'à leur mort. Plus exactement : seuls certains locataires devront bénéficier de cette gratuité… Ceux dont il a dressé la liste en annexe !

Pour Paul Mélot, le maire, rien d'étonnant : « Quand il demandait un service personnel, je devais rester ferme en lui rappelant que je suis le maire de tous les Rouéziens. Et les jours où ça ne lui plaisait pas, il menaçait de nous déshériter. »

Les locataires du vieil homme qui avaient eu le tort de lui déplaire savent mieux que personne que Serge Le Grou avait du caractère et une seule parole : dans son testament, il ne leur a accordé aucune faveur.

## TROP HONNÊTES POUR ÊTRE MALHONNÊTES

Les bons sentiments ne sont pas l'apanage des honnêtes gens, qu'on se le dise ! Même les voyous peuvent être touchants… Ce sont des victimes qui l'affirment ! Et quand elles vont jusqu'à accorder publiquement leur pardon dans le journal, alors on peut les croire.

### Le braqueur et la liste de courses

Des billets de banque et une lettre. Laurent V. referme l'enveloppe, cherche une inscription. Rien. Il fait glisser rapidement les billets entre ses doigts et compte une centaine d'euros. Il claque la porte de la pizzeria, pose les billets à côté de la caisse enregistreuse et parcourt d'un regard le mot manuscrit. Pas de signature.

Et ces premiers mots : « Je m'excuse, j'avais besoin d'argent… »

Inutile d'aller plus loin. En une phrase, il a compris. La main qui a déposé ce mystérieux courrier sur le palier de son restaurant de Cépet, aux portes de Toulouse, est la même que celle qui l'avait menacé deux jours plus tôt, à l'heure de la fermeture.

Un homme d'une trentaine d'années avait surgi armé d'un pistolet à grenailles et lui avait ordonné de lui remettre la recette du jour. Laurent V. lui avait tendu quelques billets et le type s'était enfui sans insister davantage. « Pas vraiment un caïd du braquage », avait immédiatement jugé le restaurateur en l'observant, coiffé d'un bob de pêcheur, sauter à bord d'une petite Peugeot dont la plaque d'immatriculation n'était même pas maquillée.

Laurent V. avait aussitôt porté plainte et donné tous les détails possibles aux gendarmes. Trop d'histoires de braquages de petits commerces ces derniers temps dans la région ! Ras le bol de ces malfrats de pacotille qui pourrissent la vie des honnêtes travailleurs !

Quand le braqueur est arrêté à son domicile de Castelginest après quelques mois d'enquête, il n'oppose aucune résistance. Il est aussitôt mis en examen pour « vol avec arme »[1]. Affaire réglée ? Et bien non : Laurent V. refuse de se porter partie civile et de poursuivre en justice son agresseur, qui encourt jusqu'à vingt ans de prison. Il avait d'ailleurs retiré sa plainte immédiatement après avoir lu la lettre glissée sous la porte de son restaurant.

« Je devais nourrir mes gosses », écrit l'auteur, un père célibataire de 33 ans et ancien gérant. S'il a volé, poursuit-il, c'est parce que des problèmes de santé et des arrêts de travail à répétition ont fini par lui coûter son emploi. En quelques mois, avec ses deux enfants à charge, il s'est retrouvé acculé, au bout du rouleau, sans ressources. Une descente aux enfers trop brutale pour être surmontée.

Le braquage ? Une folie, guidée par le désespoir, à laquelle il aurait fini par céder après d'insupportables hésitations. Commis avec une voiture volée, le passage à l'acte a été un calvaire pour lui. Il le regrette, se dit rongé par le remords. C'est pour cette raison qu'il a décidé de rendre ce qu'il restait des 200 euros volés, après avoir pu acheter de quoi nourrir ses enfants.

Laurent V. a reposé la lettre et replacé les quelques billets dans la caisse qu'ils n'auraient jamais dû quitter. Touché par la repentance de son agresseur, il a donc décidé de lui accorder sa grâce personnelle. Bonne poire, le restaurateur ? Un peu trop crédule ? Chacun jugera. L'enquête a en tout cas démontré que l'argent manquant avait effectivement été utilisé pour payer des produits alimentaires.

1. *La Dépêche du Midi* (07/03/08).

## Petit voleur devenu grand

Il n'est jamais trop tard pour bien faire. Du côté de Nantes, Claude Hourdel a lui aussi une belle histoire de repentance à raconter. L'histoire d'un petit voleur qui vient frapper à sa porte pour lui restituer ce qu'il lui avait dérobé bien des années plus tôt. « Il y a plus de dix ans sans doute, peut-être douze ou treize… », Claude ne sait même plus quand exactement [1].

Ce dont il est sûr, c'est qu'à l'époque il travaillait encore à La Poste et que, pour arrondir ses fins de mois, il réparait des moteurs de bateaux. Un petit complément de salaire qu'il dissimulait dans des pots de confitures, sous les roues de sa tondeuse à gazon au fond d'une cabane de jardin. « C'était ma petite caisse noire. Ma femme n'était pas au courant », se souvient-il en racontant ce jour où il découvrit que les pots avaient disparu : « J'ai cherché partout, j'ai même soupçonné ma femme, mais elle m'a affirmé que ce n'était pas elle. Je ne les ai jamais retrouvés. »

Une décennie plus tard, un jour de décembre. Un jeune homme d'une vingtaine d'années se présente à la porte d'un pavillon, quartier Saint-Donatien à Nantes. C'est l'épouse de Claude qui ouvre. Le garçon demande à voir le retraité. Sans un mot, il lui remet une enveloppe. À l'intérieur, l'ancien agent de La Poste découvre une liasse de billets et un morceau de papier noirci de quelques lignes écrites avec soin.

« Monsieur, il y a quelques années, je vous ai volé dans votre cabane de jardin 1 555 francs et 2 000 francs. C'était dans des pots de confiture. Donc 3 555 francs = 542 euros. Désolé Monsieur. »

Claude Hourdel reste interdit, serre la main de son visiteur, le remercie, le félicite et lui propose d'entrer mais le garçon, semblant encore honteux de ce larcin commis quand il avait une douzaine d'années, refuse poliment et s'en va sans un mot de plus.

« Connaissez-vous ce garçon ? » Au journaliste de *Presse Océan* qui l'interroge, le retraité répond par une longue hésitation silencieuse. Et puis : oui, le souvenir lui est revenu. À force

1. *Presse Océan* (20/12/08).

de fouiller les plus lointains recoins de sa mémoire, il a trouvé. C'était peu de temps avant la disparition des pots de confiture. Il avait surpris un gamin dans son jardin en train de chaparder des cerises. Il l'avait même aspergé avec son tuyau d'arrosage… Le retraité n'a aucun doute : les deux voleurs ne sont qu'un seul et même enfant. Mais pas question de donner son identité dans le journal ! « Je ne veux pas qu'il ait d'ennuis », conclut-il dans un grand sourire.

## Sale temps pour les voyous

Ces derniers mois, une nouvelle discipline est apparue dans les pages de nos gazettes : le tabassage de malfrats. Face à l'augmentation des braquages de petits commerces et des cambriolages d'habitations [1], le phénomène est même très en vogue.

### Le commerçant qui n'aimait pas les fainéants

Toute la journée, les habitués du bureau de tabac de l'avenue Lalanne, en périphérie de Pau, ont posé les mêmes questions au patron. A-t-il eu peur ? Quelle tête avait son agresseur ? Était-il armé ? Que s'est-il passé exactement ? Toute la journée Jacques Mongrand, sourire aux lèvres, a répété les mêmes réponses en tendant le journal du matin dans lequel un article lui était consacré [2].

La veille, un type cagoulé et tout de noir vêtu a fait irruption dans le magasin peu avant 7 heures. Alors que le buraliste déballait les colis de journaux fraîchement imprimés, le braqueur, pistolet à la main, l'a mis en joue et a exigé la caisse. S'ensuit une scène pour le moins épique.

Jacques Mongrand, voyant que l'arme est factice, ne se démonte pas, réplique à son agresseur qu'il « ne travaille pas pour les beaux yeux de fainéants dans son genre » et lui conseille de filer vite fait s'il ne veut pas prendre une bonne correction…

1. + 20,5 % de vols à main armée visant les petits commerces entre 2007 et 2008 ; + 12 % de cambriolages de résidences principales entre juillet 2008 et août 2009 (source : ministère de l'Intérieur).

2. *Sud Ouest* (02/10/08).

— Allez, dégage !

L'agresseur, tout de même étonné, agite son arme :

— T'es malade ou quoi ! ? Donne la caisse je te dis !

Il n'est manifestement pas convaincant.

— Allez, allez, file ! répète le patron en lui attrapant les épaules pour le pousser vers la sortie.

Le type proteste, s'énerve et tente de se dégager. Peine perdue. Il ne fait pas le poids face à la force physique de Jacques Mongrand, qui l'attrape par la taille, le décolle du sol et le jette sur le trottoir avant de refermer la porte vitrée de sa boutique. Fin du combat ? Non : fin du premier round.

Le bruit sourd de coups donnés contre la vitre sonne le gong de la seconde manche. Le buraliste, craignant que le verre n'explose, ressort aussitôt mais, à peine a-t-il franchi le pas de la porte, que le type en furie lui assène un violent coup de pied. Touché au bas-ventre, il encaisse et se redresse. L'imbécile n'a pas saisi sa chance de partir librement ? « Et bien il va voir ce qu'il va voir ! », promet le commerçant en lui retournant une droite bien sentie. La cagoule et son propriétaire basculent en arrière, s'écroulent et dévalent un large escalier de ciment menant à la boutique. Cette fois, il est fait. Le patron se rue au pied des marches, ne lui laisse pas le temps de se relever et le bloque tête contre terre. « Appelez la police, je vous prie », demande-t-il à des clients qui arrivent.

Sous la cagoule noire, les agents du commissariat de Pau découvrent un adolescent de 17 ans, hébété et en état d'ébriété. Le vendeur de journaux, transformé pour l'occasion en livreur de braqueur, ironise alors sur le sort de son agresseur :

— Je crois que c'est l'alcool qui l'a fait insister. S'il avait été un brin lucide, il aurait pris ses jambes à son cou…

Et le combatif buraliste rappelle que, quatre ans plus tôt, son associé avait déjà été braqué par quatre individus et que, au terme d'une bagarre mémorable, les agresseurs étaient eux aussi repartis les mains vides.

— À bon entendeur…

## L'humiliation du caïd

Dans le box des accusés, Saïd M. a perdu de son assurance habituelle. Il en a pourtant vu d'autres. Pour ainsi dire, les tribunaux sont un peu comme ses résidences secondaires. À seulement 33 ans, ce caïd de la région rémoise, ancien instructeur de boxe, affiche déjà un copieux palmarès judiciaire : quinze condamnations en quinze ans, dont la plus lourde à sept ans d'emprisonnement, en 2000, pour avoir participé à une série de vols à main armée au sein d'un gang de malfaiteurs. Son autre « fait de gloire » : un an de prison ferme pour avoir commis deux cambriolages violents, armé d'un cutter, chez des personnes âgées. C'était en 2005, alors qu'il venait tout juste de bénéficier d'une libération anticipée.

Recherché et considéré comme dangereux, il avait finalement été arrêté au cours d'une spectaculaire intervention des policiers d'élite du Raid.

Bref, c'est un dur à cuire, l'ancien boxeur. Enfin... c'était un dur à cuire.

À force de jouer les gros bras, il est tombé sur plus fort que lui.

Interrogé sur son goût de la récidive par le président du tribunal correctionnel de Reims, Saïd M. essaie de sauver la face et joue la partition classique du pauvre malheureux. Il jure qu'il se tenait tranquille depuis sa dernière sortie de prison, cinq mois plus tôt [1], raconte qu'il avait même accepté un petit boulot de tâcheron dans les vignes pour subvenir à ses besoins, mais que cela ne suffisait pas. Alors, ce samedi soir de novembre, il s'est dit que le plus simple était de revenir à son art favori : le vol.

Sa cible est un restaurant du boulevard Jamin, à Reims. Son objectif, la cave. Il s'approche et avise les lieux : trop de monde, trop compliqué, trop risqué. Son instinct lui commande de faire demi-tour.

L'ex-boxeur déambule, l'âme en peine, son œil d'expert se posant machinalement sur les portes et les fenêtres des immeubles

1. *L'Union de Reims* (04/11/08).

voisins. « Je ne suis tout de même pas sorti pour rien ! », grommelle-t-il un peu vexé par son échec.

Comme un visiteur du soir, il franchit un patio, scrute une courette et repère une cage d'escalier. Sans grande conviction, il monte au premier étage, pose son oreille contre une porte, se ravise et continue son chemin.

— Au deuxième, j'ai vu que la porte d'un appartement n'était pas solide, se souvient-il devant ses juges. J'ai écouté à travers. Je n'ai entendu aucun bruit. Il n'y avait pas de lumière. Je suis entré…

Saïd, comme toujours, est méthodique : il enfile une cagoule, effectue un rapide inventaire du salon – rien de bien formidable – puis se dirige vers la chambre à coucher en espérant y trouver de meilleures affaires. C'est là que tout va basculer.

Dans le lit, il y a une femme. Gravement malade, elle sursaute en entendant la porte s'ouvrir. Saïd, pour la deuxième fois de la soirée, décide de rebrousser chemin. En vieux briscard du cambriolage, il sait qu'il faut toujours écouter les avertissements du destin. Il referme la porte, traverse l'appartement et se précipite à l'extérieur. Nouvelle tuile. Le concubin de la femme malade, accompagné d'un ami, est justement de retour. C'est un colosse, ancien pilier de rugby, plus grand d'une tête que lui. Et son camarade n'a pas l'air d'être un tendre non plus…

En les voyant monter l'escalier, Saïd se fige. Il est coincé.

— J'ai foncé dans l'appartement. Je n'avais pas le choix. Il n'y avait qu'une sortie, un Velux que j'avais repéré dans l'entrée. Je voulais me sauver par les toits.

Seulement, à l'intérieur, la femme a eu le temps de s'extraire de son lit et l'agrippe. Pas question de le laisser s'enfuir ! Dans l'escalier, son compagnon réalise lui aussi que l'inconnu qu'il a aperçu sur le palier a quelque chose à se reprocher. Il le rattrape et le plaque au sol. Le cambrioleur se débat, tente un uppercut, un second, puis des coups dans l'estomac mais est contré à chaque fois qu'il touche. Le combat tourne à l'avantage du rugbyman.

Le voleur, piteux avec ses yeux au beurre noir, se plaint au tribunal :

— Je me sentais mourir ! Je vous jure que je croyais qu'il allait me tuer… Je lui ai proposé 2 000, 3 000 euros, tout ce qu'il voulait pour me laisser partir…

Manque de chance (ce n'était vraiment pas son jour), le petit caïd n'a pas seulement trouvé plus fort que lui, il est aussi tombé sur plus honnête. Refusant le marchandage, l'ex-rugbyman continue de le maltraiter tandis que son ami prévient la police.

— C'est la première fois que j'étais aussi content de voir arriver les policiers ! tente le malfrat pour amadouer le tribunal.

Enfin, pour expliquer pourquoi il a finalement renoncé à porter plainte contre son « agresseur », comme il l'avait envisagé lors de sa garde à vue, il reconnaît :

— Je comprends qu'on ne soit pas content quand on trouve un voleur chez soi.

Et un magistrat d'ironiser en écartant les bras :

— Aaah !!! Ce sont les risques du métier… [1]

---

1. Pour cette affaire, Saïd M. a été condamné à un an de prison ferme.

## TEL EST PRIS QUI CROYAIT PRENDRE…

Quand les moyens physiques manquent, reste la ruse. Objectif : livrer l'agresseur aux forces de l'ordre sans échanger le moindre coup. Évidemment ce n'est pas simple. Une once d'ingéniosité, beaucoup de courage et une bonne dose de sang-froid sont nécessaires. Impossible ? Pas Français…

### Baiser volé

Le type avait prévenu d'un air libidineux : « Je reviendrai… »

Guislaine l'avait laissé dire, cachant tant bien que mal les tremblements de ses mains. Caissière d'une station-service de Vaison-La-Romaine, elle avait toutes les raisons de craindre cet homme d'une trentaine d'années qui était entré quelques minutes plus tôt dans son magasin. Elle lui avait souri, ainsi qu'elle salue tous ses clients, mais il avait répondu à son sourire de façon si insistante qu'elle s'était aussitôt sentie mal à l'aise.

Elle avait remarqué les œillades obliques qui se posaient sur elle, puis les grimaces obscènes qu'il cachait derrière son écharpe pour ne pas être vu par le client qui le précédait dans la file d'attente.

Quand il s'était présenté devant la caisse pour régler son carburant, Guislaine n'avait pu faire autrement que de lever la tête tout en s'appliquant à ne lui offrir qu'un sourire retenu. L'importun, considérant que cette moue valait invitation (c'est ce qu'il déclarera plus tard !), avait alors ouvert la porte de la cabine de caisse, avait attrapé Guislaine par la taille et avait tenté de l'embrasser. Elle l'avait repoussé, esquivant de justesse les baisers qui échouaient dans son cou, et l'arrivée d'un automobiliste l'avait sauvée. Avant de partir, le détraqué avait eu le temps de lui glisser à l'oreille ces mots menaçants : « Je reviendrai ce soir… Il faudra être gentille… »

Il a tenu sa promesse. Il est venu. Guislaine, elle, n'a pas été gentille du tout. Elle l'a laissé approcher, feignant même d'en être ravie, et a donné le signal : les gendarmes, qu'elle avait prévenus de son rendez-vous « forcé », n'avaient plus qu'à interpeller en douceur ce client trop entreprenant[1].

## Voie sans issue

Encore plus fort : se jeter directement dans les bras des gendarmes. La scène se déroule dans l'Aisne, du côté d'un minuscule village perdu dans la campagne picarde, Chery-Chartreuve. Une femme de 31 ans s'y rend chez un ami, au volant de sa voiture, quand elle s'aperçoit qu'elle est suivie par son ex-concubin.

L'amoureux n'est pas commode et, surtout, il nourrit une furieuse colère. Il n'a pas supporté leur séparation. Alors, envisager que sa douce puisse s'intéresser à un autre, ce n'est même pas imaginable. Il accélère, colle le véhicule de la jeune femme, le touche plusieurs fois. Elle, prise de panique, tente de fuir, mais il est incontestablement meilleur pilote et parvient à chaque fois à la rattraper, et même à la dépasser pour lui barrer la route et la pousser dans le décor. Une queue de poisson, deux queues de poisson… Par miracle, elle évite le choc et réussit à garder le contrôle de son véhicule. Il revient à la charge, double une nouvelle fois, fonce à tombeau ouvert, disparaît au loin, fait demi-tour puis ré-accélère. Il a perdu la tête, veut provoquer un choc frontal. Nouveau miracle : elle esquive encore et voit s'éloigner le bolide fou dans son rétroviseur.

Il ne désarme pas, pile, manœuvre et repart en sens inverse. Cette fois, il a perdu du terrain mais, se jure-t-il, elle ne lui échappera pas ! Pied au plancher, il retourne à l'assaut, entrevoit les feux arrières de sa cible qui disparaît aussitôt dans un virage, puis dans le suivant. Où va-t-elle ?

---

1. *La Provence* (15/11/08).

Elle a changé d'itinéraire. Elle prend la route de Fismes ! Aux portes de la ville – la plus grosse commune du coin, 5 000 habitants – il arrive presque à sa hauteur, la talonne au croisement de deux rues, tourne brutalement avec elle. Elle s'engouffre dans un parking, bute contre une impasse. Elle est prise au piège. « Je te tiens ! », hurle-t-il ivre de folie en sortant de son véhicule.

Ce qu'il tient, en réalité, c'est la promesse de gros ennuis. Car au même moment, quatre gendarmes le saisissent et le plaquent contre son véhicule. Une lumière bleutée éclaire son visage. C'est l'enseigne de la gendarmerie nationale.

Au beau milieu de cette course-poursuite infernale, la jeune femme a eu la présence d'esprit d'appeler les secours qui, à l'autre bout du téléphone, l'ont guidée jusqu'à eux[1]. Sans imaginer toutefois que son poursuivant se jetterait dans la gueule du loup…

## La photo du violeur

Plus au nord, une jeune femme de 20 ans a fait preuve d'un courage époustouflant. Elle a permis l'arrestation rapide de son violeur… en le photographiant[2].

Lydie D. avait fait la rencontre de ce garçon dans une discothèque de Dieppe. Elle avait accepté quelques verres qu'il payait sans compter puis elle s'était laissé convaincre de monter dans sa voiture. Il avait été charmant et poli, avait même blagué au moment du départ : « Rassure-toi, je te dépose chez toi et je m'en vais. Pas question que je monte ! Je ne suis pas un garçon facile, tu sais… »

Dans la voiture, Lydie s'est assoupie. L'effet de l'alcool, sans doute. Celui d'une drogue placée dans son verre, peut-être… La jeune femme ne sait pas combien de temps a duré son sommeil. Elle se souvient simplement qu'à son réveil le véhicule était stationné sur le bord d'un chemin de campagne qu'elle n'a pas reconnu. Elle se sentait comateuse, salie, sans énergie.

---

1. *L'Ardennais* (15/08/09).
2. *Paris Normandie* (14/05/08).

Interrogée par un officier de police, Lydie reconstitue peu à peu le puzzle de ses souvenirs :

— Je ne savais pas où j'étais… J'étais incapable de prononcer un mot… J'ai simplement entendu le mec dire : « Allez, je te ramène… », mais il parlait pour lui-même… Il croyait que je dormais encore…

— Il vous a ensuite ramenée ?

— Oui.

— Vous souvenez-vous des routes par lesquelles vous êtes passés ?

— Je ne sais pas… Je pensais simplement à ce qu'il avait pu me faire…

Étouffée par les sanglots, Lydie raconte que son corps s'est peu à peu réveillé et que les douleurs du viol sont revenues, d'abord incompréhensibles et vagues, puis de plus en plus claires et précises. Elle a aussi le souvenir brumeux de sa jupe et de son corsage froissés et mal ajustés comme si quelqu'un l'avait rhabillée à la hâte.

Un policier entre dans le bureau. Il apporte le rapport du médecin qui a examiné Lydie. « Traces de violences significatives », est-il noté.

— C'est lui, lâche la jeune fille en montrant une photo sur son portable.

Tenant son téléphone à bout de bras, elle a eu le réflexe de voler un cliché de son agresseur.

— Il avait le regard rivé sur la route. Il ne paraissait pas dans son état normal. Il n'a pas vu que je m'étais réveillée…

La jeune femme se redresse, inspire lentement puis expire un filet d'air comme pour se vider d'un poids trop lourd à porter :

— Quand nous sommes arrivés devant chez moi, il a fait le tour de la voiture, a ouvert la portière de mon côté et m'a sortie en me tirant par le bras, reprend-elle en tendant un petit morceau de papier au policier

— J'ai aussi relevé sa plaque d'immatriculation…

L'homme, arrêté dès le lendemain, a aussitôt été placé en détention provisoire. Il était recherché pour des faits similaires commis quelques jours plus tôt.

## Allô docteur ?

La chance sourit aux audacieux, paraît-il. Martine B. ne dira pas le contraire. Son histoire « a tout du film policier, prévient-elle la voix tremblante, mais je ne souhaite à personne de passer une soirée cauchemardesque comme celle-là. » [1]

Veille de fêtes, à Hyères. Martine, gérante d'un hôtel, rentre chez elle aux alentours de 18 heures 30. Ses pensées sont accaparées par le repas de Noël qui se prépare et les quelques cadeaux qu'elle doit encore trouver. Elle pense aussi à Éric, son mari, qu'elle vient de quitter à l'hôpital et qui ne pourra être là avec toute la famille.

Tant de choses se bousculent dans sa tête qu'elle ne s'inquiète même pas du comportement anormal de ses deux chiens terre-neuve, qu'elle retrouve apathiques, à moitié endormis sur le pas de la porte, eux qui d'ordinaire lui sautent dessus dès qu'elle franchit le portail. Elle entre, dépose ses clés de voiture et son manteau, puis monte au premier étage pour se changer.

Sur le palier, deux individus l'attendent. Cagoulés et armés, ils se jettent sur elle et la repoussent dans l'escalier.

« Ils m'ont demandé où j'avais de l'argent, c'était horrible, j'avais un flingue sur la tempe et ils menaçaient de me tuer ! Je leur ai donné 800 euros en liquide puis mon code de carte bleue. » Les voyous en veulent plus : pendant que le premier neutralise Martine, le second fouille la maison. Dans une chambre, il prend des bijoux et, au-dessus d'une haute armoire, découvre des armes de collection. Un peu plus loin, il trouve encore 2 000 euros dans une boîte. « Ils voulaient m'enfermer dans ma chambre, mais je leur ai tenu tête. C'est là que le téléphone a sonné… »

Il est 19 heures. Le braqueur, qui avait entrepris de passer la maison au peigne fin, s'interrompt brutalement. Il revient vers son complice, toujours dans le salon avec Martine. « Elle ne décroche pas ! », ordonne-t-il en attendant que la sonnerie s'arrête.

---

1. *Var Matin* (24/12/08).

Martine est terrorisée. Que veulent-ils encore ? Combien de temps cela va-t-il durer ? Que vont-ils faire d'elle ? Le voleur est retourné à sa basse besogne. Elle l'entend ouvrir des tiroirs et pousser des meubles… quand le téléphone retentit de nouveau. « Il faut qu'elle réponde ! On va se faire repérer ! », crie celui qui la tient en joue. L'autre redescend, hésite puis, s'adressant à la quinquagénaire : « Vas-y, mais pas de blague sinon… »

— Allô ?

— Bonsoir madame, c'est le commissariat d'Hyères…

Le cœur de Martine s'emballe ! La police ! La police l'appelle à l'instant même où elle est en train de se faire agresser chez elle !

Au bout du fil, un inspecteur s'excuse de la déranger :

— C'est au sujet des chéquiers qui vous ont été volés le 25 septembre à Porquerolles. Nous avons…

Sans hésiter, elle le coupe :

— Ah, docteur… Non je ne me sens pas bien… Vos médicaments ne marchent pas… Très bien… au revoir.

En quelques mots hachés, elle donne l'impression d'expédier la conversation, à tel point que les malfaiteurs la remercieraient presque…

Ils n'imaginent pas que le policier, plus qu'intrigué par la réaction de son interlocutrice, est déjà en train d'alerter une patrouille qui se présente moins de cinq minutes plus tard à la porte de Martine !

« Les deux braqueurs m'ont dit de ne pas bouger, mais je suis quand même allée ouvrir. J'ai vu les policiers et je leur ai dit : "J'ai deux voleurs chez moi, allez-y !" »

L'intervention a été mouvementée. Le premier individu a été plaqué au sol alors qu'il tentait de s'enfuir par le jardin, le second n'a été rattrapé qu'en centre-ville après une longue course-poursuite.

Martine, elle, est indemne mais choquée. Une question sans réponse agite ses nuits : « Que serait-il arrivé si la police n'avait pas appelé ? »

## L'ingéniosité du lycéen

Un lycéen a fait mieux encore en résolvant à lui seul une énigme sur laquelle butaient les policiers et la direction de son établissement.

Les exploits d'un insaisissable voleur alimentaient toutes les conversations depuis des mois au lycée Jean-Baptiste Dumas, à Alès. Car personne n'était épargné : un jour des trousseaux de clés disparaissaient dans la salle des professeurs, le lendemain c'étaient des outils de mesures dans une classe de technologie, une autre fois un ordinateur des services administratifs, puis des portefeuilles dans les casiers des élèves, de l'argent liquide dans les bureaux de la direction… Cela n'arrêtait jamais. Et à chaque vol, les mêmes questions revenaient : comment peut-il s'introduire dans des salles fermées sans que personne ne le surprenne ? Pourquoi ne parvient-on pas à lui mettre la main dessus ? Qui sera sa prochaine victime ?

Gregory, un élève de terminale technologique, a décidé d'agir le jour où il a lui aussi subi un vol. Pour la énième fois, le mystérieux voleur avait profité d'un interclasse pour s'introduire dans sa salle de cours et délester les sacs des élèves. L'étudiant, sans en aviser personne, a alors mis au point une petite caméra qu'il a dissimulée sous sa table de travail, avec vue panoramique sur toute la pièce, et qu'il allumait à chaque interruption de cours.

« Sur les images, on voit nettement quelqu'un rentrer dans la salle, fermer la porte et se mettre à faire les portefeuilles méthodiquement… » [1] Jean-Paul Mazen, proviseur de l'établissement, est partagé entre deux sentiments. D'un côté, il ne peut que saluer l'ingéniosité de Gregory et se satisfaire de l'interpellation du voleur, de l'autre… « Cet enseignant est pourtant très estimé dans notre établissement… », poursuit-il. Le fantôme du lycée Dumas, un professeur d'électronique âgé d'une quarantaine d'années était l'un des siens ! Dans le lycée, ses propres élèves ont eu du mal à y croire : « Il était très apprécié », « très correct », « toujours poli et toujours à l'heure », « On n'a jamais eu de doutes sur lui… », « Je ne le pensais pas du tout comme ça », écrivent-ils sur un forum internet.

1. *Midi Libre* (19/12/08).

En garde à vue, l'enseignant s'est défendu en avançant que, ayant lui-même été victime de vols, il avait fouillé les vêtements de ses élèves pour retrouver ses biens. Une version à laquelle le proviseur, bien à regret, ne peut pas croire : « En voyant les images, j'ai compris avec une absolue certitude qu'il était l'auteur des multiples vols recensés. Ça me paraît relever de la maladie… »

Le professeur a été suspendu de ses fonctions et n'exercera plus au lycée d'Alès. Gregory, lui, restera pour longtemps celui qui a mis fin à des mois de mystère.

## Nul ne peut se faire justice ?

Souvenez-vous, en octobre dernier : André Bamberski est devenu le plus célèbre justicier français de ce début de siècle en faisant enlever en Allemagne le meurtrier de sa fille, un certain Dierter Krombach[1], pour qu'il soit ramené en France et livré à la justice de notre pays. Dans tous les 20 heures, à la radio, à la Une des journaux, Monsieur Bamberski était élevé au rang de brave. Il encourt pourtant jusqu'à dix ans de prison pour « enlèvement et séquestration ». C'est l'éternel dilemme : la morale condamne les justiciers, quand souvent le cœur voudrait les pardonner…

### Le médecin et le maître chanteur

Un commerçant de Narbonne l'a appris à ses dépens, condamné à deux mois de prison avec sursis pour avoir voulu se faire justice.

Devant le tribunal correctionnel, il ne veut pourtant pas en démordre : c'est lui la victime. Il affirme avoir subi les

1. Dieter Krombach vivait libre en Allemagne alors qu'il a été condamné, en 1995, par la cour d'assises de Paris, à quinze ans de prison pour le meurtre en 1982 de Kalinka, 14 ans, la fille d'André Bamberski. Depuis, celui-ci réclamait sans succès l'arrestation du meurtrier de sa fille afin qu'il purge sa peine en France. Jusqu'en cette fin d'année 2009. Le 9 octobre, le docteur Krombach a été retrouvé ligoté, bâillonné et blessé au visage dans une rue de Mulhouse. Quelques jours plus tard, André Bamberski a reconnu avoir donné son accord à « une personne rencontrée une fois quelques minutes pour qu'elle ramène le docteur Krombach en France en échange de 20 000 euros ».

attouchements de son médecin de famille quand il avait une dizaine d'années[1] :

— Enfant, j'avais fini par oublier ces actes, raconte-t-il, mais les affaires de pédophilie qui ont défrayé la chronique ces dernières années ont fait ressurgir en moi la vivacité de ces souvenirs.

La cinquantaine arrivant, il jure avoir voulu dénoncer les faits mais s'être aussi très vite rendu compte que ceux-ci, vieux de quarante ans, étaient largement prescrits. Alors, puisque la République n'était pas en mesure de lui rendre justice, il avait décidé de s'en charger lui-même.

Un matin de juillet, il envoie une lettre anonyme à son ancien docteur, un homme à la retraite aujourd'hui âgé de 75 ans. Le propos est limpide : s'il ne lui adresse pas sur le champ un chèque de 20 000 euros, il balance à la police tout ce qu'il lui a fait quand il était gamin. En l'espace de quinze jours, il lui adresse deux nouveaux courriers par lesquels il ne lui réclame plus 20 000 euros, mais 40 000 euros en échange de son silence.

— C'est à vos yeux le prix de votre souffrance ? lui demande un brin perfide la présidente du tribunal.

— Celle des cinq dernières années, depuis que tout est remonté. De plus en plus ça me rendait hargneux envers ma propre famille. Il y avait ce venin en moi que je n'arrivais pas à sortir.

— Vous n'imaginiez pas que votre idée de vengeance pourrait vous mener devant un tribunal ?

— Non, j'ai juste agi par haine…

— Pourquoi demander de l'argent ? insiste la magistrate.

Le commerçant bondit :

— Je n'ai pas fait ça pour l'argent ! J'avais demandé des chèques en blanc afin de reverser les sommes à des associations caritatives !

L'avocat du médecin se lève. Avec ironie, il fait remarquer que la victime, aujourd'hui dans cette salle d'audience, n'est plus le petit garçon de 10 ans prétendument agressé.

1. *L'Indépendant Catalan* (10/10/08).

— Il a gravement jeté l'opprobre sur mon client, s'emporte-t-il en désignant le commerçant.

Le procureur prolonge :

— Nous ne vivons pas dans un système de justice privée ! Cet homme a commis quelque chose d'illégal, appelée tentative d'extorsion de fonds.

Sur son banc, le quinquagénaire baisse la tête. Son plan a échoué. La justice ne s'intéressera jamais aux faits qu'il veut dénoncer.

Une dernière fois, il s'adresse à la présidente :

— Je regrette d'avoir écrit ces lettres. Mais je maintiens mes accusations...

## Victime et escroc

Comme dans les westerns, les justiciers sont souvent plus canailles que les canailles. Cet homme de 40 ans a eu le temps de méditer ce cliché : bâillonné et ligoté en bordure de route à Biesheim, en Alsace, il attend désespérément qu'un automobiliste le repère et le tire d'affaire [1].

Une voiture ralentit enfin. Le conducteur s'approche mais, méfiant, préfère prévenir les gendarmes et les pompiers plutôt que de libérer le quadragénaire qui semble se débattre dans ses liens. Bien senti. Dans la fourgonnette militaire, alors qu'ils transportent le naufragé de la route vers l'hôpital le plus proche pour le soumettre à des examens de contrôle, les hommes en uniforme constatent que son nom fait réagir le fichier des personnes recherchées par la justice française. Motif : diverses affaires d'abus de confiance et d'escroqueries. « Navré Monsieur, vous n'êtes plus secouru, vous êtes arrêté. »

À Colmar et à Jebsheim, non loin de là, les enquêteurs cherchent à retracer le parcours de cet homme dont ils n'ont pour l'instant que l'identité, lancent des demandes de renseignements, interrogent les services concernés.

L'information arrive de la police allemande. Trois Français viennent d'être interpellés. Il s'agit de deux hommes et une

1. *L'Alsace* (28/02/09).

femme, dénoncés par un témoin, qui ont été vus en train d'enlever un individu près de Fribourg-en-Brisgau, à quelques dizaines de kilomètres de la frontière. Ils ont reconnu les faits mais refusent de dire ce qu'ils ont fait de leur victime.

Les gendarmes alsaciens font aussitôt le rapprochement avec l'homme qu'ils viennent de récupérer en bord de route. Bingo. En recoupant les noms des trois Français et celui du quadragénaire, l'ordinateur s'affole. Et tout s'explique : les ravisseurs seraient en fait des victimes de l'escroc. Le sachant recherché, ils ont décidé de donner un coup de main à la justice française en le livrant sur le territoire national.

## Héros ou criminel ?

« Il a joué les cow-boys, c'est un assassin ! », crie un homme en direction des gendarmes qui ont investi la rue pavée qui monte vers le château. Dans tout le centre ancien de cette bourgade du Lubéron, avec ses petites maisons d'un ou deux étages aux crépis ocre et rosâtres et aux volets bleu ciel, les villageois sortent les uns après les autres de chez eux et s'approchent, hésitants, attirés par cette agitation inhabituelle.

— Que se passe-t-il ?

— Qu'a-t-il fait ?

L'homme excité se tourne vers un petit groupe de riverains qui arrive :

— Il a abattu le fromager ! leur glisse-t-il en désignant le jeune homme encadré par les militaires.

— Il ne supportait pas sa violence, rétorque un autre sans tourner la tête comme s'il pensait à haute voix.

— J'ai entendu la dispute, c'était effroyable !

— Il était jaloux de lui..., marmonne un troisième sans avoir l'air de trop savoir.

Autour de la rue du Château, tout le monde connaît de près ou de loin les acteurs du drame. Il y a d'abord Sylvain V., qui vient de se rendre sans un mot. C'est un cuisinier de formation de 28 ans, sans emploi, discret, renfermé pour certains, qui était revenu vivre chez sa mère quelques mois plus tôt et qui ne faisait pas parler de lui. Il y a ensuite Jean-François N., la victime. C'est le voisin d'en face, marchand ambulant de fromages âgé de 35 ans. Et enfin sa compagne Lucie, 22 ans, mère d'une fillette de 5 ans et toiletteuse pour chiens à La Tour-d'Aigues, un bourg voisin. Un couple aux abois dont les esclandres déchiraient régulièrement la quiétude du centre-village…

« Il abat son voisin qui bat sa femme », titre *Le Dauphiné Libéré*[1]. « Pourquoi Sylvain a-t-il joué le rôle de justicier ? », interroge *La Provence*[2]. Depuis deux jours, les riverains de la rue du Château tentent de comprendre. Réunis autour des journaux, ils découvrent les détails du drame qui s'est déroulé sous leurs fenêtres.

Ce mercredi matin aux alentours de 11 heures, Sylvain V. sort de son appartement, traverse en furie la rue pavée et pousse la porte du couple. Il ne supporte plus les insultes et les cris qui montent jusqu'à sa fenêtre. Encore une fois, la jeune femme est en pleurs. « Arrête de battre ta femme ! », hurle-t-il au fromager en pénétrant dans la maison qui s'ouvre sur la cuisine-salle à manger. Celui-ci riposte violemment, lui ordonne de se mêler de ce qui le regarde et le repousse hors de chez lui.

Sylvain V. remonte dans son appartement et réapparaît presque aussitôt en brandissant un revolver à poudre.

« Ne tirez pas, ne tirez pas ! », supplie la jeune femme en agitant ses mains devant elle. Sylvain V. ne l'écoute pas. Froidement, il lève son arme en direction de Jean-François N. qui se tient presque à bout portant sur le pas de sa porte. Cinq coups de feu claquent entre les façades de la rue étroite. Le fromager s'effondre, touché à la tête et au thorax.

En une fraction de seconde, le silence le plus absolu succède aux fracas de la dispute et des coups échangés. Aux fenêtres des maisons voisines, quelques riverains semblent paralysés par le spectacle qu'ils découvrent.

Un quart d'heure plus tard, les gendarmes et les pompiers sont déjà sur place. Tandis que l'on dépose un drap blanc sur le corps du fromager et que la jeune femme est prise en charge par un médecin, Sylvain V. se laisse interpeller au pied de son habitation

1. *Le Dauphiné Libéré* (18/12/08).
2. *La Provence* (19/12/08).

et remet, avec un calme sidérant, l'arme du crime : un revolver à poudre de calibre 44 qui projette des billes métalliques.

« Il a l'air dur, buté, mais n'est pas paniqué par ce qui se passe. C'est un homme silencieux qui assume son geste. Il estime qu'il était dans son bon droit. » L'avocat de Sylvain V. répond au journaliste de *La Provence* Il vient de rencontrer son client pour la première fois lors de sa garde à vue. Et comme les enquêteurs, il cherche une explication à son geste. Car une chose est sûre : il a agi avec discernement. Ses analyses sanguines n'ont révélé aucune trace d'alcool ou de stupéfiant et il ne souffre d'aucun trouble psychique. Aurait-il tué par jalousie parce qu'il entretenait une relation amoureuse avec Lucie, comme le laisse parfois entendre la rumeur dans le village ? Les gendarmes n'y croient pas. Au cours des différents interrogatoires, le cuisinier a répété qu'il ne la connaissait pas. Surtout, plusieurs témoins ont rapporté le vouvoiement de la jeune femme, lorsqu'elle le suppliait, totalement paniquée, de ne pas tirer. Alors pourquoi ? « Il est visiblement très sensible à la violence et n'a pas supporté la vision de sa voisine en détresse », conclut l'avocat. « Il s'est mis dans la peau d'un justicier », prolonge un enquêteur.

Du fond de sa cellule, Sylvain V. aura tout le temps de regretter son geste. Jean-François N., lui, ne sera plus jamais inquiété par la justice. Son décès met fin aux poursuites judiciaires dont il faisait l'objet pour violences conjugales.

## Cinquième partie

# SUR LA PLACE DU VILLAGE, LE BRUIT COURT…

Le 23 juin 2009, un fait-divers tristement banal rendait Marseille complètement fada. Trois Roumains étaient lynchés en pleine rue par une soixantaine d'habitants enragés. Trois innocentes victimes d'une sordide… rumeur.

Tout est parti d'un simple SMS échangé entre adolescents suite à la disparition inexpliquée d'une étudiante, Fatima, un mois plus tôt : « Ce sont les Roumains qui ont fait le coup. Pour lui voler un rein. » Le message est passé par des centaines de portables, puis a été relayé sur des blogs internet et par mails. « Dans les cours d'écoles, aux comptoirs des bars, dans les jardins publics, ils sont des milliers à ne parler que de ça, s'alarmait alors *La Provence*. Et jour après jour, la peur grandit. » Très vite, la rumeur s'est amplifiée et déformée, désignant des « camionnettes blanches » d'où surgissaient « ces Roumains qui vous arrachent vos enfants » pour les « mettre en pièces » et aller « vendre leurs organes ». Sur le Web, des appels inquiétants à « casser du Rom » étaient même lancés…

Après l'agression et l'hospitalisation des trois innocents, la police et la presse locale ont dû sommer la population de revenir à la raison. « Aucune tentative de rapt d'enfant, aucun soupçon de trafic, aucune plainte n'ont jamais été signalés », devait insister le chef de la sécurité publique. Dans les quartiers populaires de la cité phocéenne, il aura encore fallu attendre plusieurs semaines et quelques agressions gratuites avant que la tension, totalement infondée, ne retombe.

La rumeur est le plus vieux média du monde, dit l'adage. Parfois monstrueuse comme celle-ci, mais souvent simplement grotesque, elle se porte comme une jeunette. À en croire nos journaux régionaux, elle charrie toujours, comme au bon vieux temps, son lot de on-dit, de corbeaux et de Clochemerle…

# Les petits hommes verts sont arrivés

Ils finiront bien par atterrir ! Pas un jour ne passe sans qu'un journaliste à Amiens, à Pau, à Quimper ou à Besançon ne reçoive un appel de lecteur annonçant l'arrivée des extraterrestres. Début 2009, il y aurait même eu comme une frénésie dans le ciel de France : plus de trois cents témoignages recensés sur les six premiers mois de l'année !

## Les visiteurs de la cathédrale

Robert et Ginette ne veulent pas passer pour des vieillards séniles, mais ils sont certains de ce qu'ils ont vu planer au-dessus de la cathédrale Notre-Dame de Reims. Alors ils racontent. Le couple de retraités vaquait à ses occupations ordinaires quand, peu avant le journal de 20 heures, une lumière d'une intensité inhabituelle a attiré le regard de Ginette à travers la fenêtre du salon. « Il y avait quelque chose au-dessus de la cathédrale, explique-t-elle au journaliste de *L'Union* qui prend note avec application[1]. C'était très lumineux mais de couleur claire. Cette chose de forme ronde est restée un moment sur le côté droit de l'édifice. » Le couple, prudent, observe de longues minutes en cherchant une explication rationnelle. Une étoile ? « Certains que non. » Un spectacle son et lumière ? Un nouveau système d'éclairage de l'édifice religieux ? Le laser d'une boîte de nuit ? Ça ne colle pas. Ce que les retraités voient ne ressemble à rien de ce qu'ils connaissent. « Et puis, quelques minutes plus

1. *L'Union de Reims* (05/03/09).

tard, la forme s'est déplacée vers la droite au-dessus des immeubles et, vers 21 heures 30, plus rien ! Ce n'était plus là. »

Le journaliste, qui ne trouve pas de raison de mettre en doute la parole de ces retraités sains d'esprit, retrace alors l'histoire des observations intrigantes dans la région : des rayons de lumière en 1954 à Berru et Isles-sur-Suippe ; des engins de forme ronde encerclés de flammes vertes en 1978 à Fismes ; un « triangle noir », toujours à Fismes, en 1990 ou encore un « engin bizarre » en 2005 dans le ciel de Châlons-en-Champagne. « En attendant des explications, Robert et Ginette espèrent revoir cet ovni qui, un jour de mars 2009, est resté immobile une bonne heure et demie au-dessus de la cathédrale », conclut-il.

Comme à chaque observation jugée crédible, les gendarmes et les spécialistes du Geipan, le groupe d'études et d'informations sur les phénomènes aérospatiaux non identifiés, ouvrent une enquête, questionnent le voisinage et vérifient si l'ovni ne relève pas tout simplement d'un phénomène naturel. Un mois plus tard, leurs conclusions tombent, plutôt embarrassantes pour Ginette et Robert qui se sont affichés dans le journal, l'œil interrogateur et le doigt pointé en direction de la cathédrale.

L'ovni observé par le couple s'appelle... Vénus ! Ni vaisseau spatial, ni présence extraterrestre, le phénomène n'était autre que la troisième source la plus lumineuse de notre ciel après le soleil et la Lune. Une équation rapide entre la position des astres et celle de l'appartement des retraités le jour de « l'apparition » en a apporté la preuve scientifique.

## Tout le monde a vu l'ovni

En réalité, la très grande majorité des observations inexplicables trouvent... une explication. Ce fut encore le cas d'un ovni aperçu par plusieurs témoins dans le Tarn.

À Montauban et partout alentour, tous décrivent le même phénomène : une grosse lueur rouge, fulgurante, qui a transpercé le ciel aussi vite qu'elle a disparu. Martine, qui rentrait du supermarché, raconte ainsi qu'elle a « vu une sorte de carré rouge qui brillait comme du feu. L'objet a fait un arc dans le ciel. C'était vraiment très gros »[1]. Un membre de la Société populaire d'astronomie, basée à l'observatoire de Jolimont, à Toulouse, confirme qu'il a reçu plusieurs appels de quidams surpris par l'étrange objet volant. D'ailleurs, il l'a lui-même observé. Et n'a aucun doute sur sa nature : « C'était un météore. Il était suffisamment gros pour ne pas se disloquer entièrement. À mon avis, il est tombé et il faut chercher vers le sud, peut-être dans les Pyrénées… »

## Boules lumineuses

Depuis le temps qu'ils compilent les faux ovnis, les ufologues et leurs adeptes se sont habitués aux déceptions. D'ailleurs, clament-ils, ils n'en ont que faire et continuent sans relâche leur quête de LA preuve scientifique d'un « atterrissage ». Certaines désillusions sont cependant plus marquantes que d'autres, en particulier quand l'annonce d'une apparition surnaturelle tourne à l'humiliation publique.

Un ovni observé en mai 2008 sur l'île d'Yeu, en Vendée, a été considéré comme très sérieux par les spécialistes du Geipan et les médias. Une équipe de *Sept à Huit*, le magazine d'information de TF1, s'est même déplacée pour mener l'enquête aux côtés d'un expert.

Devant la caméra, celui-ci ne cache pas son excitation en débarquant sur ce petit bout de terre sauvage prisé des Parisiens. Car très vite, carnets de notes et appareils de mesures sous le bras, il récolte les témoignages qu'il est venu chercher. Oui, ils sont plusieurs à avoir « vu quelque chose d'étrange » dans le ciel du large…

C'est un article paru dans *Ouest France*, quelques jours plus tôt, qui a intrigué experts et journalistes[2]. Thibaut, un banquier de 34 ans originaire de Dijon, y raconte avoir observé d'étranges boules lumineuses, le 3 mai au soir, s'élevant de façon inexplicable vers les nuages. En week-end sur l'île, le jeune homme et

1. *La Dépêche du Midi* (20/01/09).
2. *Ouest-France* (08/05/08).

son père se promenaient sur le port, aux alentours de 22 heures, quand le phénomène est apparu. « Là, en direction du continent, je vois cette boule lumineuse de forte intensité », dit-il encore intrigué. L'objet non identifié, d'abord immobile au-dessus de l'océan, prend brutalement la direction du nord « sans bruit et avec une vitesse ascensionnelle très supérieure à celle d'un avion. »

Thibault sait de quoi il parle. Comme son père, il est pilote privé à ses heures perdues. Les deux hommes terminent leur promenade en dissertant sur cet énigmatique « mouvement silencieux » et, cartésiens de père en fils, concluent qu'ils ont sans doute été trompés par un effet d'optique ou un reflet sur l'océan. Quoi exactement ? Ils n'en savent trop rien mais, ce qui est certain, c'est qu'ils ne croient pas du tout à la vie extraterrestre.

Sur ces réflexions, ils remontent en voiture et reprennent la route pour aller se coucher. C'est alors que deux nouvelles sphères apparaissent ! Elles sont « un peu plus grosses que des étoiles », jugent-ils. Elles s'élèvent en direction de la pointe du But, à l'ouest de l'île, puis longent les côtes escarpées en direction de l'est, toujours sans bruit, avant de bifurquer, comme les précédentes, vers le nord pour disparaître dans les cieux obscurs. Cette fois, les deux pilotes s'arrêtent au bord de la route et observent avec attention. Non, ils n'ont pas rêvé ! Les boules lumineuses sont bien là, sous leurs yeux, et ils ne parviennent toujours pas à leur donner une explication rationnelle. Ils s'interrogent, échangent leurs hypothèses sans en trouver une plus satisfaisante que les autres quand. de nouvelles boules apparaissent plein Est « à environ 150 mètres au-dessus de la mer » ! Une nouvelle fois, les ovnis longent l'île en direction du large puis filent vers le nord et s'éteignent dans la nuit.

« Elles sont restées visibles deux à trois minutes avant de disparaître derrière les nuages, ça avait la taille d'une pièce de 2 euros tenue à bout de bras, donc c'était gros », précise Thibaut qui a comptabilisé huit passages de trois sphères maximum à des intervalles réguliers de 40 ou 50 secondes.

Sur les forums des sites internet d'ufologie, c'est la bousculade. Les deux pilotes amateurs ne sont pas les seuls à « avoir vu ». « Il y avait deux fortes lumières blanches comme si une voiture était en pleins phares au-dessus des maisons, témoigne ainsi un internaute. Il n'y avait aucun bruit. Cela a duré quelques minutes puis je les ai perdues de vue. » « Je n'avais rien dit par peur des moqueries, mais j'ai vu exactement la même chose que le type et son père », ajoute un autre. « Ovniprésent », une association de passionnés, envoie par le premier bateau quelques-uns de ses membres les plus fervents. Submergées d'appels téléphoniques de journalistes et d'experts en tous genres, l'aviation civile et l'armée sont obligées d'apporter un démenti aux plus sceptiques qui les soupçonnent de manœuvres nocturnes secrètes. TF1, mais aussi *Le Figaro* ou *France Info* se font l'écho de l'incroyable apparition. Quant aux quotidiens régionaux, ils ne ratent pas l'occasion de passer en revue les derniers passages d'ovnis sur leur territoire.

Parmi eux, c'est *L'Est Républicain* qui décroche la palme du témoignage le plus troublant. Les extraterrestres seraient venus faire un tour du côté de Nancy quinze jours après leur escapade sur l'île d'Yeu. Pas très discrets, ils auraient là encore été observés par plusieurs témoins.

Une jeune femme prénommée Joanna raconte d'abord comment, assise dans sa cuisine, elle a vu « une sorte de lueur dans le ciel », quelque chose qui ressemblait à une étoile avec quatre branches principales et d'autres plus petites. Le journal nous apprend que Joanna a immédiatement alerté un ami, Itsvan, qui se trouvait avec elle dans l'appartement et qui a lui aussi pu observer le phénomène. Itsvan n'est pourtant pas un adepte des histoires surnaturelles. Terrien parmi les Terriens, il ne croit pas à ces choses-là mais reconnaît que, ce soir-là, l'étoile de Joanna l'a intrigué : « J'ai d'abord pensé à un satellite mais rien ne ressemblait à son mode de déplacement. Les mouvements ne ressemblaient pas non plus à ceux qu'accomplissent les hélicoptères et les avions », raconte-t-il en décrivant un point luminescent agité qui changeait de direction, accélérait, s'immobilisait, puis reprenait son mouvement pour effectuer des ronds et des « 8 ».

Joanna et Itsvan racontent ensuite que le spectacle s'est reproduit le lendemain à la même heure, puis le surlendemain, toujours visible de la cuisine ! Plusieurs témoins peuvent en attester, assurent-ils. Et effectivement, dans le journal, deux voisins décrivent à leur tour la danse des visiteurs de l'au-delà . les déplacements rapides interrompus par des haltes stationnaires, les branches lumineuses, les figures géométriques, ils confirment tout.

Plus étonnant encore : Johanna a pu filmer la scène avec son portable ! « Sans vraiment de détails, on voit des points lumineux en mouvement dans le ciel par-delà les lumières de la ville », décrit le journaliste à qui elle a montré sa petite vidéo de mauvaise qualité.

Canular ? Effet d'optique ? Phénomène naturel ? Impossible à dire...

Après enquête auprès des spécialistes de la question et des forces de l'ordre, *L'Est Républicain* est bien obligé de reconnaître que le phénomène observé par la jeune femme et ses voisins restera, jusqu'à preuve du contraire, totalement inexpliqué...

Sur l'île d'Yeu, en revanche, le mystère des objets volants non identifiés prend du plomb dans l'aile. Après la diffusion du reportage consacré aux boules lumineuses de Thibault dans l'émission *Sept à Huit* de TF1, un homme prend son téléphone et appelle les rédactions des grands médias nationaux qui ont relayé l'affaire. Il s'appelle Martin, il est architecte, vit à Paris, et est bien embêté. « Cette histoire d'ovnis commence vraiment à faire trop de bruit, avance-t-il d'une voix timide. Les boules lumineuses, ce sont des lanternes que j'ai achetées en Thaïlande... Nous pensions les garder jusqu'à la fin de l'année, mais nous avons fêté l'anniversaire de ma femme en piqueniquant sur la plage ce fameux 3 mai au soir avec nos enfants et deux couples d'amis, et nous avions trop envie de les essayer... » Briseur de mythe, il explique ensuite que chaque lanterne est constituée d'un cylindre en papier fin d'environ 80 centimètres et d'un brûleur attaché à sa base et que, à la façon d'une montgolfière, la petite flamme chauffe l'air de la lanterne de façon à ce que celle-ci monte dans le ciel comme tirée par un fil invisible.

Le soir de la fête anniversaire, Martin allume d'abord deux lanternes « pour des questions de sécurité, car je voulais être sûr qu'elles n'allaient pas partir vers l'intérieur des terres ». Comme le test est concluant et que les lanternes s'éloignent rapidement vers le large, la petite bande, qui séjourne à proximité de la pointe du But, se régale du spectacle et décide d'envoyer une à une toutes les lanternes.

Huit au total.

## Le secret de Bélesta

Les faux extraterrestres finissent toujours par être démasqués. Même si cela prend des décennies. Ainsi va l'incroyable mystère des ovnis de Bélesta : après avoir fait le bonheur des ufologues pendant plus de cinquante ans, il vient enfin d'être expliqué !

En ce 21 mai 2009, alors que les chasseurs d'ovnis ont les yeux braqués sur l'île d'Yeu, cinq septuagénaires aux cheveux blancs posent en rang d'oignons pour *La Dépêche du Midi* [1] devant un paysage verdoyant de vallons boisés. Les mains sur les hanches et l'œil rieur, ils en ont une bien bonne à raconter. Une histoire qui commence voilà plus d'un demi-siècle, un jour d'automne 1954.

Le 16 octobre de cette année-là, alors qu'en France se multiplient des histoires plus au moins rocambolesques d'apparitions d'ovnis, le journal toulousain publie un article intitulé « Des boules lumineuses évoluent durant une demi-heure en une ronde magique. » Il est signé par le président de l'aéro-club local, à Lavelanet. Ce notable de la région, médecin, a rassemblé de nombreux témoignages pour reconstituer le déroulement des faits.

Son récit, à l'époque, est précis :

« Vers 21 heures 30, les habitants de Bélesta aperçoivent les premiers, au-dessus des rochers qui bornent l'horizon vers le sud-ouest, une curieuse luminosité qui semble provenir d'un objet très brillant caché par le bord de la montagne. Il y a bientôt de nombreux témoins dans les rues. Presque aussitôt l'objet monte dans le ciel et apparaît sous forme d'une ellipse rayonnant une lueur intense. Il n'y reste pas longtemps, redescend, redevient visible, puis remonte, redescend, apparaissant et disparaissant plusieurs fois de suite. Il est très aisé de suivre ses

1. *La Dépêche du Midi* (22/05/09).

mouvements. Il en est ainsi pendant huit à dix minutes, jusqu'à 21 heures 40. À ce moment, ce n'est pas un disque qui réapparaît, mais deux, séparés par un espace très franc. Ils ne présentent ni le même éclat, ni la même coloration, l'un blanc brillant, l'autre vert pâle. Cette phase dure une minute environ. (...) Tout à coup on peut voir non plus deux, mais trois objets. Ils changèrent fréquemment et subitement de coloration. Avec ce troisième objet est apparue une nouvelle couleur : un rouge foncé extrêmement lumineux semblable au rouge d'un vitrail éclairé par le soleil. À 21 heures 45, le phénomène disparaît subitement et définitivement. Mais les témoins principaux qui peuvent suivre la fin des événements, un docteur, le chef de la brigade et une troisième personne montent en voiture au-delà de la forêt par la D 16, jusqu'au plateau de Sault. À 22 heures 05 au sud-ouest de Bélesta, ils peuvent observer la dernière phase du phénomène : un vaste objet vert pâle file à très grande vitesse en direction de Belvis, vers l'ouest. »

Dans la région, l'article fait grand bruit. Le bouche-à-oreille fuse de village en village, si bien qu'en quelques semaines, tout le monde semble avoir aperçu le spectacle des lumières !

Les gendarmes et des curieux se rendent en nombre sur les hauteurs de la montagne en quête de traces qu'auraient laissées les visiteurs. Ils ne trouvent qu'une croix de pierre que l'homme a élevée là, il y a déjà bien longtemps. Et pendant des semaines, puis des mois et des années, la rumeur des extraterrestres de Bélesta alimente la chronique dans les Pyrénées-Orientales et au-delà. Les plus convaincus défendent mordicus que les Martiens ont trouvé le chemin de la Terre, les plus sceptiques persiflent dans le dos de ces incrédules à qui l'on pourrait faire croire n'importe quoi. Des décennies durant, pas un ouvrage d'ufologie n'omet de mentionner l'épisode des lumières de Bélesta, tantôt pour épaissir un peu plus le mystère, tantôt pour démonter le mythe en relayant la rumeur d'enfants qui auraient joué dans la montagne avec des torches en feu ou des miroirs. À l'heure d'internet et des forums ouverts à tous les passionnés, l'affaire reprend même de la vigueur. Jusqu'à ce jour de mai 2009.

« J'ai pensé qu'après 55 ans, il y avait prescription, que le temps était venu de dire la vérité. » René Lagarde se tourne vers ses vieux camarades qui l'ont rejoint pour la photo. « Cette affaire est un amusement de jeunes, reprend cet ancien policier en retraite. Avec les copains, nous étions une demi-douzaine, on s'ennuyait ferme ce samedi soir-là. Dans les journaux, à la radio, on ne parlait que d'ovnis. Alors on s'est dit : ils en veulent, on va leur en offrir. » René Lagarde, Jean et André Sibra, Gérard Pibouleau et Gérard Coléra, tous septuagénaires aujourd'hui, ont enfin décidé de tout raconter. Et leurs souvenirs sont intacts.

Ce soir d'automne 1954, René et sa bande hissent sur les hauteurs de Bélesta un drôle d'engin artisanal. C'est une soucoupe volante imaginaire ! Elle est composée d'un simple guidon de vélo prolongé d'une fourche et de sa roue. Sur celle-ci, une dynamo est reliée à de petites ampoules recouvertes de papiers de bonbons multicolores. Quand la roue tourne, l'effet est immédiat : les lumières se mettent à briller en formant un cercle étincelant.

Les mains agrippées au guidon de leur invention, les garnements grimpent tout en haut de la colline, puis font plusieurs fois le tour d'une croix de pierre, redescendent à vive allure sur la route montagneuse, s'arrêtent net, puis courent en sens inverse pour remonter vers le sommet. Et recommencent.

Ils s'amusent comme des petits fous, imaginant déjà la tête des habitants, en bas, qui observent le mystérieux ballet de lumières, quand ils aperçoivent les phares d'une voiture qui progresse dans leur direction. C'est le véhicule des gendarmes mentionné dans le compte rendu du président de l'aéro-club. René et sa bande ne s'attardent pas et s'éclipsent dans la nuit. C'est alors que le ciel vient se mêler à l'affaire.

« Une énorme étoile filante est passée à ce moment-là ! », s'esclaffent-ils en cœur. Dans le récit publié par *La Dépêche*, à l'époque, ils reconnaîtront le « vaste objet vert pâle qui file à très grande vitesse en direction de Belvis »…

Quand les gamins redescendent au village, ils comprennent aussitôt que leur blague a pris des proportions inattendues. Des dizaines de personnes qui participaient à un concours de belote ont vu « les mystérieuses lumières de la montagne » et tous, le regard porté vers les cieux, ne parlent que de ça. Les garçons tentent d'expliquer qu'il n'y a rien de mystérieux, qu'ils savent très bien d'où provenaient les boules lumineuses, mais personne ne les écoute et, pire, certains les soupçonnent de mensonges pour se rendre intéressants. Vexés, ils rentrent chez eux et décident de se taire. Pour toujours.

« On n'a jamais osé en reparler et, depuis, on vivait avec ce secret… », reprend René en se tournant vers ses vieux compagnons qui, hilares, contemplent le flanc de montagne où leurs jeux de gamins ont provoqué l'une des plus belles farces de l'ufologie en France.

# Psychoses animalières

Cinq ou six fois par an, un village ou un quartier s'offre un *remake* de la « Bête du Gévaudan », avec crises d'angoisse collectives, troupes de chasseurs sur les nerfs et notables locaux qui, paniqués, tentent de… rassurer la population. Dans nos versions modernes, fort heureusement, les autorités n'ont eu, jusqu'à présent, aucune victime à déplorer.

## Le crocodile des… Vosges

Xertigny, juin 2009. Les deux mille cinq cents habitants de cette petite commune paisible située à une vingtaine de kilomètres d'Épinal n'ont plus qu'un seul sujet de conversation à la bouche. Au Café Pauline, au Narval ou au Xertinois, sur le perron de la mairie ou au salon de coiffure, on ne cause plus que de lui : le crocodile de… l'étang des Vosges !

Depuis quelques jours, la rumeur courait sans être vraiment prise au sérieux (on se méfie toujours des racontars de villageois…) mais, cette fois, l'affaire devient sérieuse. Mercredi 17 juin au matin, deux pompiers et un gendarme qui passaient à proximité de l'étang Monnin, à moins de cent mètres de la sortie du village, ont vu la bête : le saurien se trouvait là, à quelques mètres sous leurs yeux, sur la berge, quand il s'est subitement glissé dans l'eau en les apercevant.

— Il mesure environ un mètre cinquante, répètent-ils à chaque fois que des habitants les interpellent.

Autour de l'étang, grand bassin privé de deux hectares, profond de trois mètres et de forme vaguement triangulaire, les curieux et les journalistes de la région se croisent à longueur de journée. Le propriétaire passe des uns aux autres. Le vieil homme, âgé de 85 ans, raconte timidement que lui aussi, le samedi précédent, a croisé le chemin du crocodile.

— Je l'ai dit à des amis mais, vu leur réaction, j'ai préféré ensuite me taire, grommelle-t-il. Je ne voulais pas passer pour un fou dans tout le village…

Une jeune mère de famille l'interroge d'un ton inquiet :

— L'avez-vous revu ?

— Non madame, mais je n'ai jamais trouvé autant de détritus et de cadavres de bêtes que ces derniers temps sur mes berges…

En quelques jours, le crocodile de l'étang de Monnin est à la une de tous les journaux de la région. *Vosges Matin*, *L'Est Républicain*, *L'Alsace*, *Le Républicain Lorrain, Les Dernières Nouvelles d'Alsace* relaient l'information et mènent l'enquête. Le 18 juin, les habitants de Xertigny apprennent ainsi qu'un agriculteur des environs dit avoir aperçu une camionnette suspecte aux abords de l'étang, une quinzaine de jours plus tôt. Le véhicule était-il celui du propriétaire de l'animal, qui aurait été abandonné ici ? Rien ne le prouve mais cela pourrait être une explication, alors la rumeur prend et bientôt tout le monde ne parle plus que de la fameuse camionnette…

— Messieurs, nous devons passer à l'action !

Dans un bureau feutré de la préfecture des Vosges, une réunion de crise rassemble une poignée de fonctionnaires et de gendarmes.

— Soit nous tentons de le repêcher, détaille un gradé, et dans ce cas nous ferons appel aux pompiers spécialisés de Metz, soit nous décidons de l'abattre…

— Un parc zoologique, dans la Drôme, pourrait le recueillir, mon commandant…

Sur la berge de l'étang Monnin, un groupe de gendarmes installe une grande cage de métal. Des volailles égorgées sont jetées à proximité.

— Là, regardez !

— Quoi ???

— Il était là, je l'ai vu !

L'homme responsable du piège pointe son doigt en direction de la surface de l'eau.

— Je l'ai juste vu disparaître !

Lundi 22 juin, cinquième jour de recherches infructueuses. « Y a-t-il un croco dans l'étang ? », titre *L'Est Républicain*. « Mais où diable se cache-t-il ? », renchérit *Vosges Matin*. Malgré les nombreux témoins, toute la presse régionale commence à s'interroger.

« Le doute n'est toujours pas levé sur l'éventuelle présence d'un crocodile ou d'un caïman dans l'étang, détaille ainsi *L'Alsace*. Depuis plusieurs jours, les autorités tentent de piéger l'animal à grands renforts de carcasses de poulets, de steaks hachés, de cages et de filets. Des clôtures à moutons ont été déployées autour du plan d'eau pour l'empêcher d'en sortir, et les vannes ont été ouvertes un temps pour faire baisser le niveau. » Mais le monstre de Monnin reste invisible. « Et hier, pour le laisser se reposer, les vannes ont été refermées »...

Sur place, l'effervescence n'est pas retombée pour autant. Madame le maire, harcelée par les coups de téléphone de riverains inquiets, s'est même déplacée en personne. Elle est venue accompagnée d'une petite délégation de la fédération de pêche des Vosges.

— Les pêcheurs ont mis à notre disposition une « écho-sonde », explique-t-elle à un journaliste. Cet outil nous a permis de détecter la présence de ce qui pourrait être un gros banc de poissons, mais on ne peut pas dire non plus que ce n'est pas l'animal que l'on cherche... [1]

La mairesse attrape le journaliste par le bras. Elle voudrait appeler la population au calme et à la retenue :

— On ne l'a plus vu depuis qu'il y a tout ce monde ici. D'après les spécialistes, le fait qu'il y ait des curieux autour du plan d'eau a pu l'inciter à rester caché au fond... [2]

Puis elle conclut d'un air grave :

---

1. *L'Alsace* (22/06/09).
2. *Les Dernières Nouvelles d'Alsace* (23/06/09).

— Le plus sage est désormais de vider entièrement l'étang afin de lever définitivement le doute. On ne peut pas ne pas tenir compte des témoignages de la semaine dernière, au nom du principe de précaution…

Si l'intention était de protéger les villageois, c'est plutôt raté. L'annonce de la grande vidange attire aussitôt une foule de curieux encore plus nombreux qui ne voudraient pas rater le spectacle du croco pataugeant au fond de l'étang asséché.

— Circulez, circulez, y a rien à voir…

Comment résoudre le mystère du crocodile de l'étang des Vosges sans risquer de libérer un animal dangereux au milieu des badauds ? Les autorités locales vont trouver une solution quasi… militaire.

L'information tombe sur le fil AFP dans la matinée du jeudi 25 juin, soit près de dix jours après que le gendarme et les deux pompiers aient donné l'alerte officielle. « Nous avons procédé à la vidange ce matin », annonce laconiquement madame le maire. Ce matin ? « À 5 heures… » Une opération nocturne à l'abri des regards des curieux. Et un étang totalement vidé en quelques minutes. Résultat ? Deux cents kilos de poissons récupérés, parmi lesquels quelques grosses carpes, une belle perche, quelques écrevisses et plusieurs brochets, dont un magnifique spécimen de 94 centimètres… « mais pas de crocodile ».

Interrogée par *L'Est Républicain*, l'élue se dit « un peu déçue, mais en même temps soulagée qu'on ait levé totalement le doute sur l'étang ». Et le journaliste de conclure : « reste l'hypothèse non résolue d'une éventuelle fuite de l'animal à travers bois jusqu'à un autre étang, dont le plus proche est à 700 mètres à vol d'oiseau… »

Selon la formule consacrée, à l'heure où nous écrivons ces lignes – six mois après la vidange infructueuse – le crocodile de l'étang de Xertigny n'a toujours pas redonné signe de vie.

## Mygales et nuits sans sommeil…

Dans le centre de Lille, la bête était moins grosse mais tout aussi inquiétante. « Cherche mygales égarées rue Jacquemars-Giélée », titre *Nord Éclair* avec un soupçon d'amusement[1]. « Depuis que des étudiants ont dit avoir aperçu des mygales dans leur appartement vendredi, les voisins s'inquiètent », est-il précisé. C'est le moins que l'on puisse dire… « On n'en a pas dormi de la nuit ! », s'exclament en chœur Céline et Renaud qui, dans la soirée, ont vu « deux ombres » filer sur le sol de leur cuisine puis, très distinctement, une troisième araignée avec de longues pattes velues « d'au moins dix centimètres » s'arrêter devant eux[2]. Le matin, à la première heure, ils ont sauté sur le téléphone pour alerter le propriétaire des lieux, puis le zoo et le muséum d'histoire naturelle, qui leur ont finalement conseillé d'appeler les pompiers.

L'unité spécialisée en risques animaliers s'est aussitôt rendue sur place, a inspecté les moindres recoins de l'appartement, ouvrant ou démontant chaque trappe, coffrage ou plinthe derrière lesquels les visiteuses pouvaient se réfugier. Sans résultat.

« Il était quasiment impossible qu'on les repère. Les mygales ont beaucoup de poils qui répercutent les vibrations du sol, analyse le chef d'équipe. Dès qu'on marche elles sont alertées et sortent donc rarement en journée. » Pas vraiment de quoi rassurer les locataires de l'immeuble… D'autant que dans le canard, dès le lendemain, un paragraphe consacré aux dangers des différentes espèces de mygales fait plutôt froid dans le dos : « Les mygales américaines disposent de soies urticantes sur leur abdomen, qu'elles envoient en cas de menace. Si les yeux sont atteints par le nuage créé, la personne deviendra aveugle. Quant aux mygales australiennes, plus agressives, leur morsure inflige un venin puissant qui affecte le sang ou la musculature, avec pour conséquences possibles la gangrène, l'arrêt ventilatoire, etc. »

Un spécialiste est toutefois sceptique. Les mygales sont des animaux solitaires et il serait assez étonnant qu'elles se déplacent à plusieurs. À moins qu'elles proviennent d'un élevage

1. *Nord Éclair* (03/03/09).
2. *La Voix du Nord* (03/03/09).

clandestin installé dans l'immeuble, mais comme il a été impossible de le vérifier puisque plusieurs locataires n'étaient pas présents lors de l'enquête de voisinage, alors…

Alors l'article s'achève par un conseil d'expert : « En cas de visite inopinée, le plus prudent est de bloquer l'araignée avec une bassine retournée… »

Dormez tranquilles, bonnes gens !

Était-ce une plaisanterie de mauvais goût ? Après plusieurs nuits sans sommeil, les riverains de la rue Jacquemars-Giélée ont commencé à se poser la question. Car les petites bêtes, qu'elles soient américaines ou australiennes, ne montraient plus le bout de leurs pattes dans le petit immeuble de deux étages à la façade gris clair élégamment restaurée. Sur le trottoir, on regardait Céline et Renaud du coin de l'œil.

— Le propriétaire nous a donné des insecticides et nous en avons diffusé partout, se défendaient-ils. Et puis nous avons bouché avec du coton tous les points de passage possibles…

Malgré les doutes, la rumeur continuait de ramper. Le responsable d'une école de toilettage, au rez-de-chaussée de l'immeuble, résumait sans le vouloir l'ambiguïté ambiante :

— Moi je n'y crois pas trop et, de toute façon, je n'ai pas peur des araignées.

Puis d'ajouter :

— Mais si jamais elles se reproduisent et qu'elles envahissent les immeubles, cela va devenir problématique…

« Les mygales aperçues dans un immeuble de la rue Jacquemars-Giélée, à Lille, sortent-elles de l'imagination fertile de ses habitants, ou existent-elles vraiment ? », s'interroge alors *Nord Éclair* qui suit l'affaire de près.

Et puis, le 13 mars, plus de deux semaines après la première visite des mygales, rebondissement. Justement dans le centre d'apprentissage pour toiletteurs.

« Une mygale de nouveau aperçue », révèle le quotidien local[1]. « Une jeune femme en formation dit avoir vu deux pattes “énormes” alors qu'elle était aux toilettes », apprend-on.

1. *Nord Éclair* (13/03/09).

Au pied de l'immeuble, 67 rue Jacquemars-Giélée, les riverains viennent aux nouvelles :

— J'ai levé les yeux, car je déteste les araignées et parce qu'on m'avait raconté cette histoire de mygales, raconte l'apprentie encore tout émue. J'ai vu clairement deux pattes noires dépasser du faux plafond. Elles étaient énormes ! J'ai déjà vu des mygales et je suis sûr que c'en était une. Je suis sûre de ne pas avoir halluciné !

Une de ses camarades de formation approche.

— J'ai crié et elle est venue voir ce qu'il se passait, poursuit-elle en la prenant par le bras. Elle a pris un balai et a tapé sur le plafond pour faire fuir l'araignée…

Le journaliste de *Nord Éclair* note avec application. Dans le journal du lendemain, il écrit : « La police et les pompiers se sont rendus sur place mais n'ont rien trouvé. Des toiles d'araignée ont été aperçues dans le faux plafond, mais les pompiers jugent "peu probable" qu'une ou plusieurs mygales y aient séjourné, en raison de l'humidité qui règne à cet endroit. Le mystère reste donc entier. »

Comme le crocodile de l'étang de Xertigny, les mygales de Lille ne sont plus jamais réapparues. Mais à la différence des riverains de la petite commune des Vosges, ceux de la rue Jacquemars-Giélée ont mis bien longtemps à retrouver le sommeil.

## … et « la rumeur de l'araignée diabolique »

Un mot, un seul, suffit parfois à créer une psychose. À l'autre bout de la France, « la rumeur de l'araignée diabolique », comme la qualifiait *La Provence*[1], en est un parfait exemple.

Le 29 juillet, le quotidien marseillais relate la mésaventure d'un homme, François Indechit, qui a dû être hospitalisé suite à une « morsure aux conséquences effrayantes »

En pleine sieste, dans sa maison du Vaucluse, le quadragénaire a ressenti une vive piqûre sur l'avant-bras. Réveillé en

1. *La Provence* (29/07/09).

sursaut, il a tout de suite constaté « un petit point rouge ». Mais très vite, ce qui lui semblait être une égratignure sans importance a pris une tournure étrange. « Le soir même, il n'avait pas d'appétit, décrit son épouse. Dans la nuit, il était pris de vomissements. Le lendemain matin, alors que sa fièvre était montée à presque 40 degrés et que sa morsure avait gonflé, nous avons appelé le Samu. Il était très, très affaibli. » La suite est digne d'un film d'épouvante : en quelques jours, la petite inflammation se propage, gangrène la peau, forme une croûte noirâtre et purulente d'une quinzaine de centimètres de diamètre. Admis au centre hospitalier Louis-Giorgi d'Orange, François Indechit est immédiatement dirigé vers le service des soins intensifs. Un traitement antibiotique et corticoïde lui est administré. Les chirurgiens décident alors de procéder, sous anesthésie générale, à une ablation de peau sur toute la zone gangrenée.

Le diagnostic des spécialistes, repris par tous les journaux de la région, est pétrifiant : le patient aurait été victime d'une morsure d'araignée rare. Le venin serait celui d'une Loxosceles Reclusa, surnommée La Violoniste en référence à sa forme en « 8 », révèlent ainsi *Le Dauphiné Libéré* [1] et *La Provence* [2].

« Il est toujours sujet à de grosses fièvres. C'est une réaction impressionnante, le seul cas que j'ai observé dans ma carrière », s'étonne un médecin. « Les réactions allergiques sont variables d'une personne à une autre. Elles peuvent même provoquer la mort, poursuit-il. Cependant, mon patient a eu de la chance. Il a été mordu à l'avant-bras, c'est une zone sur laquelle les organes nobles sont protégés, le muscle protège l'os et les grosses veines. Si l'attaque se situe sur une articulation, par exemple, le venin peut entraîner un spasme au niveau des artères et nécroser un membre. Si elle est située sur la face, de la chirurgie reconstructive peut être prodiguée. »

Pour ne rien arranger, *La Provence* révèle au même moment qu'« un second cas de morsure d'araignée » est suspecté. « Sandy, 24 ans, originaire de Marignane, a été hospitalisée lundi dans le service des maladies infectieuses de l'hôpital Nord

1. *Le Dauphiné Libéré* (28/07/09).
2. *La Provence* (31/07/09).

de Marseille », rapporte le quotidien. La jeune femme souffrirait d'une « inflammation grosse comme une boule de pétanque », selon sa mère. Elle aurait reconnu la Violoniste.

Ni une, ni deux, l'information se répand sur internet. Le seul site web du journal phocéen est submergé par plus de deux cents messages de lecteurs arachnophobes. Des photos de la Loxosceles Reclusa, présentée comme « une araignée diabolique », sont piochées dans les livres spécialisés et échangées. Les standards téléphoniques de la préfecture et des centres antipoisons de la région reçoivent des appels de particuliers inquiets voire, pour certains, paniqués. Y a-t-il beaucoup d'araignées de cette espèce en Provence ? Risque-t-on d'en être victimes ? Comment s'en protéger ? interrogent des pères et des mères de familles.

Une fois encore, les autorités sont contraintes de lancer un appel à la raison, rappelant que la Violoniste n'a jamais été répertoriée en France – ni même en Europe ! – et que, venant des Amériques ou d'Australie, il est très peu probable qu'elle puisse survivre sous nos latitudes. Plus surprenant, la préfecture du Vaucluse se fend d'un communiqué dans lequel elle affirme que « les vérifications opérées par la Direction départementale des affaires sanitaires et sociales et la direction des services vétérinaires ont permis d'établir que l'essentiel des informations fournies ne correspond pas à la réalité ». En d'autres termes, rien ne prouve que Philippe Indechit, et encore moins Sandy, aient été victimes de la Loxosceles Reclusa.

Se sentant montré du doigt, le médecin chef du centre antipoison de Marseille, qui avait établi le premier diagnostic, s'emporte : « Nous n'avons parlé que du loxoscelisme, qui se réfère aux araignées Loxosceles en général, mais je défie quiconque de dire qu'on a parlé de Reclusa en particulier, que nous n'avons d'ailleurs jamais vu ici, même pas dans un bocal ! » Une petite différence qui change tout.

Car des cousines de la Reclusa existent bien dans le Sud de la France. Elles sont même assez communes et parfaitement identifiées, à tel point que les spécialistes savent pertinemment que leur venin n'est pas toxique.

Mais alors, d'où vient la rumeur de l'araignée diabolique ? « Peut-être est-ce dû au fait que c'est elle que l'on trouve en premier sur Internet quand on tape Loxosceles… » « Peut-être, aussi, est-ce dû aux premières divagations du *Dauphiné Libéré* », accuse de manière pernicieuse *La Provence* qui, pendant des jours, a largement cité la Reclusa dans ses articles.

Et comment les médecins expliquent-ils la nécrose du quadragénaire ? Très simplement : « Il a développé une réaction allergique rare. »

## Infatigable rumeur…

La recette fonctionne toujours : prenez un soupçon de mystère, ajoutez-y une dose de ragots, et vous avez de quoi mettre une ville en émoi ! Ces petites fables piochées ces derniers mois dans *L'Union de Reims*, *Le Télégramme de Brest* ou *Le Dauphiné Libéré* nous rappellent que la rumeur est la chose la plus volatile au monde.

### Le trésor de la rue du Ménil

« Ils ont trouvé le trésor ! », « Une fortune, paraît-il ! » Le bruit a remonté la rue du Ménil puis s'est propagé alentours, vers la rue Carnot et la place de la Halle, avant de se faufiler boulevard Gambetta et place Turenne. Dans le centre de Sedan, chaque rencontre entre voisins, la moindre conversation avec un commerçant propage la rumeur. Et en quelques jours, pas un riverain qui ne connaisse quelqu'un qui connaît quelqu'un qui connaît quelqu'un qui était là quand le secret a été dévoilé !

C'était à l'heure de la pause. Six employés de Veolia, venus tout spécialement de Paris pour réaliser une opération de curage dans les égouts de la rue du Ménil, avalent un jambon-beurre et une pression, le coude appuyé sur le zinc. Leurs éclats de rires et leurs combinaisons de travail attirent les regards des autres clients. Quand une phrase prononcée un peu plus clairement que les autres résonne dans la salle : « On a trouvé un trésor dans les égouts, y'en a pour un milliard ! »

À l'autre bout du comptoir, un vieil homme se fige, le ballon de blanc au bord des lèvres. Il jette un œil par-dessus son verre en direction des travailleurs. Pourquoi s'esclaffent-ils ainsi ? S'amusent-ils de la blague de leur collègue ou se réjouissent-ils de leur incroyable découverte ?

L'homme murmure pour lui-même :

— C'est le butin des brigands…

— Qu'est-ce que tu marmonnes ? interroge un autre habitué en désignant son verre au barman pour qu'il le remette à niveau.

— Ils ont trouvé le butin de la rue du Ménil…

— Celui qui aurait été dissimulé dans le réseau des anciennes douves ! se souvient-il lui aussi.

La légende circule depuis des années. Une histoire de bandits de grand chemin qui auraient jadis perdu leur magot dans les eaux d'écoulement de la ville, bien avant la construction des égouts, et que personne n'aurait jamais retrouvé.

En quelques heures, la rumeur se propage de café en bistrot. Et face aux incurables sceptiques qui ne croient plus aux trésors cachés et encore moins aux vieilles fables, les plus convaincus ont d'autres arguments : une équipe de Veolia n'a-t-elle pas trouvé, quinze jours plus tôt à Rodez, 60 000 euros dans les canalisations d'une habitation ? Et le directeur régional de l'entreprise n'a-t-il pas raconté que le même salarié, le fanfaron du café, a déjà découvert cinquante lingots d'or sur un chantier des Champs-Élysées à Paris ? C'est presque un million d'euros ! Alors…

« Le trésor a fini dans les égouts d'où il n'est pas sorti… » À la lecture du journal[1], le vieillard du comptoir ronchonne et masque mal sa déception. Le quotidien local a mené son enquête et n'a pas trouvé l'ombre d'un euro. Le milliard aurait-il pu être subtilisé ? « Vous croyez que si je trouvais une telle somme, je redescendrais dans les égouts… », s'amuse le directeur de Veolia dans les Ardennes alors qu'il inspecte le chantier. Et le dirigeant de pousser un peu plus loin sa démonstration : « Si c'est un butin en francs, sachant que la plus grosse pièce est

1. *L'Union de Reims* (10/09/08).

la "50 francs argent" et qu'elle pèse 30 grammes, le tout ferait 600 tonnes. Vous vous imaginez les sortir sans que ça se voie ? »

Remontant le fil du malentendu, le journaliste écrit : « Les rumeurs ont cela de mystérieux qu'on ignore souvent comment elles apparaissent et se propagent. Ce qui rend passionnante celle du trésor de la rue du Ménil, c'est qu'on en connaît l'origine et les raisons du succès. Il a suffi de travaux dans les égouts imprégnés du mythe des brigands et d'une boutade dans un café pour que le centre de Sedan s'enflamme. »

L'employé parisien de Veolia, lui, n'a même pas pu apprécier l'onde de choc provoqué par sa plaisanterie. Il est reparti vers d'autres chantiers avant même de se rendre compte qu'en une phrase il avait mis tout un quartier sans dessus dessous.

## L'énigme ORCA

Au cœur du parc naturel de Chartreuse, dans les montagnes iséroises, les randonneurs se heurtaient à la même question, à chaque fois qu'ils découvraient une nouvelle inscription. ORCA ? Qu'est-ce que cela pouvait-il bien signifier ?

Les premiers tags étaient apparus dans le courant de l'été 2004. D'abord, un premier sur un panneau signalétique, puis un deuxième sur un bornage, et encore un autre sur un poteau… À intervalles réguliers, les quatre lettres majuscules réapparaissaient un peu partout dans le massif et plus particulièrement sur un axe reliant Entremonts, Saint-Pierre-de-Chartreuse et Le Sappey. Les randonneurs familiers des lieux avaient même remarqué que lorsque les plus anciennes commençaient à disparaître, usées par le temps, elles étaient méticuleusement restaurées.

Pour beaucoup, résoudre l'énigme ORCA était devenu un jeu. Tantôt on interrogeait les agents de l'Office National de la Chasse et de l'Office National des Forêts, pour savoir s'il s'agissait d'un code ou d'un jargon professionnel ; tantôt on suspectait un groupe de jeunes désœuvrés de vouloir faire tourner en bourrique les élus locaux et les forces de l'ordre. On avançait même l'hypothèse d'une secte dont certains auraient déjà entendu parler mais, chaque fois, la piste menait à une impasse.

C'est ainsi que pendant deux longues années, malgré une enquête confiée à la Brigade de gendarmerie de Saint-Laurent-du-Pont, le mystère ORCA est resté désespérément impénétrable.

Fin 2008, coup de chance : le tagueur est pris en flagrant délit par un promeneur ! Les militaires, qui commençaient à trouver la farce un peu longue, l'interpellent aussitôt. « Celui-là, on ne lui fera pas de cadeau ! », se promettent-ils en emmenant celui qui s'est joué d'eux depuis si longtemps. Ils vont être presque déçus [1]…

Au bout de quelques minutes d'interrogatoire, il apparaît évident que le tagueur fantôme n'a rien d'un grand délinquant ou d'un gourou machiavélique. C'est un brave monsieur d'une cinquantaine d'années, très solitaire, amoureux de la Chartreuse et… grand randonneur. ORCA ? C'est le nom de son chien, explique-t-il. Les graffitis ? Simplement pour marquer son attachement à son animal – comme on grave le nom de son amoureuse dans l'écorce d'un arbre – et immortaliser les souvenirs de leurs longues balades à deux, justifie-t-il sans sourciller.

L'homme fait les yeux ronds quand les gendarmes lui apprennent qu'il est devenu un célèbre anonyme dans tout le massif : il n'a jamais entendu parler des rumeurs qui couraient sur son compte ! Penaud, il s'engage à faire disparaître chaque inscription qui aurait causé du tort à quiconque et, promet-il, ne manquera pas d'adresser ses excuses aux autorités locales. Belles intentions…

Sauf que, lui font remarquer les gendarmes, le préjudice de son petit jeu (nettoyages, remplacement des panneaux, procédures engagées, etc.) s'élève à… 100 000 euros.

1. *Le Dauphiné Libéré* (01/12/08).

## Le mystère des squelettes de Quéménès

En ce mois d'août 2008, les Bretons de la pointe Finistère ne ratent pas un épisode du plus palpitant « feuilleton de l'été » qu'il leur a été donné de suivre. Car celui-ci est bien réel.

Le décor n'a rien à envier aux productions estivales de TF1 ou France 2. Nous sommes à Quéménès, minuscule îlot balayé par les vents et quasi-désert perdu dans l'archipel de Molène. Les premiers à entrer en scène sont les deux uniques habitants de ce caillou inhospitalier : un jeune couple installé ici par le Conservatoire du littoral pour y transformer, en compagnie de quelques poules et moutons, une ancienne ferme en chambres d'hôtes. Parcourant leur îlot pour contrôler les dégâts causés par un coup de vent plus fort que les autres, Soizic et Laurent font une découverte... macabre : des ossements humains sur une petite plage sauvage. Il y a là au moins deux crânes, des tibias, une hanche...

De toute évidence, les squelettes étaient enfouis et sont remontés à la surface. Sur cette partie sud de l'île, la plus exposée, le sable a été retourné sur plusieurs centimètres par les déferlantes de la tempête. Les jeunes Îliens préviennent aussitôt le Conservatoire, qui alerte sans attendre les gendarmes du Conquet, qui sautent dans leur vedette et se rendent sur place.

Après quelques minutes de fouilles, leur inventaire est terrifiant : quatre crânes et leurs squelettes entiers sont mis au jour ! La position des ossements semble indiquer que les victimes ont été enterrées les unes sur les autres à environ un mètre de profondeur, la tête en direction de la mer.

De qui s'agit-il ? Depuis combien de temps sont-ils morts ? Comment sont-ils arrivés là ? Que signifie cet « empilement » de corps ?

À cet instant, personne n'a le moindre élément de réponse mais déjà les rumeurs filent de port en port :

« Des disparitions inexpliquées, il y en a eu tellement dans la région... »

« Et si c'était un règlement de compte entre marins... »

« À moins que... Souvenez-vous, pendant des années, une famille a vécu seule sur Quéménès... »

La version la plus répandue, en particulier chez les anciens, étant :

« Tout ça, ce sont des foutaises ! Ces squelettes, ce sont des victimes de l'épidémie de choléra qui a frappé toutes les îles du secteur au début du XX^e siècle. Les morts étaient enterrés au plus vite pour éviter le risque de contagion. Ceux-là ne seraient pas les premiers que l'on retrouve. »

— Possible…

— Probable même…, remarquent les gendarmes du Conquet en écoutant d'une oreille attentive la voix des aînés.

Ce ne sera pas aussi simple.

Le 17 juillet, *Le Télégramme de Brest* consacre une partie de sa Une au « mystère des squelettes de Quéménès ». Les ossements, qui ont été analysés par les experts de la gendarmerie nationale à Rosny-sous-Bois, en Seine-Saint-Denis, ont « parlé ». « Il s'agit des dépouilles de deux couples, tous âgés de 20 à 25 ans, et très probablement européens, révèle le journal breton. Aucune fibre de vêtements n'a été retrouvée à leurs côtés, ce qui laisse supposer qu'ils ont été enterrés nus. Et aucune marque de violences n'a été décelée sur les ossements… » [1]

Surtout, la datation des os écarte l'hypothèse de l'épidémie mortelle : « Les ossements datent de trente-sept ans et demi, avec une marge d'erreur de plus ou moins cinq ans. Le décès remonterait donc à une période comprise entre 1966 et 1976. »

À Molène et alentour, c'est la stupeur. À cette époque, une seule famille vivait sur l'île. Elle y est même restée de 1953 à 1993, quarante ans de vie éloignée de tout et de tous… « Il y avait les parents et la fille » ; « Des gens biens… » ; « Lui, il était surnommé le maire des îles », « Impossible que ce soient eux… » ; « La fille vit toujours, elle habite Brest… »

Interrogée par les enquêteurs, la jeune femme est rapidement mise hors de cause, tout comme ses parents. Elle collabore même à l'enquête :

— Le ou les personnes qui ont enterré les quatre dépouilles connaissaient l'île, car il n'y a qu'au sud-est que la terre,

1. *Le Télégramme de Brest* (17/07/08).

mélangée à du sable, est suffisamment meuble pour être creusée profondément…

Pour les gendarmes, ça ne résout pas le mystère, mais c'est au moins un premier élément d'enquête. Car, malgré la prescription des faits, ils comptent bien « aller jusqu'au bout des investigations possibles », « pour l'intérêt de quatre familles qui, quelque part en Bretagne ou ailleurs, ont perdu un proche sans jamais avoir de réponses à leurs questions ».

C'est alors que, dès le lendemain de la communication des résultats d'analyses, un journaliste du *Télégramme* va faire une incroyable révélation[1].

En décortiquant les archives du journal, il a retrouvé une série d'articles datés de 1957 et consacré à « un sinistre camp de rééducation installé sur deux îlots rocheux voisins de Quéménès ». Un certain Abbé Laurent, aujourd'hui décédé, y recueillait « moyennant 15 000 francs, des jeunes gens de bonne famille ayant besoin de rééducation ». La petite institution charitable était en réalité un véritable bagne. Selon les articles de l'époque, les jeunes y vivaient dans le dénuement le plus complet et y mouraient de faim. Quand ils ne parvenaient pas à piéger des oiseaux marins ou à capturer des lapins, ils se nourrissaient de coquillages et même de goémon. Et beaucoup tentèrent de s'évader de cette prison à ciel ouvert sur des radeaux ou des troncs d'arbre. À la suite d'une plainte du maire de Molène, ulcéré par les conditions de vie des jeunes garçons, une enquête fut même ouverte et la fermeture administrative du centre fut prononcée.

« Mais combien de temps est-il resté ouvert par la suite ? », s'interroge le journaliste. « Est-il possible qu'un groupe de jeunes ait tenté de se faire la belle sur un bateau de fortune ? Ont-ils pu se noyer et être enterrés par une personne souhaitant éviter les ennuis ? »

À vrai dire, en cette fin juillet, tout le monde se pose les mêmes questions sur la pointe Finistère. Et, de plus belle, la rumeur du « centre de rééducation maudit » s'abat sur la région.

1. *Le Télégramme de Brest* (18/07/08).

Mais les faits étant prescrits, les gendarmes auront-ils la motivation et les moyens d'y apporter des réponses ?

En fait, il le faudra bien… car un personnage inattendu va faire irruption dans l'affaire. Coïncidence incroyable, Rachida Dati, alors ministre de la Justice, se déplace justement sur Quéménès aux côtés de Nathalie Kosciusko-Morizet, secrétaire d'État chargée de l'Écologie, pour y observer… « l'importance de la préservation des écosystèmes marins ». La garde des Sceaux ne rate pas une si belle occasion de se montrer garante d'une France juste qui ne laisse pas des crimes impunis sous prétexte qu'ils sont trop anciens. Elle promet des analyses complémentaires et une enquête poussée !

Résultat ? Une énorme déception.

Après trois mois d'attente, le 6 octobre, le verdict d'un laboratoire lyonnais spécialisé dans les datations au carbone 14, beaucoup plus pointues que les premières expertises, tombe : les quatre squelettes ont… au moins 400 ans ! Ils auraient été enterrés entre le XV^e^ et le XVII^e^ siècles !

Le journaliste du *Télégramme de Brest*, qui a pourtant participé à la propagation des on-dit, écrit d'un ton un brin moqueur : « Mince alors, les squelettes de Quéménès ne faisaient pas leur âge ! Car si on a bien compris, ce sont les vertus du milieu marin qui ont égaré les premiers experts. Tout cela était tellement bien conservé qu'ils ont fait une légère erreur de plusieurs siècles. Trompés jusqu'à l'os ! »

# Retour à Clochemerle

*Clochemerle*, quand tu nous tiens ! L'expression est tombée en désuétude, reléguée dans les cartons de journaux de grand-papa, et pourtant elle n'a pas pris une ride. Comme dans le roman éponyme de Gabriel Chevallier qui connut en 1934 un succès considérable à travers le monde, les querelles et les bisbilles de villages font parfois tourner la tête des citoyens les plus ordinaires…

## Saletés de Parisiens !

Bienvenue à Boulbon, petit village de 1 500 âmes entre Avignon et Tarascon. Boulbon et son château fort médiéval, son église, ses fortifications, ses vieilles pierres et ses traditions ancestrales comme, chaque année au 1er juin, la « procession des bouteilles », interdite aux femmes de peur qu'elles ne fassent tourner le vin.

C'est là que Jean-Luc Coulaud est arrivé avec femme et enfants, deux ans plus tôt, pour reprendre le Café du Commerce, le troquet qui donne sur la place arborée au centre du village. Commerçant par nature et Parisien de naissance, il est venu y trouver la tranquillité. Une vie de rêve, en quelque sorte. Mais pour le coup, c'est plutôt raté.

« L'aventure a tourné au cauchemar », annonce *Le Dauphiné Libéré*[1].

Debout derrière son comptoir, l'homme a les yeux rougis. Il parle de moqueries, d'insultes, de dégradations dans son

1. *Le Dauphiné Libéré* (20/05/08).

établissement et de menaces. Il verse presque une larme lorsqu'il raconte que lui, on le surnomme ici « le boiteux ». Sa femme Véronique, elle, c'est « le chameau ».

Jean-Luc a décidé de mettre en vente son commerce et de quitter le village. Il avait pourtant été prévenu. C'est lui qui raconte : « Dès le premier jour, on m'a dit : c'est notre bar et, toi, t'es le septième. » Sous-entendu, le septième kamikaze à penser pouvoir faire tourner cette maudite affaire, et certainement pas le dernier…

« Ici, c'est l'omertà, explique-t-il. Il y a cinq grandes familles qui tiennent la commune et qui décident pour les autres. Les associations – le club taurin, le foot et les boules – qui se retrouvaient au café depuis toujours, ont décidé de continuer à faire leur loi, de nous imposer leurs prix. C'est un véritable racket ! Et comme on n'a pas voulu obéir, on nous boycotte. »

La tradition, à Boulbon, veut par exemple que le patron paye sa tournée à la demande des habitués. Ou qu'il rédige sa carte du déjeuner sous la dictée des Boulbonnais de souche. Ce que Jean-Luc et Véronique refusent. Pauvres naïfs !

Les noms d'oiseaux commencent à pleuvoir sur le Café du Commerce, puis les événements se précipitent. Un jour de mai, alors que le village est en fête, une poignée d'amuseurs a l'idée de dresser une barricade devant l'établissement : un joli tas de branches et 150 kilos de fumier déposés sur la terrasse. Quelques mois plus tard, alors que l'on festoie en l'honneur du club taurin, le comptoir est saccagé. Jean-Luc raconte que, dans la bousculade, il reçoit une gifle et son épouse un coup de poing. Portent-ils plainte ? Non.

À Boulbon, on le lui déconseille. Ça ferait mauvais genre. « Ensuite, petit à petit, on a vu la clientèle s'en aller. Tous nos projets de soirées à thèmes, de karaoké, sont tombés à l'eau… », poursuit-il. Faute d'activité, le couple se sépare de son cuisinier et de son serveur. Retrouvé par le journaliste du *Dauphiné*, ce dernier raconte : « J'ai travaillé dans plusieurs bars de la région, et je n'avais jamais vu ça ! À chaque fois, les fêtes dégénèrent en bagarre. »

Vaille que vaille, les Coulaud tentent de tenir le coup en attendant que l'orage passe. Mais rien n'y fait. Pis, la municipalité décide de déplacer la fête de la Saint-Marcellin, qui se tient chaque printemps et depuis toujours devant le Café du Commerce, à l'autre bout de la place du village. Jean-Luc dépose les armes et, dans un dernier baroud d'honneur, décide d'exposer son histoire dans la presse locale.

Au journaliste qui veut en savoir plus, une conseillère municipale – pourtant d'opposition – ose expliquer, l'air de prendre la défense du malheureux : « Il n'a pas eu la notion de ce qu'était un bar ici. » Un autre habitant livre cette analyse édifiante : « Le Café du Commerce appartient sur le papier au propriétaire et ensuite, dans l'esprit, c'est un peu la résidence secondaire des Boulbonnais. » On croit rêver.

La chute de l'article est presque cocasse. Le futur ex-patron du Café du Commerce confirme qu'il a bel et bien mis en vente son établissement. Trois propositions d'achat lui sont même déjà parvenues, mais celles-ci sont malheureusement bien inférieures à la valeur du bien. Il est vrai qu'elles proviennent de trois Boulbonnais.

## Un village sous haute surveillance

« Il faut le voir pour le croire ! », s'exclame la journaliste en revenant de son reportage à Baudinard, petit village perché au fin fond du haut Var. Dans la région, tout le monde a déjà entendu parler de ce bourg truffé de caméras de vidéosurveillance, alors elle est allée… voir.

Baudinard se dresse aux portes des gorges du Verdon, tout près du lac de Sainte-Croix, sur un coteau ensoleillé au fond duquel fleurissent les champs de lavande et les amanderaies. Le village n'est formé que de quelques maisons entre lesquelles les passages voûtés et les puits font la joie des touristes. Au détour d'une ruelle, une poulie témoigne de la présence, il y a bien longtemps, d'un grenier à grains. Et sur un petit belvédère, un banc public invite à contempler les toits du bourg et les paysages époustouflants qui se perdent à l'horizon.

La journaliste, elle, a des considérations beaucoup matérialistes. Elle est là pour compter : 146 habitants répartis sur l'ensemble des terres communales, dont exactement 51 intra-muros. Et douze caméras. Une pour quatre personnes dans le bourg.

« C'est *Loft Story* à la campagne », s'amuse-t-elle en répertoriant les caméras[1] : « Une première à l'entrée du village, accrochée au feu tricolore, vous souhaite la bienvenue. Puis tous les dix mètres environ, droit devant, à gauche, à droite… on vous a à l'œil. »

Depuis 2007, le maire de Baudinard s'est pris de passion pour la vidéosurveillance. Élu pour la première fois en 1978, Georges Pons a soudainement décidé de « garantir à ses administrés une sécurité totale » suite aux plaintes des anciens du bourg, lassés par les « dégradations de véhicules » et les « vols dans les maisons ». On peut dire qu'il n'y est pas allé de main morte.

Le cimetière ? Filmé. Les courts de tennis ? Filmés. Le belvédère ? Filmé. L'église ? Filmée. Sur le lieu de culte, le dispositif vidéo a même été complété par un système d'alarme. Comme en mairie, à la salle des associations, à la salle polyvalente, aux ateliers communaux…

Qu'en pensent les habitants ? C'est ce qu'aimerait savoir la journaliste qui déambule dans les rues du village sous l'œil des caméras.

— Les caméras ? Elles n'ont été installées par le maire que pour surveiller les habitants, lâche un homme sans prendre le temps de s'arrêter.

— Un jour, il a même parlé de certains chiens qui faisaient leurs besoins sur les trottoirs. Il nous observe…, ajoute son épouse en le suivant.

Au bistrot du village, la conversation s'engage finalement.

— Nos voitures ne sont plus fracturées, lâche timidement un habitué. Il y a eu des vols à Sainte-Croix, Riez et Salernes. Rien ici…

— Au début, c'est choquant, on se croit sur le Rocher de Monaco, ajoute le patron converti à la lubie du maire. Mais en tant que commerçant, on est protégé. Et pour tout vous dire, le seul client qui est parti sans payer, je l'ai récupéré à l'aide des caméras…

Un client entre et les visages se referment. Visiblement, les questions dérangent et, note la journaliste, « il règne une atmosphère

1. *Var Matin* (13/02/09).

pesante. Peu osent s'exprimer franchement, à visage découvert. Par peur des représailles, disent-ils ». Quelles représailles ? Il est difficile de le savoir. À Baudinard, on se tait et, surtout, on ne lave pas le linge sale devant une inconnue. Mais l'indiscrète est têtue et finit par décrocher « un scoop », comme elle l'écrit avec ironie : une treizième caméra entrera en fonction lors de l'ouverture de la future déchetterie ! « Elle permettra de voir et sanctionner tous ceux qui se tromperont de containers en déchargeant leurs détritus », lui explique-t-on en mairie.

L'information paraît dérisoire ? Pas dans le village. Avec cette nouvelle installation, la vidéo surveillance va passer un cap symbolique : une caméra pour moins de quatre habitants...

## L'OMBRE D'UN CORBEAU SUR LA VILLE…

Alerte, alerte ! Les corbeaux pullulent ! À Revin, dans les Ardennes, une poignée d'habitants est la cible d'insultes qui s'étalent en grands caractères sur les murs de la ville. À Grésin, minuscule village de Savoie, des cercueils en papier et des menaces de mort sont adressés au maire sans que personne n'y trouve d'explication. Dans le Cantal, les granges d'un éleveur partent en fumée les unes après les autres… De *L'Ardennais* à *La Dépêche du Midi*, tous les journaux de France ont une histoire de maître chanteur à raconter.

### Les courriers de Tournehem

Ce 18 juin, le tribunal de Saint-Omer, dans le Pas-de-Calais, doit juger une femme que toute la région surnomme désormais… « le corbeau de Tournehem ».

Les habitants de cette charmante bourgade blottie contre les ruines d'une chapelle du XIII^e^, à l'extrême nord du pays, brûlent d'impatience. Comme va-t-elle s'expliquer ? Pourquoi a-t-elle fait tant de mal ? Des semaines durant, la zizanie qu'elle a causée a bien failli les rendre fous.

Dans leur village habituellement si tranquille, au cœur des vallons verdoyants et des ruisseaux chantants, tous avaient fini par suspecter un voisin ou une connaissance…

L'affaire a éclaté deux ans et demi plus tôt, en novembre 2006, par une série de courriers… nauséabonds. Des dénonciations.

Dans le premier, reçu par la gendarmerie, deux employées d'une agence d'assurance installée sur la commune sont accusées de se livrer à des malversations financières. Leurs noms, leurs magouilles et même leur vie privée supposée, tout est décrit dans le moindre détail. Chose exceptionnelle dans ce genre d'affaire, la lettre n'est pas anonyme : Jean-Jacques M., un habitant de Tournehem, signe fièrement ses accusations.

Quelques semaines plus tard, c'est au tour de la DDASS de recevoir un courrier dénonciateur. Agnès L. une autre habitante de la commune, y met en cause un de ses voisins. Cette fois, il est question de maltraitance sur mineurs. Untel bat ses enfants, dit en substance la missive.

Dans le village d'un millier d'âmes, cela commence à faire beaucoup. D'où vient cette fièvre de règlements de comptes ? Jean-Jacques M. et Agnès L. ont-ils décidé de nettoyer le bourg de ses moutons noirs ? Inutile de leur poser la question puisqu'ils nient être les auteurs des dénonciations ! Alors pourquoi les avoir signées ?

— Lui, je m'en suis toujours méfiée, susurre une dame à la sortie du bureau de Poste.

— Pensez-vous ! lui rétorque sa voisine, il ne ferait pas de mal à une mouche !

Très vite, un petit groupe d'anciens se forme. Un vieux monsieur intervient :

— Elle, mon fils la connaît. Il dit que c'est une femme très bien. Il dit qu'il faut croire ce qu'elle raconte.

— Mais ses voisins sont des gens charmants eux aussi ! Le père adore ses enfants, c'est incroyable. .

Les voix se taisent. Justement, les deux employées accusées par Jean-Jacques M. sortent de leur agence.

Plus les jours passent, et plus les scènes comme celle-ci se répètent dans Tournehem. Car il y aurait eu d'autres lettres, dit-on, adressées à la sous-préfecture, à la direction de la compagnie d'assurance, encore à la gendarmerie ou même au procureur de la République ! Et à chaque fois, un habitant dénoncerait un autre…

À l'heure du procès, la présidente du tribunal s'emporte en désignant l'accusée :

— Si les enquêteurs n'avaient pas mis fin à vos calomnies, tous les villageois se seraient montés les uns contre les autres ! Ce que vous avez fait est grave !

— Ce n'est pas moi ! Je ne suis pour rien dans cette affaire !

Des éclats de rire résonnent dans le fond de la salle.

Denise D., 61 ans, est un personnage ! Décrite par certains témoins comme « joviale » et « pas méchante », soupçonnée par d'autres de n'être « pas bien du tout dans sa tête », elle se dit sourde et affirme ne pouvoir suivre le procès qu'en lisant sur les lèvres. Seulement, elle ne rate pas une occasion de jeter un regard noir vers la salle quand elle entend une remarque sur son compte. Elle amuse le public, aussi, quand elle approche son visage à quelques centimètres de celui de la présidente pour mieux se faire comprendre ou quand, dans un élan lyrique, elle se retrouve pratiquement assise sur les genoux de son avocat.

La sexagénaire dément être le corbeau qui, des semaines durant, a usurpé l'identité de certains de ses concitoyens pour en accuser d'autres, mais trop de soupçons pèsent sur elle.

— Vous êtes le point commun entre toutes les victimes, lui rappelle-t-on. Les enquêteurs l'ont vite compris… [1]

Il est vrai que Denise a commis beaucoup d'erreurs. D'abord, les gendarmes ont rapidement acquis la conviction qu'une seule et même main se cachait derrière tous les courriers. Non seulement les personnes présumées signataires niaient unanimement et farouchement les faits mais surtout, pour l'une d'entre elles, c'était parfaitement impossible. Il s'agissait d'une vieille dame qui accusait son voisin d'avoir violé un handicapé. Problème : elle était… analphabète.

Et puis Denise s'est un peu trahie elle-même : dans une des lettres, elle mettait en cause un habitant en le désignant par son véritable nom alors qu'elle était l'une des rares, dans le village, à connaître la véritable identité de celui qui s'était donné un surnom. Enfin, les analyses graphologiques des courriers ont établi « avec une très forte probabilité » qu'elle en était bien l'auteur.

Accablant, non ? Évidemment pas pour son avocat :

— Dans ce dossier, il y a un faisceau d'indices, mais aucune certitude ! fulmine-t-il. La graphologie n'est pas une science exacte ! Et quel aurait été le mobile de ma cliente ? Aucun ! Qu'avait-elle à y gagner ? Rien !

---

1. *Nord Littoral* (19/06/08).

Denise a même une explication :

— Ils m'accusent parce qu'ils sont jaloux !

Nouveaux ricanements dans le prétoire.

Quelques minutes plus tôt, l'expert psychiatre l'a décrite comme une personne « fonctionnant sur un système mêlant persécution et interprétation entraînant méfiance et psychorigidité » [1].

## La psy qui les rendait fous...

À Guingamp, une partie des huit mille habitants a fini par craquer [2]. Jean et son épouse, des retraités à la vie sans histoires, toujours paisibles, sont certainement les plus touchés.

— Regardez ! Mais regardez ! Il y en a plus d'une centaine ! gémit-il la voix tremblant en dispersant une pile d'enveloppes sur sa table de salon.

Ginette, presqu'en larmes, lui prend la main :

— Ça n'arrête pas. Ce n'est plus supportable.

Les feuilles blanches, format A4, se ressemblent toutes, noircies par une même écriture fine, dense et nerveuse. De longues phrases sans repos, des noms et des dates soulignés en gras, et la calomnie presque à toutes les lignes : Jean violeur d'enfants, incestueux, agresseur sexuel, mari infidèle, cocu...

La dernière lettre est arrivée quinze jours plus tôt.

— Ça fait presque quatre ans que ça dure... Jusqu'où ça va aller ?

Le pire, pour Jean, ce sont les copies des courriers que le corbeau répand dans le voisinage. Il se dit « humilié » et « blessé » dans sa dignité de père et de grand-père.

— Tant qu'elle ne sera pas arrêtée...

Elle ? Le corbeau : « Marie-Annick B., psychiatre, psychothérapeute, ancien interne des hôpitaux psychiatriques de Paris. » Toutes les lettres portent le même en-tête.

---

1. Denise D. a été condamnée à deux mois de prison avec sursis et 5 300 euros de dommages et intérêts à ses victimes. Par ailleurs, le jugement précise que sa condamnation doit être publiée dans deux titres de la presse locale et affichée pendant un mois... à la mairie de de Tournehem.

2. *Le Télégramme de Brest* (25/01/08).

En ville, tout le monde connaît celle que l'on surnomme « la psy ». Car tout le monde a déjà eu affaire, ou connaît quelqu'un qui a eu affaire à sa folie épistolaire. Dans tous les bars, presque dans tous les commerces, le patron a eu droit à son courrier ordurier.

— La psy ? Tenez, la lettre qu'elle a envoyée il y a trois jours. Et puis celles-là, reçues il y a deux semaines, raconte l'un d'eux à un journaliste venu enquêter.

— À la gendarmerie, vous n'imaginez pas les piles qui s'entassent !

Il dit vrai. Dans chaque institution de Guingamp et des environs, les lettres de la psy se comptent par dizaines. Sur le bureau du maire, sur celui de la procureur de la République, à la rédaction des journaux de la région, chez des notables et des anonymes, partout, elle déverse son fiel. Ici elle accuse de proxénétisme, là elle dénonce d'improbables complots ou assassinats, plus loin injurie ou se moque de prétendues coucheries…

Jean et Ginette savent bien qu'ils ne sont pas seuls :

— Tout le monde est excédé, alors la plupart des gens jettent directement les enveloppes à la poubelle.

— Nous, c'est différent…

— Elle m'avait promis « l'enfer » pour ma retraite. Elle a tenu parole…

C'était un jour de juillet 2004. Le début de toute l'affaire. Jean se souvient de chaque seconde :

— Je l'ai croisée dans la rue et, comme son visage me disait quelque chose, je lui ai adressé un « bonjour » timide… Elle m'a regardé d'un œil noir et a passé son chemin.

Trois jours plus tard, le pauvre homme reçoit déjà sa première missive. Insultante et abjecte.

— Je l'ai déposée au commissariat. Elle ne l'a pas supporté…

Une enveloppe, une deuxième, une troisième… Marie-Annick B. est prise de frénésie et ne se contrôle plus : en quelques mois, le couple de retraités est submergé de courriers, puis tout Guingamp est inondé de menaces et de dénonciations calomnieuses. Une dizaine de victimes porte plainte mais, en 2005, une première enquête est classée sans suite : la psy serait... déficiente mentale. Un jugement qui, visiblement, la vexe.

Loin d'arrêter ses médisances, elle redouble d'imagination, écrit des pages par centaines et trouve sans cesse de nouvelles victimes. Un an plus tard, elle est de nouveau interpellée. Direction... l'hôpital psychiatrique de Bégard, à une vingtaine de kilomètres de là. Objectif : réaliser une expertise psychologique permettant de déterminer si Marie-Annick B. est pénalement responsable de ses actes. En d'autres termes : s'assurer que la psy n'est pas folle. Pas bête...

Sauf que Madame B. a d'autres chats à fouetter. Après trois semaines d'internement, et avant même qu'un diagnostic ait pu être établi, elle saute par la fenêtre de sa chambre et disparaît dans la nature.

— Depuis, elle n'a plus donné signe de vie, reprend Jean. Hormis ses courriers...

Janvier 2008. Presque deux ans de cavale. Le retraité n'est pas le seul à être à bout. Dans un bar, à l'heure de l'apéritif, les esprits s'échauffent quand un journaliste de l'hebdomadaire *Le Point*, venu spécialement de la capitale, évoque l'affaire et prononce les noms de Jean et Ginette[1] :

— Maintenant, il faut que ça s'arrête ! Ces pauvres gens sont traumatisés...

— Cette femme, c'est une perverse.

— Une psy, quoi !, s'esclaffe un vieillard qui a visiblement trop bu.

Un homme en costume s'approche et se présente d'un air sérieux. Il est adjoint au maire :

— Jusqu'à maintenant, je n'ai pas porté plainte par égard pour sa famille. Ce sont des gens très bien, la plus belle ferme de la région pour tout vous dire. Mais si ça continue, j'irai moi aussi à la gendarmerie !

— Fallait l'arrêter quand elle était là ! Vous l'aviez sous la main ! lance le vieillard.

Le journaliste tend l'oreille et découvre alors un épisode ahurissant de l'affaire : jusqu'à son internement et son évasion, la

1. *Le Point* (21/02/08).

psy avait pignon sur rue dans Guingamp ! Elle s'était installée dans une ancienne boutique, juste derrière la basilique. Il était d'ailleurs impossible de la rater : sur la vitrine, elle affichait des messages délétères, des appels au secours, des accusations en tous genres et autres horreurs à connotation sexuelle.

Sur place, le reporter retrouve sans difficulté des riverains qui se souviennent de cette époque où leur encombrante voisine harcelait toute la ville avec ses lettres scabreuses. « Quand elle venait, elle était tout le temps assise sur les marches de la basilique, à regarder tout le monde, à prendre des notes sur son calepin, se souvient un commerçant. Je n'osais plus traverser la rue pour aller voir mon copain chocolatier, elle me regardait, et puis elle écrivait. » Un autre se souvient d'une femme menue, élégante : « Des traits intelligents, un air plutôt calme. Mais elle était là pour observer, elle nous tournait autour, c'était très désagréable. »

Au même moment, Anne-Sophie Monet, procureur de Guingamp, répond aux *Télégramme de Brest* qui la presse de questions :

— La gendarmerie la cherche, mais ce n'est pas facile : elle est certainement aidée, ne serait-ce que pour payer ces quantités de timbres.

— À ce point-là ?

— Elle écrit maintenant à tous les parquets de France mais aussi à des députés. Elle parle d'un « complot guingampais »…

— Combien de courriers au total ?

— Au moins deux mille…

— Aucune idée de l'endroit où elle se trouve ?

La psy n'a laissé aucune trace.

— Pas de mouvements bancaires, pas de facture EDF, rien côté Sécurité sociale…

Même sa famille est sans nouvelles.

À la sortie du bureau de la procureur, une secrétaire interpelle le journaliste.

— Ils savent où elle est ?

— Paris, peut-être…

— C'est dingue ! Dans ses délires, il y a des références exactes à des événements locaux. Elle doit lire la presse locale…

…ollègue intervient :

— Moi, elle m'a envoyé une lettre dans laquelle elle parle de …mes deux filles. Pourtant je ne la connais pas, cette dame !

Les gendarmes ont fini par retrouver sa trace. Sur les Champs-Élysées. À son… ancien cabinet parisien. Des années durant, elle avait exercé là sans que personne n'ait à se plaindre d'elle.

C'est une de ses anciennes consœurs, interrogée dans le cadre de l'enquête, qui les a mis sur la bonne piste. « Pour moi, c'est une remarquable professionnelle. Je l'ai vue travailler dans de nombreux hôpitaux parisiens et quand elle s'est installée en libéral, sur les Champs-Élysées, il m'est arrivé d'avoir affaire à certains de ses anciens patients : ils l'adoraient tous… » Sur la plus belle avenue de monde, les enquêteurs ont retrouvé l'homme qui partageait ses locaux. Un gynécologue : « Avant sa "cavale", nous cohabitions depuis deux ans. Croyez-moi, c'est une femme douce, intelligente. Je n'ai jamais vu une telle clientèle chez un psychiatre. Tous ses patients me demandent ce qu'elle est devenue… Je n'ai jamais lu ses lettres, mais je me refuse à la croire folle. »

Ils ont placé son cabinet sous surveillance.

Le 26 juillet 2008, un titre d'*Ouest France* libère toute une ville : « La psy a été interpellée » [1].

« Alors que la semaine dernière encore des Guingampais recevaient des courriers signés du corbeau, les enquêteurs viennent de lui clouer le bec », commence l'article. Depuis deux ans, Marie-Annick B. menait une vie clandestine… au cœur de Paris. Elle a été arrêtée en fin d'après-midi, devant les jardins du Palais-Royal. Elle portait une perruque noire. L'issue d'une traque de six mois.

Depuis la localisation du cabinet parisien, une vingtaine de limiers de la brigade de recherche de Paris, dont cinq exclusivement affectés à l'affaire, étaient sur le pont. Convaincus que la psy ne pouvait agir seule, ils ont surveillé ses anciens collègues, ses voisins et ses connaissances pendant plusieurs semaines. Un

1. *Ouest-France* (26/07/08).

vrai travail de fourmi. Qui finit par payer. Début juillet, une conversation téléphonique est interceptée. L'appel a été passé depuis une cabine de la gare de l'Est. Coup de chance : une caméra de vidéosurveillance a saisi le visage de la psy. « Cette photo, les enquêteurs vont la montrer partout. Flics de quartier, éboueurs, contractuelles, agents de circulation en faction devant les écoles, commerçants…, décortique *Ouest-France*. Et les petits secrets de la psy vont tomber un à un : elle ne dort jamais deux fois au même endroit. Dans la rue, elle se retourne tout le temps, entre dans des magasins d'où elle ressort complètement transformée. Nouvelles fringues, nouveaux postiches ! Et cela, plusieurs fois par jour ! » Jusqu'à ce que les enquêteurs acquièrent la certitude que la petite brune qu'ils suivent est bien la psy de Guingamp.

— Comment a-t-elle fait pour vivre dans la clandestinité pendant deux ans ? interroge le journaliste breton.

— Elle n'a rien voulu dire, lui confie un gendarme. Mais elle a probablement fait des petits boulots. Elle a peut-être continué à exercer un peu. Certains de ses patients l'adoraient.

Marie-Annick B. ne sera sans doute jamais jugée. Une nouvelle fois internée après son arrestation, elle a été de nouveau reconnue irresponsable pénalement par les experts psychologues et a bénéficié d'un non-lieu. Aux dernières nouvelles, elle n'a pas repris la plume…

## Le chevrier et le corbeau

Au fin fond de Puy-de-Dôme, l'histoire du corbeau et du chevrier restera à jamais gravée dans la mémoire locale. Une histoire faite d'improbables rebondissements qui la mèneront à la Une de tous les journaux télévisés.

Nous sommes le 1er décembre 2008[1]. Deux cents personnes sont rassemblées dans la salle des fêtes de Teilhet, microscopique village du pays des Combrailles. Autant dire une foule immense dans ce coin de campagne déserté. Ils sont tous là,

1. *La Montagne* (02/12/08).

venus de toute la région, pour soutenir un des leurs, Michel Message. Un homme menacé de mort. Son tort : avoir vendu sa ferme, La Boge, et ses cinquante hectares de terres à un jeune éleveur de chèvres, un trentenaire originaire des Hautes-Alpes. À un étranger, en quelque sorte...

L'instant est grave. Chacun s'avance en silence devant une grande colombe de la paix dessinée sur un drap suspendu. Les uns après les autres, ils accrochent leurs messages de soutien. « Courage Michel », « Tiens bon », « Ne baissez pas les bras », « Nous aurons leur peau, ils n'auront pas la vôtre... »

Michel Message, un homme trapu et robuste, adresse des remerciements à tour de bras. « Merci, merci... Merci pour lui aussi, qui n'a pas pu être présent... » Jean-Hugues Bourgeois, le jeune chevrier par qui le scandale est arrivé, « est parti voir sa fille ». « Il a dû l'éloigner du village pour la protéger », lance l'agriculteur avant de désigner le fond de la salle pour « saluer son épouse, qui est là malgré la fatigue... » La jeune femme, les mains posées sur son ventre rond d'un prochain bonheur, acquiesce et sourit à l'assistance.

« La Boge aux paysans. Va-t'en ! » C'était la première menace, inscrite à la bombe sur les murs de la ferme. Jean-Hugues Bourgeois l'a découverte au petit matin d'un jour d'avril. Derrière le tag, dix de ses chèvres étaient mortes, foudroyées par un coup de pistolet d'abattage. Quatre mois plus tard, début août, la grange de son exploitation était détruite par un incendie... Tout comme sa voiture. Puis vinrent les lettres anonymes glissées dans sa boîte aux lettres. Des menaces de mort dirigées contre sa famille et ses proches : « Tu pars ou ils crèvent. »

*La Montagne*, journal incontournable dans la région, consacre alors de longs articles aux mésaventures du jeune éleveur dont « le mode de vie et les tatouages dérangent ». Et Jean-Hugues Bourgeois se confie : « Un jeune agriculteur qui n'est pas du coin et qui n'est pas paysan de père en fils a toujours du mal à s'intégrer. En plus je fais du bio, des chèvres et des moutons, et ça marche bien, alors qu'ici tout le monde fait du maïs et des vaches. Y a de la jalousie aussi... » Puis il revient sur les intimidations dont il est la cible : « Monsieur Message m'avait prévenu que cela allait grincer des dents, mais je ne m'attendais pas à cela ?! »

L'éleveur extrait de sa poche le dernier courrier de son (ses ?) maître chanteur[1]. D'une voix blanche et les mains tremblantes, il lit la lettre découpée… en forme de cercueil : « Si l'exploitation Message n'est pas confiée en totalité à la Safer[2] avant le 1er décembre, le traître Message sera exécuté. On jettera ta fille dans un fossé après avoir fait d'elle une femme… (il interrompt sa lecture : « Ils parlent de ma fille. Elle a 8 ans ?! »). Mais ne t'inquiète pas pour ta pute… (« J'imagine qu'ils évoquent ma compagne… »), elle va aimer ce que l'on va lui faire. Pas de menaces, des promesses. Pas un mot aux flics ou ta mère y passe. »

Dans la salle des fêtes de Teilhet, les deux cents membres du comité de soutien à Michel Message et Jean-Hugues Bourgeois connaissent la missive par cœur. C'est à cause d'elle qu'ils sont réunis ce 1er décembre… Et ils ne se lassent pas de la commenter :

— Moi, cette histoire de Safer, je n'y ai jamais cru…

— Bien sûr, c'est pour brouiller les pistes !

— Pour moi, ce corbeau, c'est quelqu'un du village…

— Ça se pourrait bien, ouais !

Dans l'assistance, la quasi-totalité des adhérents viennent d'autres communes de la région. Seuls quinze sont de Teilhet même.

Danièle en fait partie. C'est une voisine du jeune chevrier :

— C'est quelqu'un d'agréable. Je ne comprends pas pourquoi on s'en prend à lui… C'est ignoble.

Son amie, qui habite la ferme d'à côté, abonde :

— Ça me fait dresser les cheveux sur la tête. Maintenant, j'ai peur la nuit, je regarde. On ne sait jamais ce qui peut se passer. Je le vois pratiquement tous les jours et je lui dis : « Jean-Hugues, faut pas que tu baisses les bras ! » Mais il n'a pas trop le moral en ce moment…

---

1. *La Montagne* (28/08/08).

2. La Safer est un organisme sous tutelle des ministères de l'Agriculture et des Finances. Sa mission est de participer à l'aménagement durable et équilibré de l'espace rural. Sans but lucratif, elle achète des biens agricoles et ruraux puis les revend à des agriculteurs ou des collectivités dans le but de pérenniser les terres agricoles et de protéger les espaces et ressources naturels.

Le chevrier de Teilhet a finalement baissé les bras. Quelques jours après le rassemblement de soutien, la population apprenait qu'il avait décidé de quitter la région. Pour monsieur Message, « il n'y a pas que les menaces de mort qui ont eu raison de sa patience… Il y a aussi les rumeurs. » Les rumeurs ? « Dans le village, certains font courir le bruit qu'il a lui-même tué ses chèvres, mis le feu, écrit les lettres, etc. » Et les cinquante hectares ? « Je vais les reprendre. Je ne vais certainement pas les céder à ces voyous, ni à la Safer. »

L'histoire du corbeau et du chevrier de Teilhet aurait pu en rester là. Mais l'enquête confiée aux gendarmes de Riom allait réserver d'étonnants rebondissements… loin du pays des Combrailles.

Le 22 janvier 2009, d'abord, *La Montagne* révèle, à la stupéfaction générale, « les aveux d'un corbeau… parisien ».

Un membre du Front national et candidat aux dernières élections municipales dans un arrondissement parisien, a reconnu avoir écrit une lettre de menace. C'est bien lui qui est l'auteur de ces mots : « Tu es une ordure, un traître à notre race de paysan français. Et maintenant tu vas crever nègre blanc. »

Le nationaliste, âgé de 40 ans, dit avoir découvert « par hasard dans les journaux » le calvaire de l'éleveur. Il voulait lui faire payer ses positions « gauchistes », Jean-Hugues Bourgeois étant présenté dans un article comme « membre d'une association qui aide les demandeurs d'asile, les réfugiés et tous les migrants ».

Comment les enquêteurs lui ont-ils mis la main dessus à plus de quatre cents kilomètres du petit village auvergnat ? « Ses empreintes ont été retrouvées sur la lettre et il figurait dans le Fichier national des empreintes, explique l'un d'eux. Il était déjà connu de la justice pour d'autres faits. » Facile. Trop facile même… Car il y a un problème : « en fait, aucun élément ne permet de faire de lien entre cette personne et les autres infractions », reconnaît le gendarme. Le massacre des chèvres, la première lettre de menaces de mort, l'incendie de la grange, « il jure n'y être pour rien et on a tendance à le croire… » Une version qui ne surprend pas Jean-Hugues Bourgeois : s'il se dit « soulagé par cette arrestation », il « ne croit pas à un acte isolé ». Autant dire que les enquêteurs comprennent à ce moment-là qu'ils ne sont pas au bout de leur peine !

Pendant des mois, ils vont procéder à plus d'une centaine d'auditions, plusieurs perquisitions et trois gardes à vue sans jamais trouver la clé du mystère. Si bien que le procureur de la République s'agace quand les journalistes viennent l'interroger à l'occasion du premier anniversaire du début de l'affaire :

— Bien sûr que nous avons des pistes ! Mais pour l'instant, nous n'avons pas de preuves…

— Où en est l'enquête sur l'incendie ?

— Le feu est le meilleur destructeur de preuves. Nous n'avons rien d'utilisable…

— Concernant le massacre d'une partie du troupeau, des projectiles ont bien été retrouvés dans le corps des animaux ? Savez-vous d'où ils proviennent ?

— Non. Contrairement à un pistolet classique, celui d'abattage ne laisse pas sa marque.

— Pas de trace d'ADN ?

— Comment voulez-vous retrouver un cheveu sur des chèvres !

— Et sur les lettres ?

— Nous avons des traces et des empreintes, oui. Sur l'une d'elle, comme vous le savez, nous avons abouti. Pour les autres, nous cherchons…

Le 24 juin 2009, deuxième rebondissement : Jean-Hugues Bourgeois est mis en examen pour « faits de mort donnée volontairement à des animaux domestiques, destruction par incendie volontaire de la grange de "La Boge" et menaces de mort ». En clair, il est suspecté d'avoir tout fomenté, hormis simplement la lettre du frontiste parisien. Une expertise graphologique le désignerait comme l'auteur présumé des autres courriers…

En Loire-Atlantique où il s'est réfugié avec femme et enfant, le chevrier bio nie tout en bloc. Quant aux villageois de Teilhet, ceux qui l'ont soutenu pendant des mois, ils sont abasourdis. « Ne serait-ce qu'humainement, c'est impossible… », affirme

Michel Message, l'homme qui avait vendu ses terres au jeune chevrier. « Tous les éleveurs vous le confirmeront : on ne peut pas tuer ses propres animaux. » Et si c'était tout de même lui ? « C'est qu'il est fou… et bon comédien.[1] »

1. Le 23 février 2010, la chambre de l'instruction de la cour d'appel de Riom a annulé les rapports d'expertise graphologique et la mise en examen de Jean-Hugues Bourgeois. À l'heure où nous écrivons ces lignes, l'instruction n'est pas close et le mystère du chevrier de Teilhet reste entier.

# Querelles de voisinage

« Le voisin est un animal nuisible assez proche de l'homme », disait Pierre Desproges. À la lecture de la presse de nos régions, on ne saurait dire mieux que le maître de l'humour grinçant et de l'absurde. Quand les querelles de voisinages s'affichent à la rubrique des faits-divers, on se demande s'il faut en rire ou en pleurer.

## Calamity James

Ils posent, l'air grave, autour de la table de salon nappée d'une toile fleurie. Sylvie, Jean-Claude, Michèle, Catherine et les autres fixent l'objectif du photographe de *Paris Normandie*. Puisque personne ne veut entendre leur détresse, ils ont décidé de lancer un appel à l'aide par l'intermédiaire du journal. « Depuis deux ans, un molosse terrorise les habitants de tout un quartier. Il a tué le chien des voisins et agresse les promeneurs. Une pétition est lancée. », commence l'article[1].

Boulevard des Sablons et alentour, à La Chapelle-Réanville, James est devenu l'ennemi public numéro 1. James est un molosse d'une cinquantaine de kilos. Un molosse du genre envahissant.

James habite le quartier, lui aussi, dans un pavillon avec jardin délimité par un petit muret qu'il franchit à sa guise pour faire le tour du patelin. Au hasard de ses promenades, il s'invite dans les jardins, saute à la gorge de ses congénères ou galope aux trousses du facteur.

1. *Paris Normandie* (04/04/09).

Un drame finira par se produire, prédisaient depuis des mois les plus craintifs. Et ce qui devait arriver arriva un jour de mars, à l'heure du déjeuner. Encore sous le coup de l'émotion, Michèle, une photo de son petit labrit de sept kilos posée à côté d'elle, raconte : « Ridy était dans le jardin quand, vers midi, notre voisine est venue sonner : "James a sauté dans ton jardin et il a chopé ton chien. Il l'a emmené dans le fond..." J'ai tout de suite accouru, mais c'était trop tard. » Dans la gueule du molosse, Ridy n'est plus qu'une peluche mâchouillée. Il s'éteindra dans les bras de sa maîtresse, juste devant la porte du vétérinaire, une demi-heure plus tard.

Autour de la table, chacun énonce son acte d'accusation. Daniel raconte que sa femme Monique, quinze jours avant l'assassinat de Ridy, a eu la peur de sa vie : « Il l'a attaquée par-derrière à la hauteur du cou. Heureusement, comme il faisait froid, Monique portait un manteau confortable avec un col épais. Elle n'a pas été blessée mais elle est très choquée. » Quelques semaines plus tôt, Patrick promenait en laisse son yorkshire Roxy quand James s'est jeté comme un affamé sur le petit chien. Roxy ne doit la vie qu'au courage de Patrick mais reste traumatisé par l'agression. Jean-Claude opine du chef. Lui aussi a été obligé de lutter, à coups de canne, contre l'assaillant qui en voulait à son bouvier bernois...

« Nous vivons portes et fenêtres fermées de peur de le voir surgir, s'insurge Michèle. S'il est dans le jardin, il nous empêche de sortir ou d'entrer. » Les riverains sont à bout : « Cela fait deux ans que nous avons alerté la gendarmerie, mais personne ne fait rien... » Et pour cause : James a certes une allure et un comportement de molosse enragé, mais c'est un bâtard, donc pas répertorié parmi les chiens dangereux. Impossible d'ordonner son enfermement ou d'obliger ses propriétaires à le museler... Sans compter que ces derniers ne sont pas vraiment coopératifs. Les rappels à l'ordre du maire exigeant qu'ils surélèvent leur clôture et qu'ils s'engagent à fermer leur portail sont restés lettre morte, quand aux invectives des voisins, ils n'en ont que faire !

« La pétition est notre dernier espoir », se lamentent les riverains des Sablons en prenant la pose pour le photographe de *Paris Normandie*.

Aux dernières nouvelles, elle n'a eu aucun effet...

## Le rottweiler et le cycliste

À l'autre bout du pays, à quelques kilomètres de la frontière allemande, *Les Dernières Nouvelles d'Alsace* relatent une sombre histoire de chamaillerie entre un cycliste et son voisin rottweiler qui s'est terminée devant la justice.

— Cette bête est dangereuse et ses maîtres ne valent pas mieux ! s'emporte le monsieur devant le juge. [1]

— Ce type n'aime pas les animaux, il nous a provoqués et maintenant il nous harcèle ! rétorque la propriétaire du chien.

À trois reprises, comme aux temps des gladiateurs, l'homme à bicyclette et l'animal aux crocs acérés se sont affrontés sur un sentier de promenade que le molosse ne semblait pas disposé à partager…

Face à une situation qu'il juge grotesque, le président revient avec une certaine ironie sur l'enchaînement des incidents qui ont conduit le sportif et le clan du rottweiler sur les bancs de la justice.

Premier duel : les combattants se toisent et s'intimident. Le cycliste bat en retraite, effrayé par les assauts de l'animal que sa maîtresse, une femme de 56 ans, ne semble guère vouloir contrôler. Deuxième affrontement quelques jours plus tard : échange d'insultes et premières escarmouches. L'homme à vélo menace, s'emporte, mais ses coups ne portent pas. Nouvel avantage à la maîtresse du chien qui fait fuir l'assaillant en lui jetant des cailloux. Troisième et dernière rencontre : le promeneur à bicyclette rend les armes. Quand il arrive au point de rendez-vous, le rottweiler, la quinquagénaire et le fils de celle-ci l'attendent de pied ferme. Le garçon, âgé d'une vingtaine d'années, brandit un couteau et, encouragé par les aboiements du chien, se jette à la poursuite du vélo jusqu'à ce qu'il disparaisse.

Dans l'arène, César aurait désigné l'animal vainqueur et, son auguste pouce tourné vers le sol, aurait ordonné la mise à mort du pleutre. Le tribunal républicain d'Illkirch-Graffenstaden, lui, juge la quinquagénaire « paranoïaque et psychorigide » et la condamne à un mois d'emprisonnement avec sursis. Son fils de 24 ans à 300 euros d'amende.

---

1. *Les Dernières Nouvelles d'Alsace* (14/08/08).

## La maison d'hôtes et le poulailler

En se levant à l'heure des braves, ce jour-là, pour se rendre sur les hauteurs de la ville, à « La Royante », les policiers municipaux d'Aubagne sont d'humeur plutôt ronchonne. C'est la troisième fois en moins d'un mois qu'ils sont appelés par les propriétaires de cette imposante demeure provençale, réputée dans la région pour ses chambres d'hôtes charmantes. L'endroit a beau être idyllique, calme et reposant, retiré au cœur des collines, la plaisanterie commence à être un peu longue.

Les policiers descendent de leur véhicule, synchronisent leurs montres et tendent l'oreille. « Affirmatif, chef, il est 6 heures et le coq chante », dit un brigadier d'un ton las.

Par-delà la splendide piscine panoramique de la bâtisse, un voisin observe la scène d'un œil inquiet. C'est monsieur Chouaha, un infirmier d'une trentaine d'années, installé depuis 2006 dans ce petit coin de paradis pour restaurer une belle grange et la transformer en habitation. Monsieur Chouaha est un homme qui aime les grands espaces et les animaux. Dans le fond de son terrain, il a aménagé un petit poulailler dans lequel deux coqs et une vingtaine de poules coulent des jours heureux. Et c'est justement là le problème : à force de chanter, les volatiles ont mis en péril la petite entreprise de leurs voisins hôteliers. C'est en tout cas ce qu'ils prétendent, jurant que depuis quelques mois leurs clients ont un comportement bizarre. Plusieurs d'entre eux les auraient réveillés à l'aube, excédés par les cocoricos, et auraient fait leurs valises. Il est vrai que sur le site internet et dans le *Guide des Maisons d'hôtes de Charme* qui vantent l'établissement, Bernard et Xenia, les propriétaires, promettent « un lieu à nul autre pareil… Un lieu où le calme se conjugue avec l'art de vivre en Provence, où des sourires vous accueillent, où le temps passe doucement entre farniente et balades. »

Les conflits de voisinage, c'est un peu comme l'énigme de l'œuf et de la poule, on ne sait jamais qui a commencé. Bernard et Xenia affirment qu'ils « auraient préféré régler le problème autrement »[1] et jurent qu'ils ont tenté de négocier avec leur nouveau voisin – espérant sans doute qu'il raisonne ses gallinacés.

1. *La Provence* (03/12/08).

Monsieur Chouaha ne l'aurait pas entendu de cette oreille et les échanges auraient tourné au combat de coq.

Moins souriant qu'avec sa clientèle, le couple a donc fait constater la nuisance par les forces de l'ordre et... a porté l'affaire en justice. L'infirmier n'en revient toujours pas : « Quand on habite en ville, on subit les nuisances sonores des automobilistes mais on ne porte pas plainte contre eux ! », s'insurge-t-il en portant un regard triste sur son poulailler.

La justice, au nom du peuple français, l'a condamné à 1 500 euros de dommages et intérêts pour avoir laissé son coq chanter[1].

## Les grands-mères trop bavardes

Quand le maire a sabré le champagne pour sceller la réconciliation, tous les habitants de Lambesc ont applaudi des deux mains. Au pied de la chaîne des Côtes, toute proche du Lubéron, le village avait perdu la tête. De l'église Notre-Dame de l'Assomption à la chapelle romane Sainte-Anne de Goiron, ce n'était plus des touristes qui animent les rues chaque été dont on causait, mais de « l'affaire des mamies » comme l'a surnommée *La Provence* dans un article qui, bien malgré lui, a déclenché une vague d'indignation dans toute la commune[2].

Au commencement étaient Gilberte, Josette, Liliane, Danielle et Yvonne, cinq sexagénaires hautes en couleurs qui ne manqueraient pour rien au monde leur causette du soir, autour d'un banc public, quand la belle saison arrive.

De juin à septembre, à l'ombre des platanes, le programme est immuable. « On prend place tous les jours à 18 heures 45 après "Des chiffres et des lettres", raconte Liliane. À 19 heures 50, on rentre pour souper et regarder "Plus belle la vie". Quand l'épisode est terminé, vers 20 heures 45, on redescend. Et dès que le jacquemart sonne 22 heures, c'est l'extinction des feux ! » La mise en place de la petite assemblée est strictement codifiée : les quatre premières arrivées prennent place sur le banc, la

1. Monsieur Chouaha a fait appel de la condamnation.
2. *La Provence* (02/08/08).

cinquième doit apporter sa chaise. Et c'est parti pour une bonne heure de bavardages ininterrompus sur la pluie qui ne vient pas, la dernière fête du village, les avis de décès, les petits-enfants, les tomates trop fades, la robe de la boulangère, le fils du boucher, le cocu de la rue du Prieuré ou le chant des oiseaux. Seul sujet interdit : la politique. Trop polémique. « On n'est pas toutes d'accord, alors… »

Un soir pareil à tous les autres, trois des cinq pipelettes sont interrompues par un duo de gendarmes qui s'approche.

— Vos papiers s'il vous plaît…

Les mamies pensent à une plaisanterie, taquinent gentiment les militaires puis, face à leur insistance froide, s'exécutent non sans s'inquiéter de savoir ce qui leur vaut cette humiliation publique. Celui qui semble être le chef s'avance d'un pas et, d'une voix neutre, leur annonce qu'un voisin, dont la fenêtre donne sur les platanes, vient de porter plainte contre elles pour… nuisances sonores. « Vous serez convoquées à la gendarmerie pour être entendues sur les faits qui vous sont reprochés », ajoute-t-il, un peu gêné, en tournant les talons.

« On a tout de suite su qui avait fait ça, racontent-elles au journaliste de *La Provence* qui les a retrouvées sur leur banc. Depuis sa fenêtre, il nous avait déjà menacées d'appeler les gendarmes, mais c'est naturel de causer entre copines le soir, se défend Josette, on ne demande quand même pas aux cigales d'arrêter de chanter. » Et les mamies contre-attaquent. Avec leurs armes : « Il écoute du rap très fort », « Il ne ferme pas les fenêtres quand il prend du bon temps avec son amie », énoncent-elles avec un certain plaisir. « Et on n'a jamais rien dit, nous… »

Touché par ces délinquantes d'un genre inédit, le journaliste s'assoit devant son ordinateur et commence la rédaction de son article. La situation est si ubuesque qu'il opte pour un style plein d'ironie : « Persuadées d'être dans leur bon droit, les contrevenantes ne craignent pas les dernières lois sur la récidive. Les effrontées se refusent à changer leurs habitudes et tous les soirs, elles défient les autorités en troublant sans vergogne l'ordre public de leurs conversations pagnolesques. » Et l'auteur de raconter que ces dames sont la troisième génération de leurs familles à « user l'assise de ce banc de la discorde » et que leur rituel n'est pas près de s'arrêter. « D'autres prendront la suite : ma petite-fille a 6 ans, je l'y emmène déjà et elle se régale », lui promet Liliane.

« Le plaignant lui-même se dit embêté d'avoir dû en arriver là », rapporte ensuite le journaliste qui est allé à la rencontre du jeune homme, installé depuis trois ans dans son appartement avec vue sur grand-mères. « Dès le début, j'ai été pris en grippe par l'une d'entre elles qui m'a remonté les bretelles à cause de mon radio-réveil et depuis, elles ne me disent plus bonjour et il n'a plus été possible de discuter, explique-t-il calmement. J'ai répliqué en mettant de la musique, mais j'ai dû laisser tomber pour ne pas avoir de problèmes en ajoutant encore du bruit à mes voisins. Maintenant, j'ai des horaires de travail très chargés et dois supporter du bruit toute la journée pour mon métier alors le soir, je n'aspire qu'à être au calme. Dans la rue, tout résonne… »

Puis le garçon, sans cesse partagé entre le désir d'apaisement et l'obligation de se défendre, justifie sa plainte : « C'était pour avoir un "médiateur", mais j'ai précisé aux gendarmes que je ne voulais pas qu'il y ait de sanctions pécuniaires… Je ne voudrais pas qu'il y ait de représailles. Elles sont très bien implantées dans le quartier et comme ce sont des mamies, face à elles, j'ai forcément tort. »

Dans le village, la parution de l'article a l'effet d'une bombe. Chaque soir, les automobilistes qui reconnaissent les vieilles dames klaxonnent en passant devant l'allée de platanes pour manifester bruyamment leur soutien. Les promeneurs du soir viennent leur glisser un petit mot d'encouragement. Dans les commerces, toutes les conversations tournent autour de « l'affaire des mamies ». Et Lambesc devient fou.

— Il écoute du rap ? Il aurait dû être arrêté rien que pour ça, clame un père de famille sur le ton de la rigolade.

— S'il n'est pas content, qu'il déménage ! reprend plus sérieusement un autre.

— J'espère qu'il va être condamné pour procédure abusive, renchérit son voisin.

Un autre, moins subtil, déverse son fiel :

— Ils ont fait une erreur dans l'article en écrivant qu'il prend du bon temps avec son amie… Il n'y a pas de "e" à la fin d'ami quand c'est un homme…

— Moi je trouve que le plaignant a raison, ose un peu plus loin une jeune femme. Quand on est crevé et qu'on entend parler et rire le soir, ça énerve. Les mamies se foutent de gêner. Vu leur âge, elles se croient tout permis !

Sa copine ne pense pas autrement :

— J'aurais bien aimé voir les réactions si au lieu de cinq sympathiques petites mamies issues du village on avait eu cinq jeunes…

En conclusion de son papier, le journaliste apporte une précision : « C'est conscient de l'importance de la préservation du lien intergénérationnel que nous avons choisi de relater largement cette histoire dans nos colonnes. En espérant que ces dames viendront longtemps encore sur leur banc et pourquoi pas, de temps en temps, en compagnie de leur voisin. » Il ne pensait sans doute pas si bien dire.

Rendez-vous a été pris au Lou Coungoust, un restaurant de l'artère principale de Lambesc. Jacques Bucki, le maire, est arrivé en avance, bien décidé à en finir avec ces histoires de bavardages qui ont conduit cinq grand-mères à la gendarmerie et un jeune homme du village au pilori des commérages.

C'est lui, l'amateur de rap, qui se présente le premier à 19 heures 30 sonnantes, suivi de près par les cinq grand-mères, bras dessus bras dessous. Le journaliste est là aussi, qui observe l'édile faire les présentations. Les poignées de mains sont fébriles et les premiers regards méfiants, mais le maire sait à qui il a affaire et, en quelques formules bien choisies, n'a aucun mal à lancer la conversation. En tout cas avec les pipelettes du banc public…

Les bals d'autrefois sur la place Jean-Jaurès, le séisme de 1909, le groupe de majorettes d'hommes qu'avait créé Liliane (délicieusement baptisé « les Braquemarts », note le reporter)… De l'apéritif au dessert, les mamies font leur show tandis que le jeune homme, presque écrasé par tant d'aisance, sourit aux allusions coquines et aux souvenirs tendres de ces mamies certes bavardes mais incontestablement sympathiques. Des éclats de rires traversent même le restaurant quand elles échangent quelques grivoiseries à propos du club échangiste de la commune. Le maire, pressentant que son plan est sur le point de fonctionner, fait réagir le jeune homme qui se laisse aller à quelques confidences intimes. Et les convives rient encore, comme à l'issue d'un bon repas familial trop arrosé, oubliant presque l'objet du dîner.

C'est alors qu'un véhicule de la gendarmerie passe devant le restaurant. « Ils nous tiennent encore à l'œil ! », s'exclament les grands-mères. Un silence et tout est dit. Les excuses sont inutiles, les explications presque dérisoires. Le jeune homme tient malgré tout à s'adresser à ces cinq drôles de dames. Il répète ce qu'il avait déclaré au journaliste. Il a déposé plainte parce que le dialogue n'était plus possible, mais jamais il n'avait imaginé que les pauvres femmes seraient auditionnées par les gendarmes. Alors voilà, il est désolé…

En passant devant le banc de la discorde, les six nouveaux amis ralentissent le pas. Une dernière coupe de champagne, trinquée au nom de leur réconciliation, les a rendus guillerets. « J'aurai plaisir à venir vous saluer », lance le garçon en saluant les dames. « Et bien, venez discuter avec nous maintenant », lui répondent-elles en chœur.

## Sixième partie

# LA TOURNÉE DES GENDARMES

La journée d'un fait-diversier de presse locale, le journaliste affecté au traitement des faits-divers, commence généralement par ce qu'on appelle « la tournée des gendarmes ».

Ne soyez pas médisants... Il n'est évidemment pas question de trinquer avant la prise de service. La tournée des gendarmes consiste à faire le tour, par téléphone ou physiquement, des postes de police et de gendarmerie d'un secteur afin de prendre connaissance des événements de la veille et de la nuit qui auraient échappé à la vigilance de la rédaction. Pour un fait-diversier, c'est toujours un moment excitant (que vais-je découvrir aujourd'hui ?). Et parfois délicieux. Au hasard nous avons : vingt et un mille poussins carbonisés dans l'incendie d'un entrepôt[1], un avion perché dans un arbre[2], une femme qui a accouché... à la gendarmerie[3], etc.

C'est ce qui fait le charme du métier, paraît-il. La journée d'un gendarme ou d'un policier ne ressemble jamais à la précédente. Et l'insolite n'est jamais très loin qui rôde, rôde...

---

1. *La Voix du Nord* (21/12/08).
2. *Ouest-France* (23/06/09).
3. *Le Bien Public* (14/08/08).

« Prudence, animaux errants. » En passant sous le panneau d'information de l'autoroute, en direction de Carcassonne, les feux stop des véhicules s'allument les uns après les autres. Machinalement, les automobilistes posent le pied sur le frein en apercevant les grappes de policiers de chaque côté de la voie rapide. Ils apprendront le lendemain dans le journal que les hommes en armes traquaient… trois kangourous échappés d'un parc animalier.

Les forces de l'ordre ne poursuivent pas que des criminels. Ils ont notamment une autre mission : la chasse aux animaux. Si, si… La lecture des gazettes de nos régions nous apprend même qu'ils se seraient spécialisés dans la traque aux bovins…

## La vache à abattre

Les gendarmes de la brigade d'Ensisheim, à mi-chemin entre Colmar et Mulhouse, ne sont pas près d'oublier ce matin du 21 mars, quand leur chef les a envoyés sur une intervention peu banale. « Prenez le fusil à pompe », avait-il précisé en tendant l'ordre de mission.

Une vache qui n'aimait pas les piqûres était en fuite[1]. Elle avait filé en douce de son exploitation au moment où le vétérinaire s'était approché pour une séance de vaccination générale du troupeau. La fugueuse, peu coutumière des promenades solitaires en pleine nature, n'avait rien trouvé de mieux que de

1. *L'Alsace* (21/04/09).

galoper jusqu'à l'autoroute A35 et d'emprunter la bretelle d'accès pour se jeter dans la circulation.

Arrivés sur zone, les gendarmes avaient d'abord réussi à attirer la vache sur le bas-côté en l'encerclant de loin et en agitant les bras. La bête s'était faufilée entre la barrière de sécurité et un grillage puis, paniquée dans son piège, s'était mise à galoper en tous sens à la manière de ces taureaux pris dans le *callejón* d'une arène. Terrible erreur !

En apercevant un autocar qui arrivait au loin, les gendarmes ont dû prendre une décision rapide pour ne pas mettre en danger la vie des passagers, peut-être des enfants.

Comme l'écrivit sèchement le journaliste du quotidien local qui relata l'incident : « Les forces de l'ordre ont décidé d'éviter toute catastrophe et ont abattu l'animal. »

## Cavale infernale

Sur la place de l'église Saint-Martin de Nœux-les-Mines, les curieux se pressent autour des gendarmes qui forment un cordon de sécurité. La rumeur a fait le tour de cette cité minière du Pas-de-Calais et chacun, dressé sur la pointe des pieds, voudrait apercevoir la fuyarde.

On se bouscule et on s'interroge : pourquoi cet étrange manège d'une pelleteuse qui s'acharne contre le bitume ? [1]

La veille, 9 heures du matin. Le commissariat de la ville reçoit un coup de téléphone peu ordinaire. Deux vaches charolaises viennent de s'échapper de l'abattoir, explique le patron de l'établissement. Elles se sont fait la belle au moment où le chevillard approchait son couteau pour accomplir leur destin de steak haché. Bousculant tout sur leur passage, écrasant même une clôture, elles ont fui à travers la ville.

La première a été rattrapée quelques minutes plus tard par les employés de l'abattoir, au bout de la bien nommée rue du Pré, mais la seconde, plus agile et plus rapide, a réussi à semer ses poursuivants. Ces derniers ont eu beau ratisser le quartier, passant

1. *La Voix du Nord* (08/08/08).

au peigne fin chaque rue et chaque sous-bois, l'animal s'est évanoui dans la nature ! Seuls quelques poils et des taches de sang ont été repérés sur un des collecteurs du réseau d'assainissement, sorte de grande porte en ciment en contrebas de la voie de chemin de fer, alors...

— Alors on pense qu'elle a pris la fuite à travers les égouts ! assure un employé de l'abattoir en s'approchant de l'ouverture conçue pour récupérer les eaux de pluie.

Le gaillard désigne les traces laissées par l'animal aux fonctionnaires de police et aux agents d'entretien du réseau qui ont été appelés en renfort :

— C'est une bête qui pèse 600 kilos et qui mesure 1,10 mètre au garrot. Pas de problème, elle passe, leur explique-t-il.

— Et bien on va partir à sa recherche, répond consciencieusement le responsable des canalisations en enfilant sa veste de travail

Les égoutiers procèdent de façon méthodique. Passant de regard en regard, ils parcourent les rues de la ville pour soulever les plaques de fonte, glissent la tête sous la chaussée puis descendent et scrutent. Mais ils ne trouvent rien. Chaque canalisation, sur plusieurs centaines de mètres autour de l'abattoir, est scrupuleusement sondée. En vain. Après une journée de recherches infructueuses, les agents décident d'employer les grands moyens : de l'eau est projetée dans les bouches d'égout pour forcer la bête à sortir de sa planque. Mais toujours rien.

Interrompues par la nuit, les recherches reprennent au petit matin. Des pompiers de Béthune sont venus porter main-forte à leurs confrères de Noeux-les-Mines et aux équipes déjà sur le terrain. Les fouilles avancent vers le centre-ville. Et plus elles s'éloignent de l'abattoir, plus la probabilité de trouver la bête dans les égouts s'amenuise.

La rumeur de la vache en cavale, elle, va galopante et désormais les passants s'arrêtent au passage de la caravane des secours.

— Elle est peut-être arrivée au-dessous de Barlin ou de Verquin ! suggère un riverain pour amuser la galerie.

— La dernière fois, ça avait mal fini pour la pauvre bête, rappelle plus sérieusement un autre en faisant allusion à une précédente évasion, en 2002, quand la cavale d'un taureau s'était achevée sous les rafales de quatre fusils-mitrailleurs.

— Oui mais, lui, il n'avait pas pensé à fuir par les égouts, relance le riverain blagueur.

— Comme les gangsters ! renchérit un autre alors que les équipes de recherches commencent à se demander si le bovin n'aurait pas pris la clé des champs par une autre voie que le réseau d'assainissement.

C'est alors que, trente heures après avoir été aperçu pour la dernière fois, l'animal est enfin localisé en centre-ville… sous l'église Saint-Martin. La fugitive est coincée dans une canalisation à plus d'un kilomètre du collecteur sur lequel les traces de sang ont été trouvées. En surface, un plan Orsec anti-charolaise-en-fuite est déclenché. Un vétérinaire, les pontes du service d'assainissement de la commune et une entreprise de travaux publics sont mobilisés pour tenter de trouver une issue honorable à la situation. Un journaliste de *La Voix du Nord*, qui suit heure par heure le déroulement des opérations, est autorisé à s'approcher. Il sort son appareil photo, penche la tête au-dessus de la bouche d'égout ouverte, marque un temps d'arrêt puis appuie sur le déclencheur. Clic-clac : la vache, dont on ne voit que la tête au fond du puisard, fixe l'objectif, les yeux exorbités.

Le problème est de taille. Comment la sortir de son piège souterrain ? Comment l'extraire de ce tunnel par un regard cinq fois plus étroit qu'elle ? Après une journée et demie de traque, tout le monde est sur les dents d'autant que, comble de malchance, l'orage menace. Dans cette partie basse de la ville, on court à la catastrophe. Pour la vache, mais surtout pour les sauveteurs.

— Si on l'euthanasie, pourriez-vous la débiter en petits morceaux pour faciliter sa sortie ? s'enquiert un sapeur auprès du chevillard.

— Impossible, lui rétorque le commis, l'espace est beaucoup trop réduit.

Alors on discute, on palabre, on envisage toutes les hypothèses imaginables. Et il faut bien se rendre à l'évidence : puisqu'il est impossible de réduire la vache, on va devoir élargir le trou !

Un engin de chantier muni d'un puissant marteau-piqueur mettra plus de quatre heures pour venir à bout de la dalle de béton. À 21 heures, alors que les curieux ont petit à petit déserté la place, la vache réapparaît, suspendue au bras d'une pelle mécanique. Morte. Le vétérinaire avait dû l'euthanasier pour abréger ses souffrances...

## Vol de billets

À Rennes, point d'animal égaré pour égayer le quotidien, mais les policiers ne s'ennuient pas pour autant. L'hiver dernier, ils ont même inauguré une discipline qu'aucun de leurs collègues ne connaissait.

En cette fin d'après-midi, c'est d'abord pour un simple embouteillage qu'ils sont appelés sur la rocade nord de la ville, à hauteur de la porte de Beauregard. L'automobiliste qui téléphone depuis son portable explique qu'un véhicule vient de disperser des centaines de billets d'euros sur la chaussée et que la circulation est totalement bloquée.

Une patrouille se rend immédiatement sur les lieux. Et découvre un spectacle surréaliste[1] : des voitures sont arrêtées au milieu de la voie rapide et, autour, c'est l'anarchie ! Les conducteurs courent dans tous les sens, pliés en deux, à la poursuite des billets qui virevoltent comme des feuilles d'automne.

Lorsque les policiers arrivent à leur hauteur, les uns et les autres bondissent derrière leur volant et, les poches bien remplies, partent en trombe.

À combien s'élevait le butin ? D'où provenait-il ? Les agents remontent la rocade à pas de loup dans l'espoir de mettre la main sur quelques coupures et de trouver réponses à leurs questions. Sans succès.

Après quatre jours d'enquête infructueuse, un homme va leur livrer la clé du mystère en se présentant au commissariat. Il est commerçant et leur explique qu'il vient de comprendre pourquoi il ne parvient pas à mettre la main sur sa recette. Il se revoit poser sa sacoche sur le toit de sa voiture. Il en est persuadé : les billets se sont envolés quand il a pris de la vitesse en entrant sur le périphérique, puis la sacoche a fini par tomber. Il y avait 5 000 euros à l'intérieur, jure-t-il.

1. *Ouest-France* (21/02/09).

Peut-être. Ou peut-être pas.

Qu'il s'agisse de l'argent du commerçant ou de celui d'un autre, on ne le saura jamais. Pas un seul billet n'a été rapporté à la police.

## Argent liquide

Des policiers aveyronnais ne pensaient pas, eux non plus, alimenter la chronique des faits-divers insolites de la presse locale quand ils se sont déplacés à Onet-le-Château.

Ce jour-là, tout commence par une intervention anodine de Veolia Eau Environnement dans une petite résidence récente de cette commune limitrophe de Rodez. Une équipe a été appelée pour un problème d'inondation dans un appartement. Sous l'œil inquiet du locataire, les spécialistes identifient très vite le problème. Le débordement est provoqué par un bouchon dans une canalisation de l'immeuble. Rien de grave, en somme. Il suffit d'introduire une buse à haute pression dans la tuyauterie pour faire sauter les impuretés amalgamées qui bloquent la circulation de l'eau et récupérer ce qui formait le bouchon à l'autre bout de la canalisation.

L'opération, sans difficulté apparente, ne doit être qu'une formalité pour l'équipe de Veolia. Mais cette fois, elle réserve une surprise : charriée par les eaux usées, une bouillie de billets de 50 euros froissés, gorgés d'eau et déchiquetés pour certains se déverse aux pieds des plombiers qui n'ont qu'à se baisser pour les ramasser par poignées ! [1] Un seau est rempli, puis un second… Il y en a pour des milliers, peut-être des dizaines de milliers d'euros. Face à l'ampleur du magot, les agents décident d'alerter les policiers qui les rejoignent quelques minutes plus tard.

— Trafic de stupéfiant ou butin d'un hold-up, suggère un lieutenant de police tout en reconstituant les liasses de billets.

— 30, 40, 50, 60 000, compte son collègue. 60 000 euros en coupures de 50, fait-il enregistrer. Puis, se tournant vers les hommes de Veolia :

1. *La Dépêche du Midi* (25/08/08).

— Avez-vous une idée de la façon dont ils se sont retrouvés là ?

— Un volume pareil qui se retrouve à un endroit pareil, ça vient des chiottes ça, m'sieur.

— Qu'est-ce que je disais ? De l'argent sale ! plaisante le lieutenant.

La découverte d'une telle prise « en liquide » n'a rien d'exceptionnel pour les policiers. Blanchiment d'argent, faux billets, butin de petits escrocs, argent de poche d'un dealer… les pistes ne manquent pas. Pour en savoir plus, ils font un rapide tour de la résidence, mais l'enquête de voisinage est décevante. Seuls quatre appartements sont reliés à la canalisation, et pas un des locataires n'a le profil d'un trafiquant ou d'un braqueur.

L'affaire se complique. D'autant que la Banque de France, interrogée sur la provenance des billets, rend un verdict sans appel : rien de suspect à signaler. Ni faux, ni volés, les 60 000 euros des toilettes d'Onet-le-Château ont eu une existence tout à fait ordinaire et légale.

Pendant quinze jours, dans le quartier des Quatre-Saisons où a eu lieu la découverte, les riverains se posent autant de questions que les enquêteurs sans que personne ne trouve la moindre explication.

C'est finalement une vieille dame qui va permettre de comprendre. Elle est résidente du petit immeuble et a un problème qu'elle n'a pas osé avouer tout de suite : toutes ses économies se sont volatilisées. A-t-elle été agressée ? volée ? cambriolée ? lui demandent les enquêteurs. Pas du tout, non. « Je crois que mon fils, qui vit avec moi, a fait une bêtise… »

Après vérifications, les policiers établissent effectivement que le fiston, décrit comme psychologiquement fragile, a eu un léger moment d'égarement. Un jour où il avait entrepris de faire un peu de ménage (c'était une de ses lubies), il avait rangé le bas de laine familial dans la cuvette des toilettes. Et, craignant que quelqu'un de mal intentionné ne découvre sa cachette secrète, avait pris soin de tirer la chasse d'eau à plusieurs reprises…

## Les pieds-nickelés

Les forces de l'ordre ont un privilège : elles côtoient des individus hors normes. Les pieds-nickelés par exemple. Voilà des personnages rares et précieux ! Généralement peu dangereux, ils ont le double avantage de simplifier grandement les enquêtes et, surtout, d'offrir l'occasion d'une bonne partie de rigolade.

### En plein dans le mille

Voyez cet adolescent de 17 ans, pourtant habitué des entourloupes en tous genres, qui se retrouve pour la énième fois dans le bureau d'un juge pour enfants, à Vannes. Il a perdu son air effronté des petits voyous qui se savent protégés par leur âge. Car cette fois, il est comme les enfants qui se font attraper le doigt dans le pot de confiture.

L'idiot a eu la très mauvaise idée de passer ses nerfs sur une caméra de vidéosurveillance, dans le centre commercial de la ville[1]. L'appareil est entièrement détruit. Les enregistrements, eux, intacts.

Le film pourrait alimenter les archives de la police nationale, rubrique « bêtisier ». Avant que l'image ne se brouille brutalement, on y voit le jeune garçon s'approcher, saisir une grosse pierre, puis la lancer en direction de la caméra, en plein dans le mille !

Plus adroit que malin, le voyou ! En passant la vidéo au ralenti, les policiers n'ont eu aucune difficulté à l'identifier…

1. *Le Télégramme de Brest* (09/09/09).

## Gros crâne et petite tête

Leurs collègues d'Auxerre n'ont pas eu plus de mal à mettre la main sur un apprenti cambrioleur. Il leur a suffi de se baisser.

Il est 8 heures, ce vendredi matin de septembre[1]. Une patrouille du commissariat central remonte la rue Gustave-Defrance, dans un quartier pavillonnaire proche du centre-ville, quand le conducteur donne brutalement un coup de frein. Il vient d'apercevoir un homme dans une position pour le moins étrange. Les policiers ne distinguent de lui que les jambes, qui gigotent comme s'il se débattait. Le reste de son corps est engouffré dans le soupirail d'une maison de ville. L'homme fait penser à ces petits poissons dont on ne voit plus que la queue dans le bec des oiseaux pêcheurs.

Le chef de patrouille s'avance et l'interroge. Nom ? Sébastien F. Âge ? 24 ans. Situation : coincé…

Les agents s'accroupissent autour de lui et tentent de le tirer par les pieds. Il hurle, la tête coincée entre deux barreaux de sécurité. Il est à bout de forces. Cela fait quatre heures que, pris au piège, il gesticule pour se sortir de ce mauvais pas.

Comment s'est-il retrouvé dans cette galère ? interroge un agent. Il voulait récupérer un ordinateur chez un ami, mais la maison était inoccupée et la porte fermée, alors il a eu l'idée de passer par le soupirail. Ah oui ? Renseignement pris, les propriétaires ne connaissent pas le jeune homme.

Libéré par les pompiers qui ont dû sectionner les tiges d'acier à l'aide d'une pince à désincarcérer, l'empoté a immédiatement été emmené au poste… derrière d'autres barreaux.

## L'appel à l'aide du voleur

Plus humiliant encore pour un malfaiteur : être en si mauvaise posture qu'il n'y a plus d'autre choix que d'appeler à l'aide… les forces de l'ordre. C'est ce qui est arrivé à un petit voyou marseillais[2]. Une erreur de jeunesse, certainement.

1. *L'Yonne Républicaine* (13/09/08).
2. *La Provence* (13/01/09).

L'adolescent n'est pourtant pas un débutant. Sa spécialité, c'est le vol. Et à 17 ans, ses méfaits en tous genres lui valent déjà un casier judiciaire bien rempli.

Ce dimanche après-midi, il s'attaque à une belle sportive, une BMW Série 3 flambant neuve. Il est vrai que l'occasion est plus que tentante : le bolide est stationné juste en face du foyer où il a été placé par les services sociaux. Le garçon, un grand gaillard d'1,90 mètre et 100 kilos de muscles, s'approche discrètement et actionne la poignée. « C'est mon jour de chance », sourit-il en constatant que la portière s'ouvre instantanément. Il monte à bord, referme derrière lui puis commence à fouiller la boîte à gants, sous les sièges et dans chaque compartiment qui pourrait contenir un quelconque butin.

Coquin de sort ! Rien à se mettre sous la main ! Vexé, il donne un coup rageur sur le volant et décide d'aller jeter un coup d'œil dans le coffre au cas où, mais... mais... mais impossible de sortir ! Sa présence dans le véhicule a déclenché le système de sécurité et le verrouillage automatique des portes ! Maintenant la poignée pivote dans le vide.

Le pauvre garçon va vite comprendre que, tout compte fait, ce n'est pas du tout son jour de chance. Après avoir tenté de briser la vitre à mains nues et s'être contorsionné pour frapper à coups de pieds, il doit se rendre à l'évidence : l'habitacle ne cédera pas et il va devoir appeler à la rescousse ses petits camarades du foyer. Imaginant déjà leurs sarcasmes et la tache indélébile faite à sa réputation, il extrait son téléphone de sa poche et cherche dans son répertoire celui de ses amis qui sera le plus indulgent, ou plutôt le moins moqueur. Et c'est alors qu'il se rend compte qu'il a commis un autre impair : il n'a pas rechargé sa carte téléphonique prépayée, qui n'a plus d'unités. En d'autres termes, il ne peut plus appeler. Ne lui sont accessibles que les numéros d'urgence... comme le 17.

L'humiliation fut totale. Les policiers, qui n'ont pu ouvrir le véhicule, ont dû appeler en renfort une équipe de pompiers pour briser une vitre et en extraire le voleur. Le chant des sirènes et le ballet des hommes en uniforme ayant eu la fâcheuse conséquence d'alerter tout le quartier, c'est sous les yeux de ses compagnons de chambrée hilares que le garçon est tombé aux mains de ses « sauveurs » !

## La convocation de trop

« La bêtise insiste toujours », écrivait Camus dans *La Peste*. Les gendarmes de Bollwiller, dans le Haut-Rhin, ne le contrediront pas.

Premier acte : ils convoquent un homme soupçonné de falsification. Pas de la grande escroquerie, non, juste une petite tricherie. Le margoulin, âgé d'une cinquantaine d'années, aurait transformé 38,20 euros en 138,20 euros sur un chèque reçu en dédommagement de sa participation à une étude. Mais le gribouillage est tellement gros que le quinquagénaire, les oreilles basses, ne peut que reconnaître les faits.

Deuxième acte : enregistrant sa déposition, les gendarmes lui réclament ses papiers. Il fait mine de les chercher, prétexte qu'il les a peut-être oubliés dans son auto, part s'en assurer mais revient les mains vides. « J'ai dû les laisser à la maison, je vous les apporterai une prochaine fois », avance-t-il avec assurance.

Vilain petit menteur : son nom apparaît dans la base informatique des gendarmes à la rubrique « permis annulés ». Pour quelqu'un qui s'est déplacé en voiture, ce n'est évidemment pas du meilleur effet. C'est même ballot puisque, quelques semaines plus tard, la justice sera indulgente à propos de la falsification de chèque pour laquelle il était convoqué, mais beaucoup moins en ce qui concerne son défaut de permis, ce qui lui coûtera tout de même un mois de prison ferme [1].

## Mauvaise adresse

James et Jeremy, deux aigrefins d'une vingtaine d'années, ont cru un long moment qu'ils avaient réussi le coup parfait : un vol mené de main de maître avec, dans leur besace, des papiers d'identité, un lot de cartes bancaires, un ordinateur portable et même deux gilets pare-balles – ça peut toujours servir. Ils ont simplement été un peu trop gourmands…

Au moment de déguerpir, James marque le pas en passant devant une rangée de véhicules. Le parking est plongé dans

1. *L'Alsace* (15/02/09).

l'obscurité, sans vis-à-vis. Il se tourne vers son ami, l'interroge du regard. Ils se comprennent. D'un même mouvement, ils se glissent chacun d'un côté de la première voiture, forcent les serrures et se faufilent à l'intérieur. Mais les garçons ont surestimé leur savoir-faire. Ils ont beau s'affairer sur le système électrique, impossible de démarrer le moteur, ni même de débloquer la direction. Contrariés, les acolytes tentent leur chance sur le véhicule suivant, puis sur un troisième. Sans plus de succès. Au quatrième essai, enfin, ils parviennent à libérer les roues et, tout heureux de leur prise, commencent à manœuvrer la voiture en la poussant dans la nuit noire.

Au même moment, un gardien de la paix s'apprête à prendre son service à Bolbec, en Seine-Maritime[1]. Il est près de 2 heures du matin quand il aperçoit un véhicule de patrouille, phares éteints et sans conducteur à son bord, sortir au ralenti de son commissariat. Croyant à une facétie de ses collègues – ça leur ressemble bien, ça ! se dit-il – il accélère et place sa Ford en travers de la route pour les contrarier – les policiers normands sont farceurs. C'est alors qu'il comprend sa méprise. Face à lui, comme des lapins pris dans ses phares, les deux voleurs se dispersent en courant dans des directions opposées. Il sort, parvient à rattraper James et appelle du renfort. Jeremy sera interpellé quelques minutes plus tard.

La blague, on l'aura compris, n'en était pas une. Ce qui n'a pas empêché les policiers de rire pendant un bon moment en racontant l'histoire des deux cambrioleurs qui avaient eu le culot de s'en prendre à leur commissariat.

## Sur la piste du cambrioleur

À Paulhaguet, petit village auvergnat réputé pour ses tuiles en terre cuite, les gendarmes ont à leur palmarès l'arrestation d'un des plus savoureux pieds-nickelés de ces dernières années[2]. L'homme, déjà défavorablement connu dans le bourg pour être un gâcheur de bal, s'est mis en tête de cambrioler l'école

1. *Paris Normandie* (14/02/09).
2. *La Montagne* (24/02/09).

communale. Une formalité quand il suffit de pousser une porte. C'est en tout cas ce qu'il pensait en rentrant chez lui après avoir dérobé une bouteille de cidre et une cinquantaine d'euros. Il allait vite découvrir que l'art du cambriolage est autrement plus délicat que celui du coup de poing.

Le lendemain matin, avertis que l'école a été l'objet d'une visite nocturne, les gendarmes sont déjà sur place. Leurs premières constatations confirment que le visiteur a forcé la porte sans difficulté, qu'il a pris ce qu'il trouvait à portée de main puis qu'il est aussitôt reparti. Dans quelle direction ? Il suffit de suivre ses traces… jusqu'à son domicile.

Le cambrioleur avait en effet oublié un détail : la neige. Tout au long de la soirée, elle avait recouvert le sol de son immaculée blancheur.

## Un oubli qui coûte cher

Même les plus filous peuvent se tromper, comme ce quinquagénaire qu'emmènent les gendarmes de cette petite bourgade de la pointe nord des Côtes-d'Armor. François G. n'est pas vraiment un gros bonnet, mais plutôt une sorte d'Arsène Lupin de bas étage qui complétait sa pension d'invalidité en cambriolant les belles demeures de sa région. Un monte-en-l'air qui, ce matin du 26 septembre, est « tombé » pour une simple étourderie [1].

Son objectif du jour est une jolie maison côtière avec vue sur la Manche, une adresse que tout le monde connaît en ville. C'est l'une des résidences secondaires de Jean-Paul Guerlain, l'héritier de la plus vieille maison française de parfums.

François G. procède comme à son habitude. Un grand sac Ikea sous le bras, il neutralise le système d'alarme, force une porte au pied-de-biche, puis fait tranquillement son marché. Son intérêt se porte d'abord sur trois tableaux de maîtres, qu'il décroche et pose au sol puis sur une série de statuettes en ivoire qu'il glisse dans son cabas.

Ce sera tout pour aujourd'hui, tranche-t-il un brin chagriné, constatant que la demeure n'est pas la caverne d'Ali Baba qu'il

1. *Le Télégramme de Brest* (30/09/08).

imaginait. Et voilà une nouvelle contrariété : pour quelques centimètres, deux des trois tableaux n'entrent pas dans son sac. Il a beau les tourner dans tous les sens, rien n'y fait !

C'est ainsi que le pauvre homme, bougon avec son maigre butin sous le bras, s'en retourne à sa voiture garée sur les quais embrumés de Lézardrieux. « Sale journée », marmonne-t-il en levant les yeux vers le ciel gris et cotonneux, « un petit remontant ne me ferait pas de mal ». Erreur.

Quelques heures plus tard, quand la rumeur d'un cambriolage chez les Guerlain est arrivée jusqu'au port, le patron du café dans lequel s'est arrêté François G. n'a pas eu l'ombre d'une hésitation. Il a ouvert le grand balluchon oublié par ce client râleur qui avait commandé des verres de vin blanc jusqu'à s'en rendre saoul.

Un tableau, trois statuettes… Il a aussitôt prévenu les gendarmes qui n'ont pas tardé à mettre la main sur l'homme au sac Ikea. À son domicile, ils ont alors découvert des trésors de brocanteurs et, du même coup, résolu plusieurs enquêtes concernant des cambriolages commis dans la région.

## Une voix dans la cagoule

Direction Callac, à une soixantaine de kilomètres de là. Entre les vieilles bâtisses en pierre et le clapotis des cours d'eau, on élève l'épagneul breton dans la plus pure tradition, au point d'en avoir acquis une renommée mondiale.

Un peu à l'écart du centre, l'épicerie de campagne est un rendez-vous de l'amitié et des petits services. Une façade blanche, une porte étroite surmontée de l'inscription « Café » et, à l'intérieur, Bernadette, 74 printemps bigoudens. Une vie derrière un comptoir.

Levée aux aurores, couchée tard le soir, la vieille dame est une figure locale. Tout le monde la connaît, et elle connaît tout le monde. Alors, en ce matin d'avril, les fidèles viennent aux nouvelles. Comment se sent-elle ? Que lui ont-ils fait ? Il y a même un journaliste du *Télégramme de Brest* qui est arrivé avec son carnet de notes. Elle les rassure en réajustant un panneau de contreplaqué contre une fenêtre brisée : « Ça va, ça va. J'ai eu peur mais je suis solide »[1]. Les taches de sang sur le sol ? « Ce n'est pas moi qui ai été blessée… »

La veille au soir, 22 heures. Bernadette a baissé le rideau, elle termine le rangement de la boutique, quand, à l'extérieur, un homme appelle et frappe plusieurs fois à la fenêtre.

— C'est Marcel, ouvre !

— Marcel ?

Bernadette hésite. Cette voix ne lui est pas étrangère, mais qui est-ce ? Certainement pas le Marcel dont elle reconnaîtrait le timbre grave parmi cent autres.

— C'est Marcel ! Sers-moi une bière !

Elle entrouvre la fenêtre et la referme aussitôt. Elle vient de distinguer, dans l'obscurité de la nuit, deux visages. Ou plutôt, un visage et une cagoule.

Un braquage ? La pauvre femme n'a pas le loisir de s'interroger longtemps. D'un coup sec et violent, le prétendu Marcel fait voler la vitre en éclat, ouvre de l'intérieur, saute dans le café et se jette sur elle. Il la ceinture. Elle sent le canon froid d'une arme se poser sur sa gorge. Instant d'horreur . sa blouse d'épicière est maculée de sang !

Intérieurement, elle cherche sa blessure, fait l'inventaire de son corps enserré. Elle n'a rien. C'est lui qui s'est ouvert la main en fracassant la fenêtre. Il s'en rend compte à son tour, s'énerve :

— Si tu bouges, je te tue ! hurle-t-il tandis que son complice cagoulé se rue sur la caisse, empoche précipitamment la recette du jour puis se tourne vers les cartouches de cigarettes qu'il fait glisser dans un sac.

Bernadette reprend son souffle. Son auditoire attend la suite : « Ils ont alors pris les clés de ma voiture pour la voler, mais ils se sont trompés. Le plus jeune est allé dans le garage de ma petite locataire qui habite à côté… »

La jeune femme, justement, entend le vacarme causé par le jeunot qui s'entête à faire démarrer le véhicule alors qu'il n'a pas

1. *Le Télégramme de Brest* (21/04/09).

la bonne clé. Elle s'en inquiète, téléphone au café. Une fois, deux fois, trois fois, mais toujours dans le vide.

« Marcel » empêche Bernadette de répondre. Il est nerveux et hausse encore le ton quand son équipier revient bredouille. Il le traite d'incapable, lui arrache le trousseau des mains, puis hurle sur la pauvre femme en lui ordonnant, bon sang de bonsoir !, de lui donner la bonne clé ou, peu importe, de lui indiquer où se trouve la voiture qui correspond à celle qu'il a entre les mains...

Bref, les affaires de la brute et du cagoulé sont mal parties. Et c'est la bourde de trop. « Là, j'ai cru reconnaître la voix de celui qui portait la cagoule, poursuit Bernadette avec un sourire en coin. Alors j'ai demandé : "C'est toi Patrick ?" Et en guise de réponse, il a dit à l'autre : "Tue-la, tu vois bien qu'elle nous a reconnus !" »

Le briseur de carreaux n'a pas tiré. Il a pris ses cliques, ses claques, son jeune apprenti et a filé. Âgé de 32 ans, il a été arrêté peu de temps après, tout comme « Patrick », 23 ans. Ils étaient tous deux des clients occasionnels du café-épicerie.

## Évasion involontaire

Connaissez-vous le comble du pieds-nickelés ? Abdelmalik l'a inventé. Il faut dire que le bonhomme est un cas particulier : toxicomane en manque chronique de stupéfiants ou d'argent, il peine à contrôler son corps, comme en ce samedi 18 avril 2009. Une journée noire, pour tout dire.

Elle a commencé dès l'ouverture des boutiques, dans le vieux centre de Lille. Passant devant un magasin de chaussures, Abdel remarque que la vendeuse, tout affairée à mettre de l'ordre dans ses rayonnages, a laissé son tiroir-caisse sans surveillance. Il entre, galope jusqu'à la caisse, la vide de quelques centaines d'euros et fait demi-tour. Première tuile : une patrouille de police l'attend, bras croisés et en rang d'oignons, sur le pas de la porte. Les fonctionnaires le surveillaient depuis plusieurs minutes, alertés par sa démarche claudicante et ses yeux exorbités. « C'est pas réglo ! Vous me trouvez louche et vous me laissez faire pour m'interpeller ! », s'insurge-t-il alors qu'il est emmené vers les geôles du palais de justice pour être présenté en comparution immédiate. Il ne sait pas encore que ses mésaventures ne font que commencer.

Enfermé dans les sous-sols du tribunal, Abdelmalik sent monter le diable en lui. Il se gratte, tourne en rond, se plie en deux, les doigts agrippant son abdomen comme pour écraser le monstre de la toxicomanie qui le ronge de l'intérieur. Il saisit un pack de jus de fruits qui traînait là, le vide d'une traite, puis s'attaque à l'emballage. Il triture, écrabouille, déchiquète. Loin de se calmer, Abdelmalik tournoie encore dans sa cellule en finissant de maltraiter un morceau de carton entre ses poings crispés. Mécaniquement, comme un enfant absorbé par ses rêveries, il glisse le bout d'emballage entre la porte et son chambranle puis le fait monter et descendre dans la rainure.

Clic !

Le pêne de la serrure vient de pivoter.

Il n'en croit pas ses yeux, passe la tête à l'extérieur et se glisse dans le couloir.

— C'est par là…, chuchote une voix tandis qu'une main sort entre deux barreaux et lui indique la direction à suivre.

Il fait quelques pas, hésite, retourne vers sa cellule.

— Par là-bas ! répète la voix.

Il avance sans savoir, pousse une porte, une deuxième, erre dans les couloirs vides du palais jusqu'à un rideau métallique. Sa main se perd sur un interrupteur, il appuie, la grille en fer s'ouvre.

Abdelmalik n'a pas fui à travers la ville comme tout fugitif l'aurait fait. Il a déambulé, déboussolé par son état de manque, avant d'être rattrapé… en fin de journée par les policiers.

Pour seule défense, il a juré qu'il n'avait « pas fait exprès » de s'évader, qu'il « ne le voulait pas » [1]. Il venait d'inventer le comble du pieds-nickelés : l'évasion fortuite.

1. *Nord Éclair* (21/04/09).

## Le « gang des cafouilleux »

Dans les couloirs du tribunal lillois, Abdelmalik aurait pu croiser ceux que le procureur de la république a surnommés « le gang de cafouilleux », trois « petites frappes » qui comparaissaient quelques semaines plus tôt pour un cambriolage… complètement manqué.

Les premiers à se présenter sont deux frères, Arnaud et Marc B., respectivement 18 et 21 ans. Le troisième s'appelle Jean-Louis H., 24 ans. Celui-ci n'est pas de la famille mais a visiblement hérité du même gène : une sorte d'infirmité plus ou moins prononcée de l'intelligence [1].

C'est par sa faute que le trio se retrouve dans le box des accusés. Des policiers ont été intrigués par son comportement suspect quand, patrouillant de nuit dans le centre de Lille, ils l'ont vu dissimuler précipitamment des objets volumineux sous son blouson. Contrôle d'identité s'il vous plaît !

Le brave Jean-Louis, lesté de bouteilles de vin italien, n'a pu nier l'évidence. Surtout, il a mis les fonctionnaires de police sur la trace de ses frères de cambriole. Des complices pas beaucoup plus malins. Mais que faisaient Arnaud et Marc B., à quelques pas de là, autour d'une Clio en feu ?

La triplette est piteuse au prétoire. Au président qui leur demande pourquoi ils ont jeté leur dévolu sur la réserve d'une pizzeria, le plus jeune livre une réponse qu'il croit pleine de bons sens :

— Il n'y a pas que nous qui prenons des trucs là-dedans…

Son aîné n'est pas mieux inspiré quand le magistrat s'étonne que, parmi le butin, les policiers aient trouvé de la nourriture pour chats :

— Ben oui, j'ai des chats, ça coûte…

Un frisson d'effarement traverse la salle d'audience.

— Et la voiture ? s'interroge encore le juge.

— On a voulu la voler, répond le premier.

— Mais j'ai pas réussi à la démarrer…, poursuit humblement le second.

1. *Nord Éclair* (14/02/09).

Le magistrat s'agace :
— Était-ce une raison pour la brûler ! ?
Et Marc B. de conclure avec un aplomb déroutant :
— Ben, c'est pour les empreintes, j'avais oublié mes gants.

## Le profil du malfrat

« Imaginez toujours l'inimaginable, vous aurez fait la moitié de votre enquête. » La première qualité d'un bon enquêteur est d'être capable de s'attendre à tout. Et surtout, de ne pas se fier aux apparences. Le malfrat n'est pas toujours celui que l'on imagine. « L'honnête homme » ou la « brave dame » non plus.

### Le geôlier du businessman

Dans le Var, le commissariat de Fréjus est en ébullition. Une femme vient de lancer un appel au secours et il faut agir vite[1].

La dame, une quinquagénaire à l'allure bourgeoise, vient d'avoir son époux au téléphone. La conversation a été brève et, pour le moins, angoissante : il a simplement eu le temps de lui dire, à voix basse, qu'on l'avait enlevé et qu'il se trouvait dans le coffre d'une voiture.

Pour les enquêteurs, l'affaire est intrigante car la victime n'a pas le profil du trafiquant de drogue ou du caïd de cité – proies classiques dans ce genre de rapt. C'est un businessman d'une cinquantaine d'années habitant Saint-Raphaël, un homme élégant portant toujours le costume, qui s'est forgé une belle réputation dans le monde de l'immobilier.

Les policiers enfilent leurs gilets pare-balles et bondissent dans leurs véhicules. La géolocalisation a rendu son verdict : le téléphone portable du mari active depuis deux heures un relais

1. *Var Matin* (06/03/09).

téléphonique à la sortie du Cannet, sur les collines qui dominent la baie de Cannes.

Sur place, un important dispositif de recherches est déployé, avec l'appui des policiers cannois, pour retrouver le téléphone et son propriétaire. Après une nuit de fouilles et d'investigations dans les environs de la borne téléphonique, l'homme est retrouvé dans une cave d'un petit immeuble. Menotté, ligoté et attaché à un anneau, il porte encore son téléphone cellulaire à la ceinture. Un modèle de petite taille qui a échappé à la vigilance du ravisseur.

Rapidement interpellé grâce aux indications de sa victime, le kidnappeur n'est pas ce qu'on appelle un professionnel. Il est inconnu des services de police et reconnaît immédiatement les faits dans les moindres détails : il a attendu l'homme d'affaires sur un parking à la sortie de son bureau, puis l'a menacé d'une arme de poing pour le forcer à monter dans le coffre de sa voiture, l'a saucissonné et l'a enfin abandonné dans le sous-sol de son appartement.

Si les enquêteurs n'étaient pas habitués à côtoyer l'inattendu, ils pourraient croire à une farce : dans son vieux costume gris de banquier en retraite, le ravisseur qui leur fait ces aveux a… 67 ans. Et son mobile n'est pas vraiment celui d'un grand bandit. Il voulait, dit-il, « simplement donner une bonne leçon » au businessman en souvenir d'un différend commercial qui les avait opposés de nombreuses années auparavant et qu'il n'avait jamais digéré.

## La chapardeuse du guichet

Sur la vidéo que les policiers de Moulins, dans l'Allier, se passent en boucle, un commerçant se présente au guichet de sa banque, salue l'employé et dépose une boîte contenant 200 euros sur le comptoir[1]. Les deux hommes bavardent quand une femme qui semble être une cliente s'approche et vient se coller au commerçant.

Elle va commettre un vol éclair. Avec un sang-froid de parrain sicilien, la voleuse fait subrepticement glisser la mallette

1. *La Montagne* (20/03/09).

vers elle, la cale sous son bras puis fait demi-tour. D'un pas lent mais assuré, comme si tout était normal, elle sort de l'agence bancaire, s'arrête au distributeur automatique, retire quelques billets puis disparaît sans se retourner. Un travail de professionnel !

Dans le bureau des policiers, la suspecte nie l'évidence. Parfaitement reconnaissable sur la vidéo, elle prétend que les images sont truquées. Elle est d'une telle mauvaise foi que le plus flegmatique des enquêteurs pourrait en perdre ses nerfs. Sauf que cette fois, difficile de ne pas se laisser attendrir par la détrousseuse. C'est une petite mamie âgée de 74 ans.

## La cheftaine du réseau

Dans leur fichier de délinquants, les gendarmes de Rouen ont eux aussi leur grand-mère. Elle a été interpellée en juillet dernier, soupçonnée d'être à la tête d'un réseau d'un genre très particulier.

L'enquête des gendarmes avait commencé après une plainte du magasin Intermarché d'Isneauville, en périphérie rouennaise. La direction de l'entreprise avait constaté que sa réserve de denrées périssables était régulièrement visitée et que de nombreuses bouteilles de jus de fruits et des briques de lait disparaissaient de ses stocks. Le préjudice s'élevait à plus de 3 000 euros en l'espace de trois semaines. De quoi désaltérer une petite armée.

Après avoir placé les lieux sous surveillance, les enquêteurs ont rapidement interpellé sept suspects qui, au fil des auditions, ont permis de reconstituer l'organisation d'une étonnante petite entreprise familiale [1].

À sa tête : la grand-mère, 76 ans. C'est elle qui, la première, avait trouvé le moyen de chaparder quelques bouteilles en découpant un morceau du grillage protégeant la réserve extérieure de l'Intermarché. De retour chez elle, elle avait tout simplement partagé la combine avec quelques proches et parents qui, à leur tour, étaient venus se servir en boissons rafraîchissantes. Puis, de jour en jour, le « gang des voleurs de sodas » s'était structuré : certains tenaient le rôle de guetteurs, d'autres

1. *Paris Normandie* (20/07/09).

se faufilaient sous les grillages, tandis que les moins téméraires s'improvisaient revendeurs de boissons pour écouler les bouteilles que la famille ne consommait pas.

La patronne n'avait plus qu'à veiller au respect du premier et unique commandement imposé à sa troupe : des boissons non alcoolisées tu voleras… et rien d'autre.

## La voleuse des cimetières

Les gendarmes des Côtes-d'Armor peuvent très certainement s'enorgueillir d'avoir intercepté la plus originale des mamies voleuses. Une sexagénaire de Duault, minuscule bourgade perdue au cœur de la Bretagne, occupait ses journées en dévalisant les cimetières alentour[1].

Les hommes de la brigade de Callas, dont dépend le village, ont fini par la confondre après une énième plainte pour vol d'articles funéraires. Ils n'ont pas été déçus en pénétrant sa petite maison sans charme : des plaques tombales par dizaines, des croix de marbre et des centaines de fleurs artificielles ornaient chaque recoin de l'habitation. Trois allers-retours en fourgon ont été nécessaires aux brigadiers pour rapatrier le tout dans leur caserne.

Le butin a été estimé à plus de 15 000 euros. « Il est néanmoins certain que ces vols n'ont aucun lien avec la valeur marchande des objets dérobés. Nous sommes plus vraisemblablement face à un cas de détresse psychologique », précisait un gendarme en lançant un appel à la population : toute personne victime de vols sur la tombe d'un proche était priée de se présenter à la gendarmerie de Callac pour récupérer ses biens.

1. *Ouest-France* (08/07/09).

## Qui est la victime ?

Si, dans la grande majorité des cas, les enquêtes sont menées pour mettre la main sur un coupable, il arrive que les policiers ou les gendarmes soient chargés d'une tâche plus inédite : comprendre qui est… la victime.

### Le fantôme de la carrière de gypse

Le décor est mal choisi pour un fait-divers. À une dizaine de kilomètres au nord-est de Marseille, les collines d'Allauch forment un somptueux cirque montagneux couvert de massifs forestiers. C'est là que Pagnol et Giono trouvaient parfois l'inspiration. En ce début de printemps, d'ailleurs, tout est calme. Très calme. Seul un groupe d'adolescents trouble la quiétude du clair de lune en s'amusant à se faire peur.

Les jeunes s'enfoncent sur les chemins de terre, au milieu de rien, crient, chahutent et rient. Excités, ils bifurquent sur un sentier qui mène à une ancienne carrière de gypse quand, brutalement, ils se figent. Des hurlements effrayants ont surgi de nulle part.

— C'est toi ?

— Non…

— Toi ?

— Mais non !

Encore un hurlement ! C'est le cri d'une femme, sans doute même d'une jeune fille.

Demi-tour toute ! Les jeunes, qui sont redevenus des enfants, fuient en braillant. Leurs parents les voient arriver affolés, demandent ce qu'il se passe, écoutent le récit essoufflé des gamins et décident d'alerter immédiatement les gendarmes.

À l'autre bout du fil, bien qu'il ait l'habitude de l'imagination débordante des enfants, l'officier de permanence prend l'affaire très au sérieux. Il a de quoi : la disparition d'une jeune femme vient justement d'être signalée quelques jours plus tôt dans le secteur.

Une quinzaine de sapeurs-pompiers est immédiatement envoyée sur place. Pendant de longues minutes, les hommes, lampes torches à la main, scrutent le secteur désigné par les jeunes. « Et là, au fond de la carrière, à proximité d'un réseau de galeries souterraines, on est tombé sur ce corps affreusement décomposé », raconte un sapeur[1]. Affreusement décomposé, c'est peu dire. Le cadavre est quasiment réduit à l'état de squelette. Impossible, à l'œil nu, de déterminer l'âge et même le sexe de cet amas d'os et de lambeaux de chairs. Assurément, la mort remonte à plusieurs semaines, voire plusieurs mois... Ce ne peut donc pas être la disparue à laquelle l'officier de permanence faisait allusion...

Alors, les cris entendus par les ados ? De quoi s'agissait-il ? Des grognements d'un animal sauvage ? D'une dispute conjugale ? D'une mauvaise blague... tout a été envisagé mais rien n'a pu être démontré. Les militaires n'ont à ce jour qu'une seule certitude, très frustrante : « *A priori*, il ne s'agissait que d'une coïncidence... »

## L'inconnue du champ

Les hommes de la brigade de gendarmerie de Saint-Jean-de-Bournay, gros village perdu dans la campagne iséroise à une heure de route au sud de Lyon, doivent résoudre une tout autre énigme. Ils ont un corps, et même un corps bien vivant, mais ils ne parviennent pas à comprendre de qui il s'agit. Surtout, ils se grattent la tête en se demandant ce que cette personne faisait là, allongée en pleine nature, à demi-inconsciente[2].

1. *La Provence* (06/04/08).
2. *Le Dauphiné Libéré* (15/11/08).

L'homme qui les a fait venir n'en sait pas davantage. Il se rendait de bonne heure à sa grange, dans le hameau voisin, quand il a découvert des vêtements de femme éparpillés sur un chemin de terre au milieu des champs. Un de ses voisins qui passait par là a remarqué, lui, un véhicule en stationnement quelques dizaines de mètres plus loin. Les deux hommes, intrigués, se sont approchés. Le moteur tournait encore et les portières étaient ouvertes.

Un corps de femme était étendu à côté de la voiture.

Crime sordide ? Accident de la route ? Les gendarmes, arrivant sur les lieux, envisagent immédiatement le pire.

Ils sont vite rassurés. La victime est en état d'hypothermie avancée mais ses jours ne sont pas en danger. Prise en charge par les pompiers, elle sera vite remise sur pieds.

Reste à savoir comment elle s'est retrouvée là, dans un champ, seule et inanimée…

Le mystère est percé en quelques heures. Âgée de 25 ans, Isabelle habite à une quinzaine de kilomètres du lieu de sa découverte. La voiture lui appartient.

Selon ses proches, la jeune femme a quitté son domicile la veille au soir. Elle a donc passé la nuit dehors alors que la température ne dépassait pas 2 ou 3 degrés.

Que lui est-il arrivé ? Apparemment, rien. Souffrant de troubles psychologiques, elle aurait simplement eu un moment d'abandon.

## L'adolescente sans nom

Pour les enquêteurs de la brigade des mineurs de Marseille, le casse-tête est beaucoup plus coriace : quatre jours qu'ils cherchent à comprendre qui est Aline. L'adolescente, manifestement déboussolée, s'est spontanément présentée au service des urgences de l'hôpital Nord.

Les enquêteurs ont beau retourner dans tous les sens la liste des fugueurs (mille trois cents par an pour la seule ville de Marseille) et le fichier des disparitions, la jeune fille n'y figure pas. Cela ne signifie qu'une seule chose, qui n'arrange pas les policiers : personne ne la cherche. Alors, en dernier recours, ils décident de diffuser un appel à témoin, photo à l'appui, dans la presse régionale[1].

Aline est une grande enfant au regard triste. Ses cheveux bruns et raides tombent sur son visage. Allongée sur un lit d'hôpital, elle sert contre elle un gros ours en peluche en faisant la moue, boudant l'objectif du photographe.

Aline a 14 ans et ne se souvient plus de son nom de famille. C'est en tout cas ce qu'elle prétend. Mais les policiers ont appris à se méfier de sa parole.

Elle dit avoir été violée par son père ? Mensonge, d'après les examens médicaux. Elle accuse ses parents de l'empêcher d'aller à l'école depuis trois ans ? Invérifiable, car l'adresse qu'elle indique pour les retrouver n'existe pas. Prise en défaut elle en fournit une seconde : tout aussi inventée.

Selon les médecins, Aline souffrirait d'une forme de mythomanie qui l'enferme dans le mensonge. Ses délires paranoïaques et des cicatrices d'automutilation sur les bras trahissent aussi des troubles psychologiques.

« Tout ce qu'elle nous raconte est faux, nous avons tout vérifié », s'inquiète un policier pour justifier l'appel à témoin dans le journal. La seule chose certaine, c'est qu'elle ne connaît pas la région. Et les enquêteurs de communiquer un numéro de téléphone auprès duquel toute personne reconnaissant l'adolescente est conviée à se manifester.

Stratégie payante. Quelques heures après la parution de l'annonce, un appel parvient à la brigade des mineurs. Aline a été reconnue. Enfin… Sabine a été reconnue. Elle a… 19 ans.

L'assistante sociale qui téléphone est formelle. Elle est en poste à l'hôpital psychiatrique du coin, à une heure de route de Marseille, là où la jeune fille était internée avant sa fugue. Le personnel était à sa recherche.

Majeure et en froid avec ses parents, Sabine s'était volatilisée sans que personne ne s'en inquiète vraiment.

1. *La Provence* (18/04/09).

## Un coma et des questions

Les enquêteurs de Castres, eux aussi, ont eu recours à l'appel à témoin, mais avec une photographie plus insolite : deux lettres tatouées sur un bras ; « GO ». Et une question : « Qui est cet homme retrouvé dans le coma en centre-ville ? »[1]

Cinq jours plus tôt, ils sont appelés au cœur de la nuit par un automobiliste très ennuyé. Un homme est étendu sur la place de parking qu'il convoitait. Allongé sur le dos, il semble profondément endormi et ne réagit ni quand on lui parle, ni quand on le secoue.

Pour les policiers, c'est le début d'une impossible enquête car l'homme ne porte pas de papiers d'identité et, transféré vers un hôpital toulousain, reste plongé dans le coma. Plus ennuyeux encore : les jours passent sans que quiconque ne vienne s'inquiéter de sa disparition.

Tout ce que les enquêteurs savent, c'est que l'inconnu, d'une quarantaine d'années, est de type européen, de corpulence moyenne avec des cheveux bruns et courts, mesure 1,75 mètre et s'est fait tatouer « GO » sur le bras. Ils disposent aussi de sa tenue vestimentaire la nuit où il a été trouvé : un blouson noir surmonté d'un col en fourrure, un pull noir, un jean noir et des chaussures montantes noires. Un trousseau de clés auquel était accrochée une représentation de la Vierge a également été retrouvé dans ses poches.

Ils diffusent sa description auprès de tous les services de police et passent de bar en bar à la recherche du moindre renseignement. Sans résultat. Le tatouage, « GO », serait-il le signe d'un passage chez les parachutistes du 8e RPIMA de la ville ? Ils vérifient également, sans plus de succès. L'homme est inconnu au bataillon.

Quant à savoir ce qui lui est arrivé, les pistes sont tout aussi maigres. Les médecins ont diagnostiqué un traumatisme intracrânien, mais aucune trace de violences ou de coups sur le corps. Les hypothèses d'une agression ou d'un choc avec une voiture sont donc exclues. Et puis, personne n'a rien vu ni

1. *La Dépêche du Midi* (20/12/08).

entendu. Les enquêteurs ont interrogé tous les riverains de ce quartier pourtant fréquenté…

Reste l'appel à témoin dans le quotidien local qui, encore une fois, va faire mouche.

Journal en main, une femme se présente au commissariat. Elle a reconnu le tatouage sur la photo. L'homme que les policiers cherchent à identifier est âgé de 48 ans, explique-t-elle. Il est père de trois enfants. Mais c'est aujourd'hui un homme qui vit seul et elle peut comprendre pourquoi personne n'est venu signaler sa disparition. C'est son ex-mari

— Il a un problème avec l'alcool…

Ce serait donc l'explication ? Peut-être. En attendant que le quadragénaire sorte de son coma, et en espérant qu'un jour il puisse raconter ce qui s'est réellement passé cette nuit-là, médecins et policiers doivent se contenter de leur intuition : l'inconnu du centre-ville, ayant trop bu, a probablement fait une mauvaise chute sur le trottoir…

# La mort sur le palier

Dans leur jargon, les pompiers appellent cela une tortue : un corps retrouvé sans vie dans un logement clos. Souvent des personnes âgées. « Tortues », parce qu'elles se sont éteintes sans avoir la force d'un dernier geste de survie, empêchées par leur corps trop lourd ou trop fatigué. Des fins de vie dramatiques et tristement banales, mais qui ont toutes une histoire particulière…

## Un cercueil dans le salon

Une vieille dame a appelé le 18. La puanteur qui transpire de l'appartement voisin l'inquiète. Elle a un mauvais pressentiment. Les sapeurs-pompiers de Nancy, eux, comprennent immédiatement en arrivant sur les lieux. L'air est tellement imprégné de l'odeur de putréfaction qu'ils savent déjà que le décès remonte à plusieurs jours, voire plusieurs semaines. Ils ont l'habitude. Et pourtant…

Dans l'appartement, une surprise de taille les attend : c'est un cercueil ![1] Il est posé tel un meuble au centre du salon. Fermé mais non scellé. À l'intérieur, le corps d'un homme en voie de décomposition.

Qui est-il ? Comment s'est-il retrouvé là ? Les policiers chargés de l'enquête n'ont aucune difficulté à le comprendre. C'est le locataire des lieux. Il avait été retrouvé mort quinze jours plus tôt dans ce même appartement. À la demande de la famille, les pompes funèbres étaient intervenues mais, faute de place au

1. *Le Républicain Lorrain* (06/01/09).

funérarium, n'avaient pu conserver le corps. Peu soucieux de la dignité du vieil homme, ses proches et les croquemorts avaient donc trouvé une solution… facile et rapide. Ils s'étaient mis d'accord pour placer le cadavre dans un cercueil et laisser celui-ci au milieu du salon en attendant qu'une place se libère. Il suffisait de ne pas trop ébruiter l'affaire et il n'y aurait pas de problème.

Tout avait été prévu, en somme. Hormis l'odeur qui a inquiété la voisine.

## Le vieil homme et son chien

Au pied des immeubles d'une résidence HLM, les policiers de Granville, dans la Manche, questionnent les résidents. C'est dans ce quartier populaire, où les voisins se montrent peu bavards et même un peu honteux, qu'ils viennent de retrouver le corps de Jean-Jacques Gardin.[1]

Le sexagénaire vivait là depuis près de quinze ans et, bien que d'une nature solitaire, tout le monde le connaissait au moins de vue. On l'apercevait entre la supérette et les petits commerces, et surtout le soir quand il promenait son chien. Tout le monde le connaissait mais personne ne s'est réellement inquiété de ne plus le voir. Certains avouent simplement du bout des lèvres qu'une odeur devant sa porte, dans la cage d'escalier, les avait intrigués mais… « Mais c'est vrai, on n'a rien fait. »

Seul le centre communal d'action sociale, surpris de ne pas le voir venir régler son loyer comme il le faisait tous les mois, a alerté la police. L'appartement étant fermé, il a fallu briser une vitre au premier étage de l'immeuble pour y pénétrer.

Quand les policiers l'ont trouvé, il était décédé depuis quinze jours, le cadavre de son chien étendu à ses côtés. Mort de soif.

## Virement automatique

Quelques jours plus tard, à Brignais, dans la périphérie grisâtre lyonnaise, les gendarmes font une découverte encore plus

1. *Ouest-France* (12/02/09).

macabre[1]. L'office HLM de ce quartier de mille deux cents habitants les a prévenus qu'un locataire, Monsieur Beauvironnois, ne donne plus signe de vie. Il continue de payer son loyer, mais ne se présente plus aux réunions de locataires et ne répond plus à aucune sollicitation.

Quand les gendarmes arrivent sur place, la boîte aux lettres déborde de courriers et de prospectus. Les voisins confirment que l'homme, âgé de 49 ans, n'a pas été vu depuis fort longtemps. D'ailleurs, son absence n'a échappé à personne, car Gérald Beauvironnois était un homme au physique imposant, très aimable et toujours courtois. On se souvient aussi qu'il ne ratait jamais une fête du quartier où il venait vendre des sandwiches à 2 euros pour arrondir ses fins de mois. Mais depuis combien de temps a-t-il disparu de la circulation ? Difficile à dire.

Gérald Beauvironnois a été retrouvé sans vie dans son salon. Le médecin a estimé que sa mort remontait à environ… deux ans. Une estimation confirmée par l'enquête de gendarmerie qui n'a constaté aucun mouvement sur ses comptes bancaires au cours des deux dernières années, si ce n'est un virement automatique de son loyer, chaque mois à la même date.

## Le hasard du recensement

Combien de temps le corps de José A., un réfugié espagnol de 89 ans, aurait-il croupi dans la saleté de son appartement si les agents du recensement n'étaient pas passés chez lui[2] ?

Ils ont frappé à la porte de sa petite maison à la façade décrépie, au cœur d'un village tarnais posé en bord d'autoroute. N'ayant pas obtenu de réponse, ils sont revenus quelques jours plus tard. Toujours rien. Alors ils sont allés aux renseignements chez le voisin, qui pouvait simplement confirmer que monsieur Alarcon n'avait pas montré le bout de son nez depuis plusieurs jours. « Mais à vrai dire, on ne le voit pas souvent… »

Les gendarmes, aidés par les pompiers de la ville, ont forcé la porte et découvert le vieil homme dans sa cuisine, son corps en

1. *Le Journal de Saône-et-Loire* (05/03/09).
2. *La Dépêche du Midi* (28/01/09).

état de décomposition avancée. Le médecin a conclu à une mort naturelle. Il a estimé qu'elle remontait à au moins huit jours. José A., qui n'avait ni famille ni ami proche, a finalement eu un peu de chance dans son malheur. Les agents recenseurs n'étaient pas passés depuis neuf ans dans sa commune...

## Le syndrome de Diogène

Seynod, Haute-Savoie. Un petit immeuble contemporain de deux étages. Le pompier qui vient de pénétrer dans l'appartement ne peut contenir un haut-le-cœur. À peine a-t-il brisé la vitre de la fenêtre qu'une odeur putride le saisit à la gorge. Il pousse le battant et saute à l'intérieur[1].

Les yeux embués d'écœurement, il porte la main à sa bouche comme s'il craignait d'être empoisonné par un gaz mortel. Vision surréaliste. Du sol au plafond, sur les chaises et la table du salon, sous les meubles et sur le lit, chaque recoin du logement croule sous les détritus, les papiers sales, les journaux froissés, les sacs plastiques douteux, les boites de conserves éventrées, les légumes pourris, les morceaux de viande noircis... Les déchets s'accumulent sur chaque centimètre carré du linoléum, formant par endroits des monticules d'immondices de plus d'un mètre de haut.

Le pompier se retourne vers ses équipiers, l'air interrogateur...

Une locataire du rez-de-chaussée a simplement appelé pour un dégât des eaux. À la recherche de la fuite, les pompiers sont montés aux renseignements dans l'appartement situé juste au-dessus. Leurs coups de sonnette et leurs appels sont restés sans réponse, alors ils se sont résignés à passer par une fenêtre.

Entre deux pyramides d'ordures ménagères, un cadavre en état de putréfaction. Le décès remonte à plus de six mois, selon le légiste. Madame Petitjeannot, âgée de plus de quatre-vingts ans, est morte de vieillesse. Elle souffrait de ce que les psychologues appellent le syndrome de Diogène.

---

1. *Le Dauphiné Libéré* (07/01/09).

Dans les revues spécialisées, il est décrit comme un trouble du comportement peu répandu qui touche certains vieillards isolés. Réduisant au plus strict minimum les contacts avec l'extérieur, ne se plaignant jamais et ne sollicitant aucune aide, le malade se réfugie chez lui en accumulant à l'infini des objets récupérés ou consommés sans leur conférer aucune utilité. Accoutumé à l'insalubrité, il cesse de se soigner et se désintéresse de toute forme d'hygiène. La solitude, qui peut être provoquée par la mort du conjoint ou l'absence de proches, est bien souvent le facteur déclencheur de cet extrême égarement.

Les secouristes, au regard des centaines de kilos de détritus accumulés, ont estimé que madame Petitjeannot n'avait pas sorti ses poubelles depuis plusieurs années.

Que savait-on de la vieille dame, si ce n'est qu'elle vivait là depuis plus vingt ans, célibataire et sans enfants ? On ne l'entendait jamais parler de sa famille, comme s'il n'y en avait pas eu. Seul un homme qui venait régulièrement glisser un morceau de papier sous sa porte semblait entretenir quelques contacts avec elle, mais personne ne pouvait dire qui il était. On croyait savoir aussi, sans être vraiment sûr, que Madame Petitjeannot n'était pas dans le besoin

En découvrant la fin dramatique de leur voisine, les habitants de l'immeuble ont raconté que, avec les chaleurs de l'été, l'odeur émanant de son appartement devenait insupportable. Mais tous ont reconnu n'avoir jamais alerté les services sociaux ou les forces de l'ordre. « Pour ne pas faire d'histoires. »

## Le fils caché

— Prudence ! Là ! On recule les gars…

Le commandant porte une main sur la crosse de son arme et, de l'autre, fait signe à ses hommes de rester en retrait. Moment d'hésitation. Un individu, recroquevillé sur un lit tel une marionnette désarticulée dont on aurait coupé les fils de suspension, fixe les militaires d'un regard ahuri.

Le temps s'arrête sur la maisonnette, petite bicoque ordinaire, avec son crépi blanc et ses volets verts, dans ce coin cossu de l'île de Ré. Dans le jardinet traversé par une allée de graviers qui mène au garage, les gendarmes s'agitent autour de leurs véhicules. Il faut intervenir et neutraliser l'individu.

Derrière un muret défraîchi, un voisin observe la scène avec émoi. C'est lui qui a donné l'alerte, étonné de ne plus apercevoir sa voisine. C'est une femme très discrète qui ne cherche jamais le contact, a-t-il précisé lors de son appel, mais il est étrange de ne plus l'apercevoir avec son cabas de commission ou entretenir son jardin.

— Les volets des fenêtres sont fermés depuis plusieurs jours, les poubelles ne bougent plus…, a-t-il ajouté sans être certain de bien faire.

En pénétrant dans l'habitation, les gendarmes découvrent le spectacle sordide d'un intérieur laissé à l'abandon, jonché de mégots de cigarettes et de bouteilles d'eau vides, le sol noir de crasse. Le corps sans vie de la voisine, une femme de 58 ans, gît au pied de son lit dans une chambre. Partiellement déshabillé, son cadavre porte des marques sombres sur le bas-ventre.

Un gendarme s'approche puis s'arrête soudainement. Il vient d'apercevoir, sur le lit, l'homme désarticulé. L'individu est comme pétrifié. Il ne prononce pas un mot, n'esquisse pas le moindre geste.

Les gendarmes sont immédiatement frappés par le manque d'hygiène de cet homme qui paraît jeune. Ses cheveux sont gras, retenus par une longue queue-de-cheval qui semble ne pas avoir été dénouée depuis fort longtemps. Ses ongles sont longs de deux ou trois centimètres. Ses vêtements sont sales.

Qui est ce garçon ? Qu'a-t-il fait ? Est-il dangereux ? Les gendarmes n'hésitent pas longtemps. Les questions, ils se les poseront plus tard !

Au signal du commandant, ils avancent prudemment vers le jeune homme et le neutralisent. Confié aux pompiers, celui-ci semble totalement absent de son corps, éructe de brefs ricanements en convulsant et se laisse emmener sans résistance.

Les enquêteurs fouillent le logement à la recherche d'indices qui permettraient de retracer le scénario de ce macabre huis clos. Et très vite, ils font une découverte.

Le garçon est le fils de la victime. Il s'appelle Bruce et a 31 ans. Il est schizophrène.

Les documents rassemblés l'attestent : ses papiers d'identité, des ordonnances interminables de traitements médicamenteux ainsi que des traces de plusieurs internements en hôpital psychiatrique sont retrouvés. Toutefois, il y a un problème : en compulsant les archives médicales de Bruce, les enquêteurs constatent que son existence administrative s'arrête dix ans plus tôt, en 1999.

Au même moment, dans la chambre, un médecin légiste se penche sur la victime. Sa conclusion est rapide et sans appel : mort par manque de soins. La dame a succombé à une septicémie. « Plaie gangrenée à hauteur de l'aine. » Son décès remonte à quarante-huit heures.

Qu'est-il arrivé ? Pour tenter de comprendre, les enquêteurs contactent le frère de la victime qui confirme l'existence et la maladie de Bruce, mais précise qu'il n'a plus de nouvelles de sa sœur ni de son neveu depuis de nombreuses années. Ils interrogent alors les habitants du quartier. Et ce qu'ils commençaient à deviner se vérifie à chaque porte franchie. Personne n'a jamais vu ni entendu parler du fils de la veille dame. Pas même le plus proche d'entre eux, celui dont le jardin donne directement sur la maison aux volets verts.

À force de recoupements, les gendarmes réussissent à échafauder la seule hypothèse possible : pendant dix ans, Bruce a vécu reclus dans la maison de sa mère.

Son dernier « signe de vie » remonte à un séjour à l'hôpital psychiatrique de La Rochelle, alors qu'il avait 22 ans. Il n'a vraisemblablement plus jamais été soigné depuis et, plus vraisemblablement encore, ne s'est plus jamais montré à l'extérieur.

L'insalubrité du logement et, surtout, l'état de santé dans lequel il a été découvert ne laissent que peu de place au doute. Atteint de catatonie, l'une des formes les plus aiguës de schizophrénie, la réclusion de Bruce aurait grandement aggravé ses troubles. Selon un expert psychiatre [1], « quand on en arrive à ce

1. *Sud Ouest* (25/02/09).

point-là, on parle de "flexibilité cireuse". C'est-à-dire que le malade est mutique, immobile et parfois figé pendant des jours entiers tel un flamant rose, dans des positions qu'aucun de nous ne pourrait physiquement supporter. » Et le médecin de conclure : « Son état montre à quoi ressemblait la folie il y a cinquante ans, lorsque les traitements n'existaient pas encore. »

Sa mère, elle, était veuve depuis cinq ans lorsqu'elle a décidé de le garder auprès d'elle, à l'abri des regards et de la honte d'avoir un enfant « fou ». Elle aurait vécu dans le secret pendant toutes ces années, jusqu'au jour où elle serait tombée malade. De peur d'être hospitalisée et de devoir divulguer l'existence de son fils, elle aurait tenté de se soigner seule. Et en serait morte.

## Le nouveau western

L'évasion puis l'arrestation de Jean-Pierre Treiber, meurtrier présumé de Géraldine Giraud et Katia Lerbhier ; l'enlèvement de la petite Élise, à Arles, par sa mère russe ; le « casse du siècle » de Toni Musulin, ce convoyeur lyonnais parti avec son fourgon et 11 millions d'euros en novembre dernier… Ces faits-divers hors-norme ont fait la Une de tous les médias français. Mais pour un Jean-Pierre Treiber ou un Toni Musulin, combien d'enlèvements, de séquestrations ou de crimes de sang-froid passent totalement inaperçus ?

### Mystérieux enlèvement

Vendredi 16 janvier 2009. Un soir glacial. Les policiers en faction à la sortie de Saint-Quentin, dans l'Aisne, se réchauffent à l'intérieur de leur véhicule après une série de contrôles de routine.

— Journée tranquille, constate l'un d'eux en feuilletant sa souche de contraventions.

— Ceinture de sécurité, défaut d'assurance, téléphone portable au volant, encore une ceinture de sécurité…

— Très bien, très bien, ils sont sages en ce moment, commente le brigadier qui se trouve à l'arrière.

— Hé ! On a peut-être parlé trop vite…

Les scintillements et la sirène d'un gyrophare transpercent la nuit.

— On dirait les gendarmes…

— Ils sont dingues !

Une Peugeot 406 banalisée déboule devant eux, zigzaguant dans la circulation ! Sur cette petite route, c'est à la limite de l'inconscience, jugent les policiers en se demandant ce qui peut motiver une intervention si urgente.

— La porte gauche, regardez !

Une portière arrière s'ouvre, puis se referme alors que le véhicule continue de slalomer dans le trafic.

Quelque chose ne colle pas.

— On y va !

Les policiers prennent en chasse le véhicule au gyrophare qui accélère et, manifestement, fuit ! Un appel au poste de commandement confirme leurs doutes : la gendarmerie n'a envoyé aucun véhicule dans le secteur. Quatre patrouilles de police sont appelées en renfort et convergent à la poursuite du fuyard. Trop tard. La 406 a semé ses poursuivants...

De retour au commissariat, les policiers obtiennent les premières réponses aux questions qu'ils se posent. Quelques minutes plus tôt, peu avant 19 heures, de nombreux témoins ont assisté impuissants à une scène digne d'un polar[1]. Un homme a été enlevé en pleine rue, faubourg Saint-Jean à Saint-Quentin. De type européen, il était âgé d'une vingtaine d'années. Une Peugeot 406 break de couleur bleue sombre s'est arrêtée à sa hauteur. Trois ou quatre hommes – les témoignages varient – en sont descendus, se sont jetés sur lui et l'ont roué de coups en le forçant à monter dans le véhicule. Il a appelé à l'aide, hurlé qu'il allait être tué mais personne n'a bougé, alors que la rue était très fréquentée à cette heure de fermeture des magasins.

Les témoins estiment que la scène a duré plus de cinq minutes. Tous affirment avoir d'abord cru à une arrestation musclée avant de comprendre leur méprise en voyant la 406 démarrer en trombe, mettant en danger les passants et les automobilistes. Certains ont noté que le conducteur de la Peugeot était cagoulé. D'autres décrivent le « regard de tueurs, froid » des ravisseurs.

Quelques rues plus loin, apprennent également les policiers, les faux gendarmes ont percuté deux véhicules. D'autres témoins

1. *L'Union de Reims* (19/01/09).

racontent avoir vu, à leur tour et à plusieurs reprises, la portière arrière s'ouvrir et des pieds gesticuler. À chaque fois, une main tendue a réussi à la refermer.

Réunion de débriefing dans les bureaux de la police judiciaire d'Amiens. Un mois que l'enlèvement a eu lieu. Et pas une piste.

Le chef de la brigade criminelle fait le point avec ses hommes. Le portrait-robot de l'un des agresseurs, dressé à partir des nombreux témoignages, est posé sur le bureau. Diffusé dans tous les commissariats de la région, il n'a donné aucun résultat.

Qui sont les ravisseurs ? Que voulaient-ils ? S'agit-il d'un règlement de compte ? D'une dispute familiale ? D'une séquestration crapuleuse ? L'enquête des policiers se perd dans un épais brouillard d'autant que la victime, elle non plus, n'est toujours pas identifiée. Le jeune homme est-il toujours en vie ? Est-il retenu captif ? Pourquoi personne n'est venu signaler sa disparition ?

Le chef d'enquête a tout de même une bonne nouvelle à annoncer à ses troupes. « Le début de la fin de l'énigme », espère-t-il.

Un ADN a été identifié par la police scientifique. Il provient d'un cheveu retrouvé sur une capuche de blouson à proximité du lieu de l'enlèvement. Plusieurs témoins affirment que cette capuche a été arrachée à la victime.

Le fichier de la PJ a parlé.

— L'individu est connu de nos services pour trafic de drogue, précise le commandant. Aux dernières nouvelles, il habiterait Saint-Quentin. Vous savez ce qu'il vous reste à faire.

Le disparu, ce jeune homme d'une vingtaine d'années que tous les policiers de l'Aisne recherchaient depuis quatre semaines, n'était finalement pas très loin. Les enquêteurs l'ont retrouvé à son domicile.

Son calvaire, leur avoue-t-il, n'a duré que deux heures durant lesquelles ses kidnappeurs l'ont enfermé dans le coffre de la voiture puis l'en ont sorti, à trois ou quatre reprises, pour le passer à tabac à l'abri des regards. Il a été abandonné en bord de chemin, salement amoché, dans un coin de campagne.

C'était un avertissement, explique-t-il pas très fier, aux policiers. Une brouille sur fond de drogue et de dettes d'argent qu'il aurait tardé à régler.

La PJ de Saint-Quentin mettra moins de quatre mois pour retrouver les agresseurs, leur commanditaire, et ainsi démanteler un vaste trafic de stupéfiants. « Une affaire joliment ficelée ! », se félicitent les chefs. L'enquête a été « rapide, efficace, et exemplaire ».

Il y a juste un petit hic… Une « victime collatérale » comme disent les militaires. Un garçon qui ne devait rien à personne et qui aurait préféré ne pas faire la Une du journal[1].

L'article commence par ces quelques mots énigmatiques : « Un petit air de déjà-vu. Même quartier, même méthode… La mésaventure vécue par Laurent, ce Saint-Quentinois de 36 ans enlevé dimanche soir fait étrangement penser à celle vécue par un autre… »

Le prénommé Laurent s'est fait agresser à moins de cent mètres de l'endroit où le trafiquant de drogue avait été enlevé par les hommes à la Peugeot 406. Deux hommes se sont jetés sur lui et l'ont forcé à monter dans leur voiture. Emmené dans un endroit isolé, il a été déshabillé puis violemment frappé pendant de longues minutes. Mais pour lui, le cauchemar s'est arrêté aussi vite qu'il avait commencé.

« Ils se sont arrêtés soudainement de me frapper, raconte-t-il dans le quotidien saint-quentinois. J'ai entendu un bruit identique à celui d'un couteau à cran d'arrêt que l'on ouvre. Ils m'ont alors demandé mon prénom. J'ai répondu. Il y a eu un long silence. Et puis, ils m'ont ramené en voiture avant de me libérer… »

À force de ressasser chaque seconde de son incroyable enlèvement, à force de se répéter chacune des paroles de ses ravisseurs, de se remémorer leurs regards et leurs gestes, Laurent a acquis une certitude : « Ils m'ont pris pour un autre. »

C'est aussi ce que pensent les policiers du commissariat central de Saint-Quentin. La chronologie des faits et les nombreuses similitudes entre les deux enlèvements permettent de lever toute hésitation.

1. *L'Union de Reims* (17/04/09).

Laurent a été agressé le 17 avril 2009, soit à peine deux mois après l'identification de l'inconnu de la Peugeot 406 et, surtout, quelques jours après une première vague d'arrestations dans les milieux de la drogue, dont celle du commanditaire de l'enlèvement.

Les amis de ce dernier auraient donc voulu régler son compte à la « balance ». Et se seraient trompés de personne.

## La femme du convoyeur

À Ollioules, du côté de Toulon, une équipe spécialement venue de Marseille se positionne à bonne distance autour d'un fourgon blindé. Le véhicule de transport de fonds est immobilisé, comme abandonné[1].

Leur Sig-Sauer 9 mm pointé vers le camion, les policiers avancent avec prudence en encerclant l'engin. D'un œil, ils guettent le moindre mouvement à l'intérieur. De l'autre, ils scrutent alentour toute présence suspecte. Ici, à l'écart des habitations, juste derrière le circuit de karting, le danger peut venir de partout. À la manière du cow-boy perché sur le toit du saloon, les malfrats sont peut-être en embuscade.

Le blindé est maintenant à portée de main. Le silence est électrique. Dos au camion, les hommes sont prêts à tirer à la moindre étincelle. Deux d'entre eux prennent position à l'arrière du camion et ouvrent en un éclair les deux lourdes portes.

— Les mains sur la tête !, hurlent-ils en serrant leur semi-automatique à bout de bras.

Trois hommes accroupis s'attrapent les cheveux en tremblotant.

— Ne tirez pas ! Ne tirez pas !

Ce sont les convoyeurs.

Au même moment, à une trentaine de kilomètres de là, une jeune femme erre dans les rues de Signes, petite commune éparpillée dans les collines entre la garrigue et les forêts provençales. Nathalie, 35 ans, avance sans but apparent, hagarde, les mains ligotées dans le dos.

1 *Var Matin* (07/08/08).

Trois adolescents qui passaient par là l'aperçoivent et viennent à son secours.

— Aidez-moi, je vous en supplie, implore-t-elle. J'ai été enlevée… Ils ont pris mon compagnon…

Les garçons l'accompagnent aussitôt jusqu'à l'hôtel de ville, où le maire la prend en charge. Et elle raconte. Son récit est haché par l'émotion et la peur.

Elle habite Brignoles avec son compagnon. Il s'appelle Cyril. Ils sont tous les deux salariés d'une société de transport de fonds. À 00 heures 15, trois individus cagoulés et armés ont pénétré dans leur pavillon. Ils l'ont emmenée. Elle a été séquestrée toute la nuit, les yeux bandés et les mains attachées. Elle n'a pas subi de violences physiques. En fin de matinée, l'un des ravisseurs est venu lui dire qu'elle pourrait retirer le bandeau de ses yeux, mais qu'elle devait attendre un quart d'heure. Sinon…

C'est ce qu'elle a fait. Elle se trouvait dans ce qui lui a semblé être un relais de chasse.

Elle ne sait pas ce qu'ils ont fait de Cyril.

Les policiers, eux, le savent déjà. Son compagnon est sain et sauf. Il faisait partie des trois convoyeurs.

Alertés par la société de transport qui avait « perdu » un de ses fourgons, ils ont retrouvé sa trace et ont pu reconstituer l'implacable plan des malfaiteurs. Cette fois, devant les enquêteurs marseillais, c'est Cyril qui raconte.

Après avoir éloigné Nathalie, les ravisseurs lui ont ordonné d'effectuer sa tournée du matin « comme si tout était normal ». Et ils ont prévenu : « À la première bêtise, on s'occupe de la miss ! » Cyril a rejoint ses collègues « comme à l'habitude ». Ensemble, ils ont scrupuleusement suivi l'itinéraire des ramassages prévus. 2, 3, 6 millions d'euros ? Quelque chose de cet ordre. Les convoyeurs ne sont pas au fait des détails.

À la fin de la tournée, Cyril n'est pas rentré au dépôt de l'entreprise. Il a bifurqué vers Ollioules, derrière le circuit de karting, conformément aux ordres des ravisseurs de Nathalie. Ses collègues ont protesté, ont même tenté de s'interposer en prenant le volant, mais il a hurlé plus fort qu'eux. « Je n'ai pas le choix, les gars, sinon ils la tuent ! » Ils se sont résignés, pétrifiés à l'idée de ce qui les attendait.

Arrivés au lieu de rendez-vous, des hommes cagoulés ont surgi d'une voiture. Ils ont fait main basse sur le butin et ont enfermé les convoyeurs à l'arrière du camion…

— Et Nathalie ? interroge Cyril.

— Elle va bien, vous allez pouvoir la retrouver, lui répondent les enquêteurs.

Pour eux, une enquête difficile commence, celle d'une attaque de fourgon totalement inédite, sans casse ni violence.

## Exécution en pleine rue

« Abattu en pleine rue », « Deux balles dans la tête en centre-ville », « Descendu comme un animal devant son commerce »... Les titres, à la Une de nos journaux locaux, font parfois froid dans le dos. Surtout quand les victimes sont des personnes a priori au-dessus de tout soupçon.

### Le contrat et le garçon de bonne famille

Un quartier cossu de Chamalières, en périphérie proche de Clermont-Ferrand. Les sirènes des policiers brisent la torpeur qui a saisi les riverains. Un homme vient d'être abattu en pleine rue[1]. Une balle de 9 mm dans le dos, une autre dans la face. L'exécution a eu lieu à 8 heures 05 précises, rue de l'Écorchade, une artère paisible bordée de villas fleuries. Olivier Arnaud, 29 ans, père d'un petit garçon de 20 mois, gît sans vie au volant de sa voiture.

L'exécution rappelle en tout point les règlements de comptes qui déciment les clans du grand banditisme. Elle semble incongrue, irréelle, dans la douce tranquillité chamaliéroise.

Olivier Arnaud n'avait rien d'un truand. Issu d'une famille clermontoise respectée, fils de médecin expert judiciaire, beau garçon, bon golfeur et bon skieur, fêtard à ses heures, il menait la vie ordinaire d'un jeune trentenaire aisé. Il avait emménagé rue de l'Écorchade, avec un ami, quelques mois plus tôt, après une brouille avec la mère de son fils.

1. *La Montagne* (02/04/09).

Sorti de la maison pour prendre son poste de conseiller en recrutement, il a traversé la chaussée et s'est assis au volant de sa vieille Clio rouge. Un homme à moto s'est porté à sa hauteur, a ouvert la portière et a tiré deux fois à bout portant. Il est reparti aussitôt, puis a fait demi-tour, comme pour s'assurer qu'Olivier était bien mort, avant de disparaître dans un grand vacarme sous les yeux des riverains pétrifiés de terreur.

Qui en voulait à Olivier Arnaud au point de l'exécuter comme une bête ? Dans son entourage, parmi ses proches, chez ses collègues, personne ne lui connaît de « mauvaises relations ». S'est-il laissé embarquer dans quelque trafic nauséabond qui l'aurait dépassé ? On ne trouve aucun indice dans son emploi du temps, dans ses effets personnels ni même dans son comportement les mois qui ont précédé. Une dette de jeu ? Impossible, ce n'était pas du tout son genre. Une affaire de cœur ? Rien ne permet de le penser. Il y a bien une piste, mais elle paraît si lointaine…

C'était six ans plus tôt, une nuit de mars 2002. Olivier a été victime d'une agression d'une rare violence.

Ce soir-là, le jeune homme passe la soirée avec sa petite amie dans une discothèque de Clermont-Ferrand. Les amoureux s'amusent, dansent, partagent deux ou trois verres lorsque trois types viennent les importuner. Deux sont militaires, le troisième est vigile. Ils draguent sans vergogne la jeune femme, qui tente poliment de les repousser, mais ils insistent.

— Partons, glisse-t-elle à Olivier.

Seulement, à peine sorti, le couple est rattrapé par les trois colosses qui se jettent sur la jeune femme. Le ton monte. Les trois colosses frappent. La jeune femme est blessée au visage. Olivier, lui, reçoit huit coups de couteau, dont un à hauteur du cœur et un autre qui passe tout près de la carotide. Une violence purement gratuite, que les agresseurs vont payer.

En janvier 2003, le tribunal de Clermont, estimant qu'ils ont agi « avec sauvagerie », les condamne à sept ans de prison. Comme souvent, les condamnés ont été libérés avant d'avoir purgé la totalité de leur peine. En 2006.

Pour les enquêteurs du service régional de Police Judiciaire, l'hypothèse de la vengeance ne peut être écartée. Elle n'est pourtant pas possible. Les trois condamnés n'ont pu venir régler un compte personnel, ce matin du 2 avril 2008, rue de l'Écorchade. Ils ont tous un alibi irrécusable.

Dans Chamalières, les hypothèses ont fait place aux rumeurs. « Imaginons que les types aient fait appel à un tueur à gages », suggèrent des voisins. Le mode opératoire de l'exécution, de sang-froid et en pleine rue, y ressemble fortement. Et puis n'a-t-on pas dit qu'une seule des deux douilles du tueur a été retrouvée sur place ? « C'est un autre signe, ça. » Dans ce genre de « contrat », le tireur récupère une douille pour prouver au commanditaire que l'affaire est pliée. À moins que…

« Et si le tireur s'était trompé de cible ? Si le jeune homme de bonne famille avait été abattu à la place d'un autre ? »

Olivier Arnaud a été tué il y a près de deux ans. Sa mort reste, à ce jour, inexpliquée[1].

## Qui a assassiné le notaire ?

À Carpentras, les enquêteurs ont eu plus de chance. Le tireur a commis une erreur.

Il est un peu plus de 19 heures, ce mardi d'avril, quand un couple d'amis remonte la rue Cottier, en centre-ville, et aperçoit un homme étendu sur le trottoir, face contre terre et la bouche en sang.

— Aidez-moi…, supplie-t-il dans un râle de souffrance.

— Que se passe-t-il ? Que vous est-il arrivé ! ?

— Je…

L'homme, qui doit avoir une soixantaine d'années, n'aura pas la force de prononcer un mot de plus. Il s'éteindra quelques minutes plus tard dans les bras du couple de passants[2].

Tandis que l'on couvre son corps d'un linge blanc, des policiers bouclent la zone. Des rubalises sont tendues de part et d'autre de

1. À l'heure où ces lignes sont écrites, l'instruction n'est pas close.
2. *Le Dauphiné Libéré* (23/04/08).

la rue. Les badauds sont repoussés au-delà du périmètre de sécurité. Et très vite les premières informations circulent.

— C'est le notaire. Il s'est fait descendre…

Vincent Passebois est bien connu en ville. Marié et père de deux enfants, il tenait avec son associé et ami de toujours, maître Jeanjean, une des études les plus connues de Carpentras.

La sacoche du notaire est posée à ses pieds, comme s'il venait de la lâcher. La clé de l'étude est encore dans la serrure, côté extérieur. Une mare de sang s'est formée sur le sol à hauteur de ses hanches.

Le médecin légiste constate l'orifice d'une balle de petit calibre dans le bas-ventre.

Pour quelle raison maître Passebois a-t-il été froidement abattu au moment où il quittait son bureau ? Et par qui ? Aucun témoin, pas d'empreinte, pas d'objet « oublié » par le meurtrier. Même les enregistrements des caméras de vidéosurveillance, qui balaient pourtant la rue en permanence, semblent vouloir se faire les complices de l'assassin.

Sur les premières images, maître Passebois est bel et bien vivant, en train de fermer à clé la porte de son étude. La caméra pivote, puis revient à sa position initiale. On découvre alors le notaire étendu et immobile…

Le tueur avait tout prévu.

Faute d'indices, il faut trouver un mobile. Des problèmes d'ordre privé ? Le notaire est unanimement décrit comme un mari et un père de famille irréprochable, un ami au cœur d'or, un gentleman-farmer qui consacrait la plus grande partie de son temps libre à son domaine agricole. Un différend professionnel ? De l'avis de tous, c'était un homme d'une honnêteté sans faille à qui l'on ne connaissait aucun ennemi.

Alors ?

Alors un témoignage, *a priori* anodin, va mettre les enquêteurs sur une piste. Une voisine de l'étude se souvient avoir vu une voiture blanche quitter un parking, juste en face, quelques minutes après le crime. Avec le recul, il lui semble même que le conducteur est passé devant le corps du notaire, à une vitesse qui lui paraît aujourd'hui anormalement lente, sans s'arrêter.

Les enquêteurs décident de re-visionner les images de la vidéosurveillance. Mais, cette fois, en remontant bien avant l'heure du drame et en poursuivant bien après. Et ils font une double découverte. D'abord, un collaborateur du notaire, à qui les policiers montrent les enregistrements, reconnaît un homme qui était déjà venu quelque temps plus tôt pour se plaindre, de manière un peu confuse, d'un dossier qui le concernait. L'homme, coïncidence troublante, apparaît à deux reprises sur les bandes, la veille et le jour du meurtre.

Et puis, en laissant les images défiler, les policiers découvrent la fameuse voiture blanche. C'est une Renault Megane. Ils relèvent aussitôt sa plaque minéralogique et s'aperçoivent, ô surprise, qu'elle n'apparaît pas dans le fichier national des immatriculations. Des techniciens spécialisés, de fines lames de la police scientifique, sont alors missionnés à Paris pour une opération de haute précision : nettoyer et décortiquer les images de façon à distinguer le conducteur.

Le résultat est au-delà des espérances. L'homme au volant est celui que le collaborateur du notaire a reconnu sur les vidéos.

Une semaine après le meurtre de Vincent Passebois, la nouvelle parcourt la ville en quelques heures. L'information, soudaine, fait les gros titres des journaux locaux : « Le meurtrier présumé du notaire est passé aux aveux. » [1]

Un Carpentrassien de 57 ans a été interpellé à son domicile. Il s'appelle Georges C. C'est un homme ordinaire, aimable, sociable, qui, l'été à l'ombre de son cèdre, invite pour l'apéro les voisins de sa petite maison des années trente. Il est divorcé et a un fils qui vient le voir régulièrement.

Ce Georges-là n'a rien d'un assassin. Mais il y a « un autre » Georges C., disent ceux qui le fréquentent. Un personnage dépressif dont les tourments se sont aggravés à cause d'un vieux contentieux autour de l'héritage familial. Une histoire de terres agricoles qu'il faut se partager, au début des années quatre-vingts, quand le père puis la mère décèdent. Une brouille entre frères qui finit par tourner au cauchemar. Une brouille qu'un notaire, désigné par le tribunal pour régler cette triste histoire,

1. *La Provence* (02/05/08).

va payer de sa vie. Car Georges C. est convaincu que Maître Passebois a pris fait et cause pour ses frères. Dans le simple but de le spolier.

Une dizaine de jours avant de tirer, explique-t-il au cours des interrogatoires, il a reçu un courrier par lequel il apprenait que la valeur des terres agricoles allait être réétudiée… à la demande du notaire.

C'en était trop.

Son plan était presque parfait. À un détail près. Sur la Megane blanche, les experts de l'image ont remarqué un petit logo, celui d'un garage automobile. Les enquêteurs n'ont pas eu à aller chercher plus loin. Le patron a tout simplement expliqué qu'il venait de la prêter à un certain Georges C., le temps de dépanner sa BMW.

Au cours de sa garde à vue, ce dernier a raconté avoir maquillé le véhicule en modifiant les numéros de la plaque minéralogique avec de l'adhésif noir, puis s'être rendu devant l'étude où il a attendu. Il a aussi décrit, mimant chaque geste, son passage à l'acte.

Quand le notaire est apparu, il est sorti de la voiture, a porté son vieux fusil 22 long rifles à l'épaule, et fait feu.

La scène a duré moins de vingt secondes. Le temps que la caméra de surveillance tourne le regard.

5 février 2010, cour d'assises du Vaucluse. Georges C. dit avoir « disjoncté », jure qu'il ne « voulait pas tuer », qu'il « ne voulait pas en arriver là ». Il sait que si la préméditation est retenue, il risque la réclusion criminelle à perpétuité.

Après trois jours de débat, l'avocat général requiert 30 ans de prison. Le jury populaire, lui, est moins sévère : Georges C. est condamné à 15 ans de réclusion. Le parquet, jugeant la peine insuffisante, a fait appel.

## La « théorie du paquet de clopes »

Des types qui sortent de chez eux pour aller acheter des cigarettes et qui ne redonnent plus jamais signe de vie, il en est passé dans tous les bureaux de tabac, ou presque. Chaque année, en France, les forces de l'ordre enregistrent près de dix mille disparitions inquiétantes. Presque une routine…

### Virée amoureuse

La hantise du gendarme, c'est la disparition d'un mineur. Certes, la fugue est statistiquement l'hypothèse la plus probable mais, au moindre doute, tous les moyens disponibles sont mis en œuvre pour retrouver l'enfant [1].

Au commissariat de Sens, dans l'Yonne, le portrait de Jennifer a été affiché sur tous les murs. Âgée de 16 ans, l'adolescente porte de larges lunettes sur un visage pâle, elle arbore un léger sourire qui rappelle celui de La Joconde. Une jolie froideur accentuée par sa longue chevelure rousse.

Ce lundi matin, sa photo est également à la Une du journal local [2], accompagnée d'un avis de recherche. « Jennifer mesure 1,63 m. Le soir de sa disparition, elle portait un jean noir avec un gilet. Elle a emporté un sac à dos rouge et gris de marque Fila. »

---

1. En 2008, l'Office central pour la répression des violences aux personnes (OCRVP), dépendant du Ministère de l'Intérieur, a comptabilisé 47 062 fugues contre 855 disparitions inquiétantes de mineurs.

2. *L'Yonne Républicaine* (11/08/08).

À côté, une autre photographie. Celle d'un garçon d'allure timide, petite tête ovale aux cheveux ras. « Matthieu, 19 ans, mesure 1,82 m. Il est mince. Il était vêtu d'un jean bleu, d'un blouson bleu à points noirs et portait des baskets blanches. »

Le jeudi précédent, le couple a passé l'après-midi chez les parents de l'adolescent avant d'enfourcher la petite moto de Matthieu pour se rendre, en fin de journée, chez la maman de Jennifer. Là, la jeune fille a demandé à sortir en boîte de nuit en compagnie de son chéri pour fêter son anniversaire.

Jennifer et Matthieu se sont préparés et, à 21 heures, ont quitté le foyer pour se rendre à l'Atlantide, une discothèque de Saint-Clément à trois kilomètres de Sens. Ils n'ont plus donné de nouvelles depuis.

Dans la région, où les atrocités d'Émile Louis et de Michel Fourniret sont encore dans toutes les mémoires, la nouvelle de leur disparition cristallise toutes les angoisses. Car le scénario tourne au cauchemar.

À l'Atlandide, d'abord, on affirme que les jeunes gens n'ont pas été vus ce jeudi soir. Le physionomiste en est certain car il connaît Jennifer et Matthieu et ne peut imaginer qu'ils aient échappé à son attention. Et puis, aucun de leurs nombreux amis ne les a vus, tous les lieux où ils avaient leurs habitudes ont été visités en vain, et leurs téléphones portables ne répondent pas. Celui de Jennifer renvoie systématiquement à sa messagerie vocale tandis que le mobile de Matthieu sonne désespérément dans le vide.

Enfin, la moto est introuvable.

Pour les familles, c'est le début de quatre jours d'angoisse, de questions sans réponses et de nuits blanches à lutter contre la possibilité du pire. Des heures de tortures, l'œil rivé sur le téléphone.

— Madame, nous avons retrouvé votre fille…

Son cœur cesse de battre.

— Elle est vivante… Elle va même très bien…

Les deux adolescents n'ont pas été victimes d'un accident. Pas plus qu'ils n'ont été enlevés. Rien de grave à signaler. Bien au contraire.

Jennifer est une jeune fille amoureuse. Très amoureuse, même. Aveuglée par l'insouciance des premiers émois. Quand Matthieu, qu'elle a rencontré un mois plus tôt, lui a proposé de partir pour un long week-end à deux, rien qu'à deux, elle n'a pas hésité longtemps.

Son prince charmant avait tout prévu : l'alibi de la boîte de nuit pour filer en douce, les billets de train pour le Sud, un point de chute à Hendaye, au pied des Pyrénées… Le tout financé par la vente de sa moto, pour un peu moins de 300 euros, quelques minutes avant le grand départ. Il n'avait oublié qu'une chose pour que la virée romantique soit totalement réussie : déconnecter son téléphone cellulaire.

Les enquêteurs l'ont détecté une première fois dans le Sud-Ouest, puis remontant vers Bordeaux jusqu'à un relais de la gare Saint-Jean. Ils n'ont pas tardé à comprendre. Les amoureux étaient de retour par le TGV. Ils n'ont eu qu'à les attendre à Paris, sur le quai, à la descente du train.

## La soirée d'anniversaire

La disparition d'un adulte est plus compliquée à appréhender pour les forces de l'ordre. Un individu majeur peut décider de plier bagages du jour au lendemain sans avoir de comptes à rendre à personne, pas même à son conjoint ni à ses enfants, et encore moins aux forces de l'ordre. Pour que celles-ci engagent des recherches, il faut donc que la disparition soit jugée « inquiétante », c'est-à-dire que rien, dans la vie du disparu, n'accrédite l'hypothèse d'un départ volontaire.

Ce fut le cas de Samuel, un garçon de 26 ans habitant non loin de Dijon. Le 10 juin 2008, aux alentours de 23 heures 30, il s'est littéralement volatilisé après avoir passé la soirée chez sa mère pour fêter l'anniversaire de son frère aîné.

Ce soir-là, la petite famille partage un dîner léger, souffle les bougies du gâteau en prenant quelques photos souvenirs, visionne le film des dernières vacances des deux frangins, puis Samuel prend la route pour rentrer chez lui, à six kilomètres de là.

Le lendemain matin, son père, avec lequel il gère une supérette, s'étonne de ne pas le voir arriver au magasin. Samuel n'est pas du genre à s'absenter sans prévenir. Quelques coups de téléphone plus tard, tous ceux qui fréquentent le jeune homme sont alertés. Personne ne sait où il se trouve.

Fabien, l'aîné, part à sa recherche. Son premier réflexe est de refaire le trajet que Samuel a dû accomplir en voiture pour rentrer chez lui, la veille au soir, après avoir quitté la soirée d'anniversaire. A-t-il eu un accident ? A-t-il fait une mauvaise rencontre ? Il parcourt l'itinéraire au ralenti, scrutant les parkings, les impasses et tous les recoins qui pourraient livrer un indice. Comme il ne trouve rien, il s'enfonce dans les quartiers adjacents, sans but précis, avec le seul espoir d'un dénouement heureux.

Le véhicule de Samuel est là, stationné le long d'un trottoir. Les portières sont fermées mais pas verrouillées : les clés sont encore sur le contact. Dans la boîte à gants, son frère découvre les papiers du véhicule et le permis de conduire de Samuel. Pour le reste, tout paraît normal. Aucune trace de lutte ou d'accrochage.

Les enquêteurs de la police judiciaire de Dijon prennent immédiatement l'affaire au sérieux. D'abord parce que, selon la famille et les proches de Samuel, celui-ci est un garçon tout à fait épanoui, un jeune homme sans histoires, enjoué et sportif. Après un BTS d'agroalimentaire, il a travaillé dans plusieurs maisons de vins avant de s'associer avec son père, un an plus tôt. Passionné de cinéma et amoureux de la nature, garçon attachant, il n'a qu'un seul regret : il n'a pas encore trouvé l'âme sœur.

Quinze jours avant de disparaître, il a passé des vacances « inoubliables » avec son frère dans l'ouest des États-Unis. Sa mère, elle, l'a trouvé « comme à son habitude » quand elle l'a vu chez elle pour la dernière fois [1]. Elle sait aussi que son cadet ne l'aurait pas laissée sans nouvelles aussi longtemps.

Personne ne peut imaginer que Samuel ait pu décider de changer de vie sur un coup de tête, et encore moins de mettre fin à ses jours.

---

1. *Le Bien Public* (16/06/08).

Les enquêteurs ont une autre inquiétude : des riverains certifient avoir entendu des cris et des insultes, le soir de la disparition, dans la rue où le véhicule de Samuel était stationné. Certains parlent de « bruits de bagarre » et de « cris de douleur », d'autres de crissements de pneus. Et puis, il y a les faits matériels, avérés : les relevés téléphoniques montrent que le dernier appel de Samuel remonte au jour de sa disparition, à 17 heures. Depuis, son téléphone portable sonne dans le vide. Idem pour sa carte bancaire. Un dernier retrait quelques heures avant la soirée en famille et, depuis, plus rien.

Les policiers déploient les grands moyens. Plusieurs jours durant, des battues sont organisées, un hélicoptère survole la zone et tous les étangs de la région sont sondés. Un avis de recherche est même lancé, frappé de la mention « Disparition inquiétante », au niveau national. Sans aucun résultat. Pendant treize jours.

« L'intéressé a été retrouvé hier matin, dans un terrain de camping près d'Arcachon, sain et sauf », révèle le journal de sa région[1]. L'appel des enquêteurs, placardé dans tous les sites balnéaires fréquentés, a été entendu. À l'autre bout de la France, un campeur a reconnu Samuel assis devant une petite tente.

Les enquêteurs, après vérifications, ont pu confirmer à ses proches qu'il s'agissait bien de lui. Ils se sont bien gardés, en revanche, de leur révéler où il se trouvait :

— Il est majeur et sain d'esprit, libre de ses choix, il fait ce qu'il veut.

Le ton est sec, voire brutal, mais les policiers ont leurs raisons. Le frère et la mère ne leur avaient pas tout dit. Ils avaient même omis un détail important.

Selon Samuel, une dispute familiale avait éclaté lors de la soirée d'anniversaire. Et cette brouille, a-t-il expliqué, n'était pas du tout étrangère à son changement d'air…

---

1. *Le Bien Public* (24/06/08).

## L'Élu

Au même moment, la police judiciaire de Nice est saisie d'une affaire plutôt déroutante. Les enquêteurs sont sur la trace d'un homme qui a disparu la veille à plus de mille kilomètres de là, dans la petite commune de Longuyon, en Meurthe-et-Moselle.

Comme tous les matins, au lever du jour, Julien R. a embrassé sa compagne et sa petite fille de deux ans. « À ce soir… », a-t-il murmuré pour ne pas réveiller la fillette.

Il n'est pas rentré. Quant à son véhicule, une camionnette frappée du logo de sa société de paysagistes, il s'est évanoui dans la nature.

La compagne de Julien n'a pas tardé à s'inquiéter. Après son départ, elle a découvert une lettre mystérieuse. La missive, manuscrite, annonce que le jeune homme a été « choisi ». Il serait « l'Élu », considéré comme un « être suprême » par ses adeptes… Rien que ça.

Alertés de la disparition, les policiers de Nancy suggèrent qu'il pourrait s'agir d'une mise en scène destinée à « déguiser » une fugue. Ou, pourquoi pas, d'un canular.

La famille de Julien n'a malheureusement pas le cœur à rire. Rien, dans la vie du paysagiste, ne laisse supposer qu'il aurait eu envie de disparaître de la circulation. C'est un mari et un père de famille heureux et comblé. Son entourage n'a décelé aucun mal-être et pas plus de velléités de départ.

Non, Julien a été enlevé par des fous, s'emportent les proches en tendant une photo du jeune homme, visage sympathique avec son teint légèrement hâlé, ses fines lunettes de vue, son haut front dégarni et son bouc naissant…

Il a été enlevé, et il faut vite le retrouver ! supplient-ils.

Retour sur la Côte d'Azur. C'est là, devant une déchetterie de Nice, que la camionnette est retrouvée. Un employé municipal s'est étonné de voir le véhicule abandonné, sans occupant et les portes ouvertes[1]

1. *Nice Matin* (24/06/08).

À l'intérieur, les enquêteurs retrouvent les clés de contact et les papiers d'identité du disparu. Mais de Julien, pas la moindre trace. Même les chiens policiers, qui s'ébrouent entre les gravats et les déchets en tous genres, semblent en perdre leur flair. Le paysagiste s'est comme évaporé !

Après deux semaines de recherches, alors que les espoirs de retrouver Julien vivant s'amenuisent, le « miracle » se produit :

— Je m'appelle Julien R. J'ai été victime d'un enlèvement. Ils m'ont relâché sur la plage…

Il est hagard, vêtu de guenilles, la barbe hirsute. Il interpelle des policiers municipaux en patrouille dans le centre de Menton. La démarche mal assurée, il fait penser à un clochard alcoolisé. Les agents se méfient de cet homme qui gesticule en venant à leur rencontre, s'agrippant à eux comme s'il fuyait une menace invisible.

— Je suis Julien R., répète-t-il paniqué. Ils m'ont enlevé. Regardez ce qu'ils m'ont fait !

Julien R.… Mais bien sûr ! C'est le paysagiste que les confrères niçois recherchent !

Son corps est couvert de scarifications. Des petites incisions de la peau aux formes énigmatiques. Des symboles ésotériques.

L'illusion est parfaite. Mais tout est faux.

Le coup monté a été déjoué. Pas celui des mystérieux ravisseurs. Celui de Julien. Empêtré dans des explications contradictoires, il a fini par tout avouer : « Je ne voulais pas que l'on sache que j'étais parti de moi-même. » Le lendemain, il livre les détails de son coup de folie à un journaliste de *Nice Matin*[1] :

— Je marchais sans but précis, j'allais d'hôtel en hôtel et je réfléchissais. Je n'ai même pas profité de la plage. J'avais juste avec moi deux ou trois affaires de rechange. Je voulais simplement faire un break dans ma vie et revenir.

— Pourquoi avoir choisi la Côte d'Azur ?

— Je ne sais pas, une idée comme ça. Je suis allé à pied en Italie. Mais à Vintimille, je n'ai pas pu rester à l'hôtel, car je

1. *Nice Matin* (23/06/08).

n'avais pas mes papiers d'identité. J'ai dormi à Nice, Cap-d'Ail et finalement Menton.

— Comment vous sentez-vous aujourd'hui ?

— Je suis fatigué, mais soulagé. Cela m'a permis d'avancer dans ma réflexion et de faire le point. Je redescends sur terre, je vais me reposer au calme et voir ma fille.

— Ces scarifications et cette lettre laissée à votre famille où vous parliez de secte ?

— C'était inventé : j'ai écrit cette lettre et je me suis tailladé pour faire croire à un enlèvement…

# Épilogue

Un monde sans la folie des hommes serait certainement très ennuyeux. Un monde sans malchance (celle des autres de préférence) serait sans doute beaucoup moins amusant. Et si la bêtise humaine n'existait pas, qu'aurions-nous à raconter ?

Récapitulons : une femme coincée dans un ravin pendant onze longues journées, un petit voyou prisonnier de la voiture qu'il était en train de voler et qui n'a plus d'autre choix que d'appeler la police au secours, une touriste victime de cinq cents piqûres d'abeilles, un homme tellement ivre qu'il se trompe d'adresse en rentrant chez lui et s'endort nu dans un salon de coiffure, un couple de retraités et ses soixante-quatre chiens, un jeune homme qui traverse deux étages dans sa cabine de douche… Le cru 2009 de la presse quotidienne régionale est incontestablement un bon cru. Comme celui de 2008 d'ailleurs. Ou celui de 2007.

Figurez-vous que l'année 2010 se présente déjà sous les meilleurs auspices. Tout aussi gratinée. Dès le 13 janvier, *La Dépêche du Midi* nous contait par exemple l'histoire d'un homme hospitalisé en urgence dans des conditions rocambolesques. Cela faisait trente ans qu'il vivait dans les bois sans jamais avoir fait parler de lui et sans que personne ne s'inquiète de son sort. Le 15 janvier, *Le Progrès* rapportait le drame d'un luthier qui, transportant dans le tramway de Lyon un violon estimé à 18 000 euros, a vu l'instrument exploser en mille morceaux, à ses pieds, écrasé dans un virage entre les soufflets de l'accordéon de deux wagons. Ou encore, le 20 janvier, *Le Dauphiné Libéré* nous alléchait avec ce titre en Une : « Il frappe sa compagne… en apprenant sa condamnation pour violences conjugales. »

Comme le désormais incontournable zapping de l'année, sur Canal +, il faudrait inventer le *Best of* annuel de la presse quotidienne régionale. Gageons que le genre ne s'userait pas ! À l'heure d'internet, on pourrait même l'alimenter chaque jour sur un site web sans craindre la page blanche. Drôle d'idée ? Chiche ! Dans votre région ou sur vos lieux de vacances, partagez les histoires du journal local qui vous étonnent, vous horrifient ou vous touchent en les racontant sur lafrancedesfaits-divers.com. Et rendez-vous l'année prochaine !

# Remerciements

Remerciements aux journalistes de la presse quotidienne régionale dont les articles sont la matière première de cet ouvrage :

*Thierry Accao Farias* (L'Union de Reims), *Rislène Achour* (La Provence), *Valérie Alaniece* (L'Union de Reims), *Bruno Alberro* (Le Dauphiné Libéré), *Yves Alègre* (Le Progrès), *Jean-Hugues Allard* (Le Progrès), *Thierry Antoine* (La Dépêche du Midi), *Guillaume Armand* (Le Dauphiné Libéré), *Anne-Françoise Bailly* (Le Bien Public), *Rémi Barbe* (Le Progrès), *Aurélie Beaussart* (L'Union de Reims), *Julien Bénéteau* (Le Républicain Lorrain), *Jean-Louis Boissonneau* (La Nouvelle République du Centre-Ouest), *Xavier Boussion* (Presse Océan), *Patricia Buffet* (Le Bien Public), *Pierre-Éric Burdin* (Le Dauphiné Libéré), *Laure Brunet* (Le Journal du Centre), *Cécile Caillez* (Ouest France), *Romain Cantenot* (La Provence), *Romain Capdepon* (La Provence), *Paul Cazalbou* (La Dépêche du Midi), *Didier Chalumeau* (Nice Matin), *Marie-Claudine Chaupitre* (Ouest France), *Agnès Clermont* (Ouest France), *Arnaud Commun* (Paris Normandie), *Sylvain Cottin* (Sud Ouest), *Xavier Cournault* (Le Bien Public), *Fabrice Curlier* (L'Union de Reims), *Jean-Noël Daneau* (La Dépêche du Midi), *Karine Diversay* (L'Est Républicain), *Renaud Domeneci* (La Nouvelle République du Centre-Ouest), *Bernard Dordonne* (L'Ardennais), *Mélanie Ferhallad* (La Provence), *Jean-Jacques Fiorito* (La Provence), *Catherine Frey* (Le Bien Public), *Eric Galliano* (Nice Matin), *Jean-François Garcin* (Le Dauphiné Libéré), *Yan Gauchard* (Presse Océan), *Nicolas Goinard* (Le Courrier Picard), *Jean-Paul Gondeau* (La Montagne), *Thomas Huet* (Var Matin), *Julie Jammot*

(La Voix du Nord), *Christian Larivière* (La Voix du Nord), *Franck Leclerc* (Nice Matin), *Guillaume Lévy* (L'Union de Reims), *Yves Madec* (Le Télégramme de Brest), *Denis Masliah* (Le Dauphiné Libéré), *Philippe Mercier* (L'Est Républicain), *Arnaud Morvan* (Le Télégramme de Brest), *Fanny Lacassagne* (La Dépêche du Midi), *Valérie Léonard* (L'Union de la Marne), *Romain Luongo* (La Provence), *Philippe Malric* (Midi Libre), *J.-C. Petit* (La Dépêche du Midi), *Yanick Philipponnat* (Midi Libre), *Monique Raux* (Le Républicain Lorrain), *Noëlle Réal* (Le Dauphiné Libéré), *Michel Rembert* (Le Dauphiné Libéré), *Valérie Richard* (L'Est Républicain), *Berty Robert* (Le Bien Public), *Cathy Rocher* (Midi Libre), *Françoise Rossi* (Ouest France), *Marc Salvet* (La Dépêche du Midi), *Amandine Sellier* (Paris Normandie), *Didier Specq* (Nord Éclair), *Jean-Marie Stoerkel* (Les Dernières Nouvelles d'Alsace), *Jean-Marc Szuba* (La Voix du Nord), *Michel Tanneau* (Ouest France), *Prisca Thivaud* (Var Matin), *Axelle Truquet* (Nice Matin), *Frédérique Thullier* (Paris Normandie), *Stéphane Vernay* (Ouest France), *Arnaud Wajdzik* (Ouest France), *Catherine Zahra* (Le Bien Public), *Thomas Zimmermann* (Le Dauphiné Libéré), et tous ceux qui auraient été oubliés.

# Index par département

# Table

## Troisième partie
## LES HISTOIRES D'AMOUR FINISSENT MAL (EN GÉNÉRAL)



## Quatrième partie
## LES FRANÇAIS SONT FORMIDABLES !



## Cinquième partie
## SUR LA PLACE DU VILLAGE, LE BRUIT COURT…



## Sixième partie
## LA TOURNÉE DES GENDARMES

Composition et mise en page

NORD COMPO
multimédia

Cet ouvrage a été imprimé
en mars 2010 par

CPI
FIRMIN-DIDOT

27650 Mesnil-sur-l'Estrée
N° d'impression : 99201
N° d'édition : L.01ELKN000246.N001
Dépôt légal : avril 2010

*Imprimé en France*